D1705498

Sylvia Leela Isani & Christine Janson

Ein Fest der Sinne

Wohlfühlrituale für jeden Monat

© Smaragd Verlag, 57614 Woldert (Ww.)
Deutsche Erstausgabe 2001
Cover: XPresentation, Boppard,
nach dem Bild „Geburt der Venus" von Odilon Redon
Satz: DTP-Service-Studio, Rheinbrohl
Printed in Czech Republic
ISBN 3-934254-31-4

Sylvia Leela Isani & Christine Janson

Ein Fest der Sinne

Wohlfühlrituale für jeden Monat

Smaragd

Inhalt

KOKYANWUTHI,
die Göttin der Kreativität im Monat April

APHRODITE,
die Göttin der Liebe im Monat Mai

ARTEMIS,
die Göttin der Freiheit im Monat Juni

AMATERASU,
die Göttin der Schönheit im Monat Juli

LAKSHMI,
die Göttin der Fülle im Monat August

LAKA,
die Göttin der Lebensfreude im Monat September

HOLLA,
die Göttin der Intuition im Monat Oktober

DURGA,
die Göttin der Transformation im Monat November

TANIT,
die Göttin der Ekstase im Monat Dezember

Einleitung

In vielen Kulturen waren Frauen die Hüterinnen von altem Heilwissen, und sie lebten im Einklang mit dem Zyklus des Mondes und der Jahreszeiten. Heute nehmen wir den Wechsel der Natur oft nicht mehr wahr, denn durch die stets gefüllten Regale in den Supermärkten können wir das ganze Jahr über alle Lebensmittel im Überfluß kaufen, die Elektrizität ermöglicht es uns, die Nacht zum Tag zu machen, und ein großes Angebot an kultureller Zerstreuung und Unterhaltung lenkt uns ab von dem Wechsel der Jahreszeiten und dem sinnlichen Erleben der Natur. Wann hast du dich das letzte Mal von einem Sonnenuntergang verzaubern lassen oder bist im Gras gelegen und hast die verschiedensten Wolkenformationen staunend betrachtet? Kannst du dich daran erinnern, wie aufgeregt du als Kind warst, als der erste Schnee fiel und du einen Schneemann bautest? Oder weißt du noch, wie du neugierig an allen Blumen gerochen hast?

Dieses Buch soll dich dazu inspirieren, dein Leben sinnlich, phantasievoll und im Einklang mit den Jahreszeiten und der Natur zu gestalten. Jeder Monat steht unter dem Thema einer Göttin, die einen bestimmten Persönlichkeitsanteil in dir verkörpert. Darüberhinaus sind jedem Monat eine passende Heilpflanze, ein Körperteil, Yoga- und Qi-Gongübungen, Naturheilrezepte, Schönheitstips und Kochrezepte zugeordnet. Ungewöhnliche Rituale und Meditationen laden dich dazu ein, den Alltag mit größerer Leichtigkeit zu meistern und auch die kleinen Geschenke des Universums wahrzunehmen und sich daran zu erfreuen. Laß dich von Lakshmi, der Göttin der Fülle, zu einem Einkaufsritual inspirieren, und schreite mit Isis, der Göttin des Erwachens, durch das Tor der sieben Monde und erfahre Klarheit über deine Ziele und Lebensaufgaben. Mach die Erfahrung, daß selbst der ganz normale Frühjahrsputz zu einer sinnlichen Tätigkeit werden kann, und laß dich von Aphrodite zu einem Fest der Sinne verführen!

Den dreizehnten Monat darfst du selbst gestalten, und statt des Bildes einer Göttin kannst du dein Bild in das Buch einkleben. Du hast die Möglichkeit, deine Lieblingsrituale und Rezepte aufzuschreiben und deine eigene Geschichte zu erzählen. Die Kochrezepte in diesem Buch sind alle vegetarisch, denn wir meinen, daß es an der Zeit ist, auch unsere Ernährung umzustellen und die Umwelt zu schonen. Umarme die Göttin in dir und beginne deine Weiblichkeit, deine Sinnlichkeit, Kraft und Schönheit zu feiern. Vielleicht hast du anschließend sogar Lust, ein ganzes Buch über deine Rezepte und Rituale zu schreiben, und du wirst feststellen, daß du aus einem unermeßlichen Reichtum an Weisheit und Phantasie schöpfen kannst. Obwohl die Naturheilrezepte in diesem Buch vielfach erprobt sind, solltest du im Zweifelsfall immer zunächst eine Ärztin oder einen Arzt befragen, ob das Rezept für dich geeignet ist.

Es ist an der Zeit, daß Frauen lernen, sich ihrer eigenen Kraft bewußter zu werden und sie auch zu leben. Die ersten Kultstätten waren der großen Muttergöttin geweiht, die Liebe und Harmonie unter den Menschen verbreitete. Unsere Umwelt will sich wieder regenerieren und benötigt dazu unsere Unterstützung. Auch viele Menschen der westlichen Zivilisation spüren ein großes Verlangen nach einer ganzheitlichen Lebens- und Denkweise. Deshalb ist es an der Zeit, uns wieder an die Prinzipien der Großen Mutter zu erinnern, der Göttin in uns allen. Sinnlichkeit bedeutet, die Welt mit all deinen Sinnen wahrzunehmen und dich an deiner Lebendigkeit zu erfreuen. Lebensfreude und Lachen stecken an, und das, was du ausstrahlst, wird hundertfach zu dir zurückkommen.

Erwecke die Göttin in dir und verbreite Mitgefühl, Liebe und Freude. Erinnere dich an deine tiefe Weisheit!

Die acht Jahresfeste

Bereits in den Anfängen der Menschheitsgeschichte wurde der Jahreszyklus durch verschiedene Feste unterteilt. In vielen Kulturen wurden die vier Jahreszeitenfeste, die beiden Tagundnachtgleichen und die beiden Sonnenwendfeste gefeiert. Da unsere europäische Vergangenheit sehr stark von der keltischen Kultur geprägt ist und diese heidnische Naturverehrung unsere technische Zivilisation bis heute überlebt hat, haben wir in diesem Buch die keltischen Bezeichnungen der acht Jahresfeste übernommen und für sie ein zeitgemäßes Ritual erschaffen. Dies soll dich zu eigenen Festen inspirieren, denn es gibt so viele Möglichkeiten, wie Frauen und Männer miteinander feiern können, und jede Variante ist richtig! Die Vorbereitung zu diesen Festen kannst du zu einem eigenen Ritual gestalten und auch deine Freunde dabei miteinbeziehen.

Es empfiehlt sich, deine Freunde im Kreis zu versammeln und den Abend mit einem gemeinsamen Austausch darüber zu beginnen, wie sich jeder im Moment gerade fühlt. Diese Methode des "Coucil Circles" und des "Sharings" ("sich gegenseitig mitteilen") kommt aus den USA und ist von den nordamerikanischen Indianern übernommen worden. Es geht dabei nicht so sehr um eine Diskussion, so wie wir das in der westlichen Gesellschaft gewohnt sind, sondern um eine Kommunikation vom Herzen heraus. Du kannst dabei einen Stein herumreichen und nur der- oder diejenige, die diesen Stein in der Hand hält, darf reden, die anderen hören zu, ohne zu unterbrechen. Dann wird der Stein an den Nachbarn weitergereicht, und der oder die nächste darf sich mitteilen. Dies schafft eine Atmosphäre des Vertrauens und ist ein schöner Beginn für jedes Ritual.

Ein Ort der Stille

Schaffe dir in deiner Wohnung einen Platz, an dem du dich von der Hektik des Alltags zurückziehen kannst und den du dir so gestaltest, wie es dir Freude bereitet. Wenn du das Glück hast, in einem großen Haus zu wohnen, so kannst du sogar einen ganzen Raum als einen "Ort der Stille" einrichten, ansonsten genügt auch ein kleiner Tisch, eine Kommode oder ein Regal. Es gibt viele Möglichkeiten, wie du dir diesen Platz herrichtest. Du kannst ihn ganz schlicht gestalten und ein schönes Tuch auflegen und eine Kerze aufstellen. Aber du kannst dich auch mit Bildern oder Statuen von Göttinnen umgeben, mit heiligen Symbolen dekorieren und eine Duftlampe oder Räucherstäbchen benutzen. Du kannst von deinen Spaziergängen Steine, Blumen, Tannenzapfen oder Vogelfedern mitbringen und so den Wechsel der Jahreszeiten intensiv erleben. Gestalte diesen Ort so, wie du es im Moment empfindest und wie es dir Freude bereitet. Dies soll ein Ort der Harmonie und des inneren Friedens für dich werden, an dem du dich jederzeit zurückziehen kannst und der dir hilft, neue Energie zu tanken. Du wirst feststellen, daß dieser Ort mit der Zeit sehr kraftvoll werden und sich dein Körper darauf einstellen wird, sich zu entspannen, sobald du dich vor deinen kleinen Altar setzt oder dich in dieser Umgebung bei Musik entspannst. Mache es dir zur Gewohnheit, dich morgens und abends kurz an diesen Platz zu setzten, die Augen zu schließen und mit deinen innersten Gefühlen Kontakt aufzunehmen. Spüre in dich hinein, wie du dich in diesem Augenblick fühlst, und schaffe dir am Morgen Klarheit darüber, was du dir für diesen Tag vorgenommen hast. Am Abend kannst du den Tag noch einmal vor deinem inneren Auge vorüberziehen lassen und dir in Erinnerung rufen: Was war für dich wichtig? Was hast du als besonders schön empfunden? Oder was möchtest du in Zukunft vielleicht verändern? Diese Innensicht wird dir mit der Zeit Klarheit und Zielgerichtetheit verschaffen, und du wirst feststellen, daß du deinen Tag bewußter und mit mehr Lebensfreude genießen kannst.

Die Tiefenentspannung
Vorbereitung zu den Meditationen

Zünde eine Kerze an, gib einige Tropfen deines Lieblingsöls in eine Duftlampe, spiele eine sanfte Musik leise im Hintergrund (Reiki-Musik eignet sich gut dazu) und lege dich auf den Boden. Breite eventuell eine Decke über dir aus, da dir in der Tiefenentspannung sonst vielleicht zu kühl wird. Spanne nacheinander noch einmal alle deine Muskeln ganz stark an, dadurch werden sie sich anschließend umso mehr entspannen können. Beginne mit deinen Füßen, spanne sie fest an, halte diese Spannung einige Sekunden und laß sie dann los. Spanne erst dein rechtes und dann dein linkes Bein ganz stark an, halte die Spannung und laß los. Spanne und entspanne dann dein Becken, deinen Bauch, deinen Brustkorb, deine Arme und Hände und dein Gesicht. Spanne am Schluß noch einmal alle Teile deines Körpers ganz fest an, halte diese starke Anspannung einige Sekunden und laß dich in eine wohlige Entspannung gleiten. Spüre, wie dein Körper auf dem Boden aufliegt und folge deinem Atem, der ruhig und gleichmäßig durch alle deine Zellen fließt. Fühle nun, wie ein warmer Lichtstrom durch den obersten Punkt deines Kopfes in dich eindringt und sich langsam in deinem Körper ausbreitet. Der Lichtstrom fließt gleichmäßig durch deinen Kopf, fließt durch deinen Hals in den Brustraum, in deine Arme und Hände, nach unten in deinen Bauch, deine Hüfte, dein Gesäß, in deine Beine und Füße und Zehen. Dein Körper fühlt sich wohlig und geborgen an - es gibt nichts zu tun!

ISIS
DIE GÖTTIN DES ERWACHENS
IM MONAT JANUAR

Isis

Isis

Ich bin ISIS, die Muttergöttin, die Zauberreiche, die Meeresgöttin, die Schutzgöttin der Toten, die Bewahrerin der Mondenkraft, und vor allem bin ich die Göttin der Frauen.

"Ich bin alles, was war, was ist und was sein wird, kein Sterblicher hat je erfahren was hinter meinem Schleier ist" sagt die Inschrift auf dem Sockel eines meiner Standbilder in Ägypten. Ich bin die Vergangenheit und die Zukunft, ich hüte das Geheimnis der Geburt und will dir enthüllen, was hinter dem Schleier der Illusion verborgen liegt. Nun

ist die Zeit gekommen, daß du, meine Tochter, deinen Schleier ablegst, der dich von dir selbst getrennt hält. Ich bin die Metapher für alles, was in dir angelegt ist und was du in deinem Leben zum Ausdruck bringen kannst. Schon immer unterwies ich die Frauen in der Heilkunst, stand an ihrer Seite in der Stunde des Todes und der Geburt. Du hast dir ausgewählt, als Frau in diese Welt zu kommen, und dadurch hast du eine tiefe Verbindung zur heiligen Kraft der Göttin, bist eingebunden in den Zyklus von Werden und Sterben. Als Tochter der Nut und des Gebs entsprang ich demselben Schoß wie Nephtys, Seth und Osiris. Osiris war sowohl mein Bruder wie mein Gatte, und als Seth ihn aus Eifersucht vierzehnstückeln ließ, ließ die Liebe mich ihn wiederfinden, und meine mächtige Zauberkraft und Magie holten ihn zurück ins Leben, und ich empfing Horus, den mächtigen Gottkönig Ägyptens. Alsdann schenkte ich meinem Gatten Osiris die Unsterblichkeit, und er ward der Herr der Unterwelt.

Doch nicht von alten Mythen möchte ich berichten, nein, mein Herz weint, wenn ich sehe, wie viel ihr von eurem Wissen vergessen habt. Einst wurde die Erde von der weiblichen Kraft der Großen Muttergöttin liebevoll geführt, und uralte Statuen wie die Göttin von Willendorf sind die Überreste dieser Zeit der Harmonie und des Einklangs mit der Natur. Was ist mit euch Frauen geschehen, wie konntet ihr es zulassen, daß ihr eurer weiblichen Kraft beraubt wurdet, daß man euch in einigen Ländern auch heute noch beschneidet und demütigt und ihr euch hinter den Schleiern verstecken müßt? Wie groß muß die Angst vieler Männer vor eurer Kraft sein, wenn in Indien zum Teil noch heute Witwen verbrannt und weibliche Babys getötet werden? Es ist nun an der Zeit, aus der Unterwelt aufzutauchen mit all dem alten Wissen und zu eurer Kraft zu stehen. Ich hebe meinen Schleier für dich, meine Tochter, daß du mein Antlitz siehst und dich erkennst. Ich habe euer Rufen gehört, ich sehe, in welchem Zustand eure Erde ist. Die weibliche Kraft ist mehr denn je aufgerufen, diesen wunderschönen Planeten zu heilen und wieder in einen blühenden Ort der Liebe und der Freude zu verwandeln. Ich fordere euch auf, wieder eurem Wissen und euren Visionen zu vertrauen, wir Göttinnen sind nahe, durch euch werden die Kraft und Liebe der Göttin wieder manifestiert.

Wir helfen euch, zu erwachen und eure weibliche Göttlichkeit wieder zu leben. Mit dem Hauch meines Atems kann ich den Tod in Leben verwandeln, und mit der Liebe der göttlichen Mutter will ich euch erwecken.

Ich bin die Essenz der weiblichen Energie, die Mutter des göttlichen Kindes, euch auch als Maria bekannt. Ihr seid es, meine Schwestern, die Leben empfangt und gebt, ihr seid die Bewahrerinnen der Liebe.

Im alten Ägypten waren Männer und Frauen gleichberechtigt, Frauen genossen Privilegien, von denen die meisten Frauen auf eurer Erde nur träumen können. Ich bin Isis, die Uranfängliche, die Älteste, die Mutter allen Lebens. Ich kenne dich seit Anbeginn. Vielleicht erinnerst du dich daran, als du einst in meinem Tempel dientest, erinnerst dich an den heiligen Nil, an die Quelle, aus der Leben geschöpft wird seit Tausenden von Jahren. Ich kenne den Schmerz und das Leid, habe mein Liebstes verloren und durch meine Kraft wiedergefunden und somit wieder neues Leben geboren.

Ihr stellt mich mit vielen verschiedenen Symbolen dar, vor allem mit der Sonnenscheibe zwischen den Kuhhörnern als Zeichen meiner Verschmelzung mit Hathor, der Göttin der Freude und der Liebe. In meinen Händen halte ich das Ankhkreuz, das Symbol der Lebenskraft. Auch die Uräusschlange schmückt manchmal mein Haupt, eine sich aufbäumende Kobra, die mit ihrem Feueratem das Böse vernichtet.

Die Schlange ist ein uraltes Symbol der Weiblichkeit. Sie häutet sich immer wieder, um Altes abzulegen und repräsentiert die Lebenskraft, die unaufhaltsam emporsteigt.

Man nennt mich auch die Herrin des Jahresanfangs, an dem der mir geweihte Stern Sirius zum ersten Mal wieder zugleich mit dem Sonnenaufgang am Horizont sichtbar wird. Ich beginne mit dir dieses Jahr, und die Göttinnen begleiten dich zu einem Fest der Sinne und zu deiner weiblichen Kraft. Am Ende des Jahres wirst du in deiner ganzen Schönheit erstrahlen, und dein Leben wird leichter und freudvoller werden. Ich helfe dir, zu erwachen und zu erkennen, was in dir ist und was von dir gelebt werden will.

„Wir sind Göttinnen im Körper der Göttin, Wahrheit und Liebe sind unsere Bestimmung, gehe hin und mache aus der Welt etwas Schönes, entzünde ein Licht in der Finsternis" (aus dem Totenbuch der Ägypter).

Der Januar ist der Monat des Neubeginns, der Erneuerung und auch der klirrenden Kälte. Er hat seinen Namen vom doppelgesichtigen römischen Gott Janus, dem Tore und Türe geweiht waren. So öffnen sich mit jedem neuen Jahr neue Tore, und es zeigen sich neue Wege. Es ist die Zeit der guten Vorsätze, das neue Jahr ist frisch und rein wie ein Baby und voller Erwartungen und neuer Möglichkeiten. Der Januar ist ein Monat der Hoffnung. Noch sind Dunkelheit und Kälte vorherrschend, aber schon werden die Tage länger, und das Erwachen des Frühlings ist nicht mehr so fern. Der Januar hat seine eigene Schönheit: Der Winterjasmin blüht, und der Reif malt wunderschöne Blumen an dein Fenster. Laß diese Zeit zu einer Zeit des Erwachens werden, nutze dieses neue Jahr, um dich zu verwirklichen und deinen Traum zum Leben zu erwecken.

Der 1. Januar, der Neujahrstag, gilt als der Schicksalstag, an dem orakelt wird, Bilanz gezogen und neue Vorsätze getroffen werden. Es ist der Tag der babylonischen Wassergöttin Nanshe, die aus Träumen und Omen das Schicksal des Menschen deutete.

Entzünde am Neujahrsmorgen eine weiße Taufkerze und begrüße das neue Jahr mit der Bitte um einen erfolgreichen Neubeginn.

Am 6. Januar, der auch als das Hohe Neujahr bezeichnet wird, da an diesem Tag vor der Kalenderreformierung das neue Jahr begann, werden die Sternensinger an deiner Tür klingeln und dir ein gutes Neues Jahr wünschen und Glückssymbole über deine Tür malen.

Am Dreikönigstag backe einen Kuchen, in dem du eine Bohne mit einbackst. Wer sie findet, ist der Bohnenkönig. Nach einem alten Brauch regiert er an diesem Tag über die Familie. In der Nacht zuvor räuchern immer noch Bauern ihre Ställe mit Weihrauch aus, um die dunklen Mächte des Winters zu bannen. Entscheide dich in diesem Monat, den Weg des Erwachens und der Freiheit zu gehen, und erkenne, was dich daran hindert, ihn zu beschreiten.

Umarme das Neue, entlasse das Alte!

Das Erwachen „Lebe deinen Traum"
Ein Ritual mit Isis

„Der Mensch, der zurückkehrt zu seinem Ursprung, wird erkennen, was er braucht, und finden, was er sucht"
(aus dem Ägptischen Totenbuch).

Isis, die Herrin der Pyramiden, erwartet dich in ihrem Tempel des Erwachens. Nimm dir eine Stunde Zeit, schaffe dir eine schöne Atmosphäre, entzünde Weihrauch und spiele sanfte Musik, und lege dein Tagebuch oder ein Blatt Papier bereit, entzünde drei weiße Kerzen und ordne sie als Dreieick an. Dann lege dich entspannt hin und laß alles los, laß deine Gedanken ziehen und sei ganz im gegenwärtigen Augenblick. Stell dir vor, du stehst vor einer wunderschönen Pyramide aus leuchtendem Kristall. Sie funkelt und strahlt im Licht der Sonne. Langsam gehst du auf sie zu, deutlich kannst du Symbole auf der Pyramide erkennen: sieben goldene Monde strahlen über einem großen goldenen Tor. Auf dem Tor siehst du das Bildnis von Isis mit weit ausgebreiteten Flügeln. Du stehst nun direkt vor dem Eingang der Pyramide. Das goldene Tor öffnet sich, und eine Wendeltreppe führt nach unten. Gehe sie hinab, und mit jeder Stufe, die du nach unten gehst, lasse das alte Jahr zurück, streife ab, was vergangen ist. Die letzte Stufe ist erreicht, und du trittst ein in den heiligen Raum dieser Pyramide, in das Heiligtum von Isis. Die Göttin empfängt dich und spricht zu dir: Erinnere dich, meine Tochter, an die Zeit, in der du gelebt hast in den heiligen Tempeln. Erinnere dich an das Wissen, das du in dir trägst. Alles Wissen deiner Inkarnationen ist in dir gespeichert. Jetzt ist es an der Zeit, daß diese Samen sprießen und zu einer wunderschönen Blume werden. Lange Zeit wurdest du geschult und vorbereitet, jetzt erwache und lebe deinen Traum. Komme ganz nahe an den Altar. Riechst du den Duft des Räucherwerks, spürst du die Kraft dieses Ortes? Hier auf dem Altar liegt bereit für dich was dir hilft, zu erkennen, zu erwachen. Jetzt bist auch du aufgerufen, die Göttin in dir zu erwecken und zu helfen, die Kraft der Göttin, die weibliche Spiritualität, zu entfalten. Erinnere dich, was deine Aufgabe einst war und was sie auch in diesem Leben wieder ist. Gibt es einen Traum in deinem Leben, den du jetzt zur Wirklichkeit werden lassen kannst? Du bist die Schöpferin deines

Seins. Für dieses neue Jahr nimm dir vor, zu dem zu werden, was du bist. Komm mit in den Raum des Erwachens. Tritt ein in den Spiegelraum. Hier siehst du unendlich viele Spiegel, und du siehst dich in allen Aspekten deines Seins. Du siehst dich als Kind, als Teenager, als blühende Frau, als alte Frau, als Mutter, als Ehefrau, als erfolgreiche Geschäftsfrau, alle Aspekte deines Seins. Schau dich um, es gibt hier auch die Spiegel der Vergangenheit, in denen du dich in anderen Inkarnationen sehen kannst. Welches Bild von dir zieht dich am stärksten an? Laß dich ein wenig treiben von Spiegel zu Spiegel und schau dich an, alle deine Aspekte, alles bist du, in immer anderen Körpern.

Und nun will ich dich vor den Spiegel der Zukunft führen. Er ist noch verhüllt hinter einem Mantel aus weißem Nebel. Komm, stell dich davor, schließe für einen Moment deine Augen, und dann sei bereit, dich zu sehen in der nahen Zukunft. Öffne deine Augen und sieh, wie der Spiegel enthüllt wird, schaue in deine Augen. Was siehst du, wie siehst du aus? Was tust du? Welchen Beitrag kannst du leisten für die Erde, für das Erwachen der weiblichen Kraft? Wenn das Bild noch nicht klar ist, bitte Isis um Hilfe, bitte sie, dir eine klare Vision deiner Selbst zu geben und deines Weges durch das kommende Jahr. Falls du kein klares Bild bekommst, vertraue darauf, daß sich dir dieses Bild in den nächsten Tag klar zeigt.

Kehre nun zurück in den heiligen Raum und schließe deine Augen, nimm die Kraft dieses Ortes in dich auf, die Kraft von ISIS, der Göttin des Erwachens.

Tritt vor den Altar und empfange nun von Isis ein Symbol für dein Erwachen. Gehe nun die Wendeltreppe wieder nach oben und trete durch das goldene Tor nach draußen. Schau dir nochmal das Symbol an, das du mitgenommen hast, und dann kehre zurück. Schreibe alles auf, was du erfahren hast.

Der Bergkristall
Ein Ritual der Klarheit

Der Bergkristall ist einer der heiligsten Steine, manchmal klarer und transparenter als Wasser. Er reflektiert das Licht und läßt wunderschöne Regenbogen entstehen. Schon in den ägyptischen Pyramiden wurde er genutzt, um die Kraft des Lichtes anzuziehen, und in den Zeiten der Dunkelheit hilft der Kristall, das Helle zu sehen.

Besorge dir für dieses Ritual einen Bergkristall und reinige ihn gut mit Meersalzwasser, lasse ihn am besten eine ganze Nacht im Wasser liegen. Er wird dir helfen, in die Tiefe zu gehen und Klarheit zu bekommen. Manchmal ist es schwierig zu erkennen, was man will. Es bieten sich viele Möglichkeiten, und jede hat ihre Verlockung. Wenn du in solch einer Situation bist, mache dieses Ritual der Klarheit.

Bevor du mit dem Ritual beginnst, nimm ein Bad, in dessen Wasser du das Öl von Orangen und Weihrauch gegeben hast. Kleide dich in Weiß, der Farbe der Klarheit.

Lege dich entspannt hin und lege den gereinigten Kristall auf dein drittes Auge, den Punkt zwischen deinen Augenbrauen. Laß alles Belastende los, werde empfänglich für eine tiefe Erfahrung.

Bitte nun darum, den nächsten Schritt in deinem Leben klar gezeigt zu bekommen. Laß alle Pläne, die du hast für diesen Augenblick, los und sei ganz empfänglich für die Botschaft des Kristalls, lasse die klare reine Energie des Steines in dich fließen und stelle dir nun auch vor, wie diese klare Energie dich von außen einhüllt. Klares weißes Licht umhüllt dich, alles, was Körper und Geist belastet, löst sich in diesem Licht auf. Verbinde dich mit deiner inneren Quelle, und schaue hinein in den Kristall deiner Bestimmung und bitte um ein klares Bild deines Zieles für das kommende Jahr. Was möchtest du kreieren? Was siehst du als wichtigste Aufgabe für dich? Sei offen für das, was sich dir zeigt, für die Bilder, die aufsteigen. Falls deine Gedanken abschweifen, konzentriere dich immer wieder auf den Kristall auf deiner Stirn. Die Zukunft entsteht aus diesem jetzigen Augenblick, und du bestimmst deine Realität immer wieder neu. Nutze nun die Klarheit des Augenblicks, sieh deutlich den nächsten Schritt in deinem Leben. Wehre dich nicht, wenn Visionen und Bilder kommen, die dir im Augenblick nicht realisierbar erscheinen. Alles ist möglich, jeder Wunsch beinhaltet in sich schon die Möglichkeit der Verwirklichung.

Bleibe nicht länger als fünfzehn Minuten in dieser Meditation, setze dich dann hin, nimm den Kristall in deine Hände und speichere in ihm deine erfahrene Vision. Laß ihn zum Symbol für deinen Weg werden, und wann immer du Zeit hast, nimm ihn wieder in deine Hände und verbinde dich mit deiner inneren Quelle und Klarheit und deiner Vision für das kommende Jahr.

Der Zauber von 1001 Nacht
Ein Fest der Sinne

Der kalte ungemütliche Januar ist eine gute Zeit, um eine orientalische Nacht zu feiern. Verwandle deine Wohnung in einen Palast aus dem Orient. Tauche sie in das Licht vieler Kerzen und orientalischer Lampen, die es inzwischen überall zu kaufen gibt. Besorge dir ein paar bunte glitzernde Tücher, vielleicht in einem indischen Laden, und dekoriere deine Wohnung. Schiebe Tische und Stühle in einen anderen Raum und schaffe eine arabische Teehausstimmung. Lege Kissen auf den Boden und vielleicht einen Futon oder eine Matratze. Nimm ein großes Tablett, lege ein glitzerndes Tuch darüber und stelle dein Teegeschirr darauf. Stelle Gefäße zum Räuchern auf oder nimm Räucherstäbchen. Laß dich inspirieren, was gehört für dich noch alles zu einer orientalischen Nacht? Besorge dir arabische, türkische oder indische Musik. Wenn du magst, such dir ein Märchen aus 1001 Nacht und lese es während des Festes vor. Bitte deine Gäste, sich so anzuziehen, wie sie es sich für eine orientalische Nacht vorstellen. Laßt eurer Phantasie freien Lauf. Für ein orientalisches Buffet findest du bei den Kochrezepten einige leckere Anregungen.

Natürlich darf der orientalische Tanz in dieser Nacht nicht fehlen. Seine Ursprünge hat er in Ägypten. Er ist wohl der weiblichste und sinnlichste Tanz. Ohne darüber nachzudenken, ob ihr etwas falsch machen könnt, laßt euch von der Musik inspirieren, fühlt mit all euren Sinnen und beginnt euch im Rhythmus der Musik zu bewegen. Stellt euch vor, ihr seid irgendwo im Orient, schließt die Augen und laßt den Körper sich einfach bewegen.

Am Anfang war der Kreis - ein Tanzritual

Auf vielen Bildern und Steinreliefen sind tanzende Frauen abgebildet, die sich im Kreis bewegen.

Der Kreis ist eine heilige Ursprungsform, und mit ihr könnt ihr in eurem Tanz spielen. Stellt euch im Kreis auf, beginnt mit eurem Kopf und laßt ihn in alle Richtungen kreisen, bewegt nun auch eure Schultern, Arme und Handgelenke nacheinander in kreisförmigen Bewegungen. Spielt mit allen Gelenken eures Körpers, und probiert aus, welche Möglichkeiten ihr habt, mit eurem Körper Kreise zu schaffen. Konzentriert euch am Ende auf eure Hüfte, der Kraftzentrale eures Körpers, und laßt sie in alle Richtungen kreisen, nehmt eure Arme und Hände dazu und bewegt euch gleichmäßig im Uhrzeigersinn im Kreis herum. Laßt nacheinander eine andere Person in den Kreis treten und ihren Tanz zu Ehren der Göttin zeigen, und freut euch an euren anmutigen Bewegungen.

Der Zauberwunsch

Wenn ihr genug getanzt habt, setzt euch im Kreis zusammen, schließt für einen Moment die Augen und überlegt euch einen Wunsch für das kommende Jahr. Sprecht der Reihe nach euren Wunsch aus, das ist sehr kraftvoll in der Gruppe, und bittet die Göttin Isis, euch dabei zu unterstützen.

Ein Blick in die Zukunft

Reicht dann anschließend eine Kristallschale mit Wasser herum, die ihr auf ein dunkles Tuch stellt. Jeder von euch nimmt sich eine Weile Zeit, in das Wasser zu sehen. Bald wird der Blick verschwimmen und euch einen Einblick in die Zukunft gewähren. Wenn ihr nicht sofort etwas seht, so habt Geduld und trainiert diese Fähigkeit. Ihr könnt aber auch erfühlen, was das Wasser für euch offenbart, und jeder Gedanke, jedes Gefühl ist richtig!

Fragen und Anregungen zum Thema Erwachen

1. Welche „guten" Vorsätze hast du für das neue Jahr?

2. Welches Ziel hast du dir für das neue Jahr gesetzt?

3. Was ist die Essenz dieses Ziels, was ist dir am wichtigsten dabei?

4. Notiere drei neue Erfahrungen oder erlernbare Fähigkeiten, die du im kommenden Jahr gerne verwirklichen würdest.

5. In welchen Bereichen deines Lebens fühlst du dich nicht frei und glücklich?

6. In welchen Bereichen fühlst du dich frei und glücklich?

7. Was würdest du in diesem Jahr gerne als Geschenk vom Universum erhalten?

Körperteil des Monats: Die Haut
Naturheilmittel und Übungen

Bereits die alten Ägypter legten großen Wert darauf „sich in ihrer Haut wohlzufühlen", und sie verwendeten viel Zeit auf Körperpflege und Schönheit. Mindestens ein tägliches Bad war angesagt mit anschließender Ölmassage. Sinnliche, duftende Salben und Wohlgerüche begleiteten die Ägypter sogar in ihre Grabmäler. Männer und Frauen schminkten sich die Augen mit Malachit und Antimonpulver, was gleichzeitig auch ein Schutz der Augen vor der Sonne war.

Die Haut, die Hülle unseres Körpers, ist das größte und das sinnlichste Organ: sie umhüllt und schützt uns, und über sie nehmen wir Berührung und Zärtlichkeit wahr. Die Hautoberfläche besitzt eine große Anzahl sensorischer Wahrnehmungsorgane, die Hitze, Kälte, Berührung oder Schmerz empfangen. Die Haut symbolisiert Abgrenzung und Nähe. Eng verbunden mit den Gefühlen signalisiert sie, wie es uns geht. „Dünnhäutige" haben oft auch eine feine, dünne Haut. Widerstandsfähige, dicke Haut umhüllt den „Dickfelligen". Schwitzende Haut zeigt Unsicherheit und auch Angst, errötende Haut Erregung. Unreine Haut ist oft eine Abwehrreaktion oder eine Unterdrückung von Wut und Zorn. "Etwas geht mir unter die Haut", "ich kann nicht aus meiner Haut heraus" oder "es ist zum aus der Haut fahren", diese Redewendungen haben eine tiefe Symbolik. Der Wunsch nach Berührung und die Berührungsangst zeigen sich über die Haut. Durch Anfassen der Haut kann man viel erfahren: Wie fühlt sie sich an, wie lebendig ist das Gewebe, wie weich oder verspannt die Muskulatur? Berührung ist eine natürliche Form des Kontaktes, und das erste, was ein Baby wahrnimmt, ist die liebevolle Berührung der Mutter. Berührungsangst ist ein Hauptgrund für psychische Hauterkrankungen. Ekzeme und ähnliche Erscheinungen sind ein Schrei nach Liebe und Zärtlichkeit. Jede Störung der inneren Organe wird auf die Haut projiziert, und umgekehrt auch jede Reizung der Haut nach innen geleitet. Darauf beruhen auch die Reflexzonentherapien.

Affirmation für die Haut

Ich akzeptiere mich, wie ich bin. Die Vergangenheit ist verziehen. Jetzt, in diesem Augenblick, bin ich frei und sicher.

Die Lotusatmung - Regenerierung der Haut

Oft wird die Lotusblüte neben Isis dargestellt, eine Pflanze, die, im Schlamm geboren, zu einer wunderschönen Blüte wird, zu einem Symbol der Schönheit und Weisheit.

Sitze mit aufgerichteter Wirbelsäule, wenn möglich im Lotussitz, ansonsten im Schneidersitz oder auch auf einem Stuhl. Reibe deine Handflächen aneinander und lege dann deine Handflächen in Gebetshaltung aneinander vor deine Brust, so daß deine Daumen dein Brustbein berühren. Presse die Handflächen fest aneinander und atme ein und führe dabei deine Handflächen nach oben, bis die Arme ganz gestreckt sind. Halte kurz inne, und mit dem Ausatmen laß die Arme wieder seitlich nach unten fließen und halte dabei die Handflächen nach oben. Wenn du vollständig ausgeatmet hast, treffen sich die Handflächen wieder vor deiner Brust, und du atmest wieder ein. Mache diese Übung 7 x und visualisiere dabei eine Lotusblüte, die sich öffnet, wenn du ausatmest. Genieße es, wie sich dein Brustkorb weitet, dein Nervensystem entspannt, dein Geist zur Ruhe kommt und deine Haut durchblutet wird.

Yogaübung Die Kobra

Die Fähigkeit der Schlange, sich zu häuten, ist ein Symbol der Erneuerung und der Auferstehung. Die Kobra ist eine Übung, um die Willenskraft zu stärken. Lege dich auf den Bauch, lege deine Stirn an den Boden, deine Handflächen neben die Schulter, die Ellenbogen sind aufgestellt. Spanne deine Gesäßmuskeln an. Hebe nun langsam deinen Kopf und deinen Oberkörper an, lasse dabei die Ellenbogen eng am Körper. Gebe nun etwas Druck auf deine Hände und richte dich noch etwas weiter auf, ohne jedoch deine Arme durchzudrücken, lasse den Nabel am Boden. Atme tief, während du in der Kobra bist, und konzentriere dich auf die Wahrnehmung in deinem Körper und auf folgende Frage:

Was blockiert mich, kann ich meine alte Haut abstreifen, kann ich mich erneuern? Sage dir: mein Rückgrat wird stärker, ich habe die Kraft, das zu erreichen, was ich will. Ich habe die Fähigkeit, meine innere, spirituelle Quelle zu erschließen. Diese Übung hält deine Wirbelsäule beweglich, wirkt auf das Rückenmark, die Leber, die Gallenblase, und die Milz.

Heilende Maske bei Hautproblemen

Verrühre 3 EL Heilerde aus dem Reformhaus mit Kamillentee zu einem Brei und trage ihn auf dein Gesicht auf, wasche nach 20 Minuten mit warmen Wasser ab und trage das folgende Öl auf:

Gesichtsöl Nofretete

Verwende ein naturreines, kaltgepresstes Öl, zum Beispiel Jojoba oder süßes Mandelöl oder Weizenkeimöl als Grundlage.
Für 50 ml Öl nimm dann –
15 Tropfen Lavendel
5 Tropfen Weihrauch
4 Tropfen Neroli
4 Tropfen Rosenöl.

Mische alle Öle zusammen, lasse die Mischung eine Zeitlang ruhen, trage dann das Öl auf und lasse es mindestens fünfzehn Minuten wirken.

Körperöl Arabesque

7 Tropfen Lavendel
7 Tropfen Weihrauchöl

5 Tropfen Patschouli
40 ml Mandelöl
10 ml Jojobaöl
5 ml Weihrauch

Miteinander verrühren, 10 Minuten ziehen lassen und dann deine Haut damit verwöhnen.

Amethystwasser für eine zarte Gesichtshaut

Besorge dir einen schönen Amethyst, lege ihn fünf Tage und Nächte in Wasser, koche dann das Wasser, so daß der Dampf am Amethyst kondensiert, dann laß den Stein noch eine Stunde im Wasser liegen. Wasche dir damit das Gesicht, und falls du Altersflecken oder Warzen oder ähnliches hast, lege den speichelfeuchten Amethyst auf. Wie Hildegard von Bingen schreibt, wird deine Gesichtshaut zart und schön.

Rosen-Oliven-Öl

Wenn die Haut mal juckt, allergisch reagiert oder sich gar Ekzeme bilden, verwöhne sie mit diesem Öl.

0,5 ml echtes Rosenöl
100 ml Olivenöl

Mische die Öle gut und trage sie auf die befallenen Stellen auf.

Parfum 1001 Nacht

Kreiere dein eigenes Parfum, das zu dir paßt und das einzigartig ist. Ein Beispiel für ein schweres, sinnliches Parfum für die orientalische Nacht:

10 Tropfen Patschouli
8 Tropfen Sandelholz

4 Tropfen Ylang-Ylang
4 Tropfen Rose
4 Tropfen Jasmin

Räucherungen

Myrrhe war im Altertum neben Weihrauch das wichtigste Räuchermittel, das auch in der antiken Medizin reichlich angewendet wurde. Sogar die Leiche von Jesus soll mit Myrrhe und Aloe einbalsamiert worden sein. Myrrhe wird eine lebensverlängernde Wirkung nachgesagt. Sie wirkt außerdem balsamisch, reinigend, desinfizierend und klärend. Sie ist hervorragend geeignet, die geistige, seelische und materielle Welt in Einklang zu bringen. Sie öffnet die Tür zum Geistigen, unsere Sorgen werden zerstreut und unsere Gefühle besänftigt. Myrrhe wird für Meditation, Schutz, Heilung und Segnung verräuchert.

Heilpflanze der Monats: Knoblauch Wellness- und Beauty Tips

Es ist eine ganz besondere Atmosphäre, die der Duft von Knoblauch verbreitet, er erinnert an den letzten Urlaub in der Toskana, Spanien oder auch in Ägypten, erinnert daran, die Seele baumeln zu lassen, etwas Leckeres zu essen und sein Dasein zu genießen.

Allium Sativum, der Knoblauch, ist eine Zwiebelpflanze aus der Familie der Liliengewächse. Um ihn ranken sich viele Mythen. Schon im alten Ägypten wurde ihm eine stark kräftigende und krankheitsvorbeugende Wirkung nachgesagt. Bereits in einem Papyrus aus der Zeit um 1500 vor Christus sind mehr als 20 therapeutische Anwendungen für den Knoblauch erwähnt. Deshalb versorgte man auch die Arbeiter an der Cheops-Pyramide damit. Knoblauch ist ein vorzügliches Reinigungsmittel für den Magen-Darmtrakt. Seine anitbakterielle Wirkung macht ihn zu einem natürlichen Antibiotikum und hilft auch bei Hefeinfektionen und Pilzen. Die Spurenelemente Selen, Kupfer und Phosphor stärken das Immunsystem. Weiterhin sorgt er dafür, daß der Blutdruck und das Cholesterin gesenkt werden, und verdünnt das Blut.

Aber auch gegen das „Böse" schlechthin wird er eingesetzt, in Amuletten oder auch mit dem Zopf aus Knoblauchzehen, der die bösen Geister und Vampire vertreiben soll. Knoblauch ist hilfreich bei Hauterkrankungen, indem man zum Beispiel Knoblauchsaft auf Wunden gibt.

Knoblauchsaft à la Osiris

Schäle fünf Knoblauchzehen, zerdrücke sie mit einer Knoblauchpresse und vermische sie mit 5 TL Honig, gebe 250 ml lauwarmes Wasser dazu und lasse alles zehn Minuten ziehen. Gieße den Saft durch ein feines Sieb ab.

Tibetische Mönchsweinkur - stärkt die Abwehr

360g frischer Knoblauch (ca. 1 Knolle)
300 g 90% Weingeist

1971 wurden in einem tibetischen Kloster Tontafeln gefunden, auf denen ein altchinesisches Knoblauchrezept geschrieben stand: Schäle und zerdrücke den Knoblauch und gebe ihn in den Weingeist. Lagere den Wein in einem fest verschlossenen Gefäß kühl und dunkel zehn Tage lang. Dann seihe ihn ab, drücke den Knoblauch gut aus. Fülle ihn wieder in ein Glas und lasse ihn für drei Tage wirken, und beginne dann mit der Kur. Nimm nun drei mal täglich die Essenz in einer halben Tasse warmer Milch folgendermaßen ein: Am Morgen des ersten Tages einen Tropfen, beim Mittagessen zwei Tropfen, beim Abendessen drei Tropfen usw., bis du beim fünften Tag bei fünfzehn Tropfen angekommen bist. Dann verringere wieder täglich die Anzahl um einen Tropfen, nun hast du deinen Körper auf die Heilwirkung eingestimmt, und nach dieser Phase nimm drei mal täglich fünfundzwanzig Tropfen in Milch, bis die Essenz aufgebraucht ist.

Knoblauch gegen Erschöpfung, Burn-out-Effekt

Trinke jeden Tag frischen Knoblauchsaft oder nimm fertige Knoblauchprodukte (möglichst Dragees aus getrocknetem Knoblauchpulver) zu dir. Empfehlenswert sind ca. drei kleine Knoblauchzehen täglich. Wenn du dir wegen des Geruchs Gedanken machst, dann esse Petersilie dazu und trinke ein wenig Zitronensaft.

Sahne und Honigbad à la Kleopatra

Klassisches Bad:
Verrühre 10 Tropfen deines Lieblingsduftöles mit 5 EL flüssiger Sahne und 4 EL Honig und gebe es in dein Badewasser.

Orientalisches Bad:
3 EL Vollmilch
5 Tropfen Sandelholz
4 Tropfen Ylang Ylang
3 Tropfen Zimt
2 Tropfen Ingweröl

Kochrezepte für den Monat Januar

In dieser kalten Jahreszeit ist es für deinen Körper angenehm, wenn die Nahrung eher länger gekocht wird und deshalb erwärmend wirkt. Verwende bei deinen Gerichten großzügig Knoblauch, denn er stärkt deine Abwehrkräfte und hilft dir, den Winter ohne Erkältung und Grippe zu überstehen. Du findest in diesem Rezeptteil einige Anregungen für die "Orientalische Nacht", und bereits beim Lesen der Zutaten wird dir das Wasser im Mund zusammenlaufen...

Mandelmilch für 8 Personen

Püriere ca. 250 gr zerkleinerte Mandeln mit etwas Wasser und Honig und laß das Gemisch in 1,5 L Wasser ca. fünfzehn Minuten köcheln. Kühle die Mandelmilch ab und serviere sie mit frischen Minzblättern und Eiswürfeln.

Limettencocktail "Oriental Night"

Je Glas (0,2 l)
1 - 2 Limetten
2 gestrichene EL Zucker
Kaltes Wasser
Etwas Milch

Die gewaschenen Limetten, den Zucker und die Eiswürfel in das Gerät geben und zu einem Brei verrühren. Entsprechende Menge Wasser hinzugeben und gut durchmixen. Milch, ca. ein Zehntel der Gesamtmenge, hinzufügen. Mische nun nochmals durch, bis Schaum auf der Flüssigkeit entsteht, und fülle dann durch ein Sieb in Gläser. Kalt servieren.

Dipjoghurt "Arabische Nacht"

Vermenge 250 Gramm Naturjoghurt mit 1/2 Teelöffel Salz und etwas Olivenöl, lasse es ziehen. Dann den Joghurt nach Geschmack mit schwarzem Pfeffer, Paprika, frischer Minze und frischem gestoßenen Knoblauch würzen und gut durchschlagen. Dazu arabisches Brot reichen.

Honigbrot mit Knoblauch

1 Scheibe Brot
etwas Butter und Honig
1 - 2 Knoblauchzehen

Bestreiche das Brot mit Butter und Honig und lege die geschälten Knoblauchzehen in dünne Scheiben auf den Honig und jetzt (Augen zu und durch!) hineinbeißen. Eine überraschend gute Geschmackskombination, sehr erfrischend und sehr gesund!

Orientalische Reisbällchen in Joghurt-Minze-Soße für 4 Personen

100g Zwiebel
3 EL Olivenöl
2 EL Sultaninen
etwas gemahlenen Kümmel und Koriander
150 g groben Vollkornreis und 500 ml Wasser
400 g Joghurt
50 g grob gehackte Haselnüsse
1 Ei, Salz,
2 EL Zitronensaft, Salz, Pfeffer
1 EL getrocknete Pfefferminze

Würfele die Zwiebeln und dünste sie in Olivenöl an, gebe die Gewürze und den Reis dazu, lasse kurz mitschmoren und lösche unter Wasser ab. Lasse nun ca. 30 Minuten garen, bis der Reis weich ist. Menge die Haselnüsse und das Ei drunter und schmecke mit Salz und Pfeffer ab. Forme nun kleine Bällchen und setze sie dann auf ein gefettetes Backblech, backe bei 200 Grad 20 Minuten Verrühre für die Soße den Joghurt mit Olivenöl und Zitronensaft und der zerriebenen Minze und serviere sie zu den Bällchen.

Shay Naa Naa - arabischer Minztee

1 l kochendes Wasser
1 - 2 Tassen frische Minze
1 - 2 TL grüner Tee, Zucker

Laß den Tee ca. 4 Minuten ziehen und dekoriere jede Tasse mit Rosenenblüten und etwas Orangenschale

Ägyptische Linsensuppe „ISIS"

350 g grüne oder braune Linsen
2 l Wasser
8 Knoblauchzehen
1 Lorbeerblatt
1 EL Kreuzkümmel
2 TL Salz
1 Spur Cayennepfeffer
5 Zwiebeln
3 EL Butter
1 Zitrone

Lasse die Linsen eine Stunde im Wasser quellen, schäle den Knoblauch und gebe zwei Knoblauchzehen und das Lorbeerblatt zu den eingeweichten Linsen. Während die Linsen quellen, hacke die übrigen Knoblauchzehen und zerstoße sie mit dem Kreuzkümmel und dem Salz im Mörser. Würfele die Zwiebeln und brate sie mit der Hälfte der Knoblauchmischung in der Butter goldgelb. Füge nun die Linsen mit dem Einweichwasser hinzu, bringe alles zum Kochen, bei schwacher Hitze in 45 bis 60 Minuten weichdünsten. Seihe die Suppe anschließend durch ein Sieb und erhitze sie wieder, rühre die übrige Knoblauchmischung unter und schmecke die Suppe ab.

BRIGHID
DIE GÖTTIN DER REINIGUNG
IM MONAT FEBRUAR

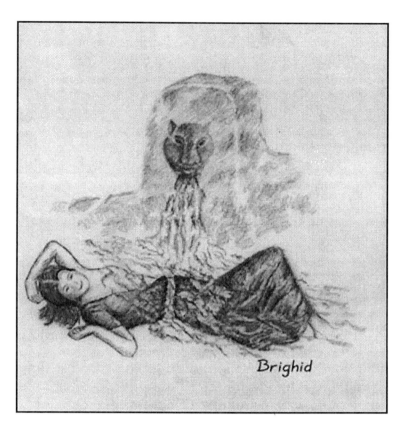

Brighid

Brighid

Die Kelten nannten mich Brighid, Bride oder Brigantia, und diese Namen entstammen dem Wort Breo Saighead, was so viel bedeutet wie "feuriger Pfeil oder Stärke".

Da ich viele Gegensätze in mir vereinige, verkörpere ich Toleranz und eine ganzheitliche Sicht und Lebensweise. Ich werde traditionell verehrt als die Göttin der Reinigung und Heilung, des Feuers und des Wassers, der Schmiede und der Kampfkünste, der Fruchtbarkeit und der künstlerischen Inspiration. Das Frühlingsfest Imbolc am 2. Februar ist mir geweiht, und in dieser Zeit wird der reinigende und Leben spendende Aspekt meines Wesens besonders hervorgehoben, denn ich bin die Vorbotin des kommenden Frühjahrs. In der Landwirtschaft beginnt bald die Aussaat für das kommende Jahr, und auch du solltest dich nach der langen Zeit des Rückzugs im Winter wieder auf eine Phase der Öffnung und Aktivität freuen. Viele Sagen und Legenden sind um mich gewoben worden: die Göttin Cailleach, die über den Winter wacht, soll aus dem Brunnen der Jugend getrunken haben und dann in mich verwandelt worden sein. Deshalb verehrten die Kelten alle Brunnen und Gewässer und benutzten das Wasser zu heilenden Ritualen. Eine andere Legende betont meinen feurigen Aspekt: bei meiner Geburt soll eine riesige Flamme aus meiner Stirn entwichen sein und Himmel und Erde miteinander verbunden haben.

Eine weitere Geschichte beschreibt meine Fähigkeit als Heilerin. Eines Tages begegnete ich zwei Leprakranken und wollte ihnen eine heilsame Lehre erteilen. Ich forderte sie auf, sich in einem naheliegenden Bach gegenseitig zu waschen. Ich verstärkte die Heilkraft des Wassers, und nachdem der erste Kranke gewaschen war, wurde er auf der Stelle wieder gesund. Doch anstatt nun seinen kranken Bruder zu waschen, wand er sich angeekelt ab und lief davon. Seine Heilung hielt nicht lange an und bald wurde er wieder von der Krankheit eingeholt. Der andere Kranke wurde von mir gereinigt, und er erholte sich schnell und versprach, seinen Mitmenschen ebenso hilfreich zur Seite zu stehen.

Ich inspiriere vor allem Frauen dazu, ihre Kraft zu erkennen und ihren eigenen Lebensweg zu finden. Es gibt auch eine historische Brigit, die zu Zeiten Jesu lebte und meinen Geist über die Zeit des Christentums hinübergerettet hat. Sie gründete mit weiteren Frauen ein Kloster in Kildare - ein Ort, an dem ich über Jahrtausende mit einer ewig brennenden Flamme verehrt wurde -, und über lange Zeit wurden dort heidnische und christliche Bräuche miteinander verbunden.

Brigit war eine mutige Frau, die bereits damals neues Bewußtsein in die Welt brachte. Sie forderte die Menschen auf, alle Traditionen miteinander zu verbinden und sich zu unterstützen, anstatt gegeneinander zu kämpfen. Da Männern in diesem Kloster der Zutritt verwehrt war, erregte das den Unmut der christlichen Kirche, und das Kloster wurde 1220 geschlossen. Doch meine Popularität war inzwischen so groß geworden, daß die Kirche nicht umhin konnte, sich mit mir auseinanderzusetzen, und deshalb erschuf sie einen Heiligenkult um die Heilige Brigitte, und das Fest Imbolc wurde in "Lichtmeß" verändert.

Es ist nicht wichtig, in welcher Form du heilige Rituale erschaffst und welche göttlichen Wesen du verehrst, solange du dir bewußt bist, daß du letztendlich selbst ein göttliches Wesen bist und alle Lehren nur dazu dienen, die Göttin in dir selbst zu erwecken.

Ich bin eine Göttin mit vielen unterschiedlichen Aspekten, und deshalb will ich dich zu Toleranz und Mitgefühl anhalten. Erkenne, daß es viele Möglichkeiten gibt, die Wachstumschancen auszuschöpfen, die ein Menschenleben dir bieten kann. Bewerte und urteile nicht, wenn deine Freunde oder dein Mann andere Erfahrungen machen möchten als du, und sei dir bewußt, daß es keine "Fehler" gibt, sondern daß alles eine Möglichkeit ist, um zu reifen und wertvolle Erfahrungen zu machen.

Der Februar ist ein Monat, in dem die Kraft der Sonne unaufhaltsam zunimmt, und unter der Schneedecke strecken die ersten Schneeglöckchen und Primeln ihre zarten Köpfe hervor. Draußen ist es zwar meist noch kalt und unwirtlich, aber der Frühling läßt sich nicht mehr aufhalten und auch die Natur erwacht zu neuem Leben. In Irland wurde das Fest meist am Vorabend des 2. Februar gefeiert. Traditionell war das ungefähr die Zeit der Geburt der Schafe und Ziegen. Nach der kargen Zeit des Winters, der früher auch oft Überlebens- und Existenzkampf bedeutete, war dies ein freudiges Fest, bei dem viel gegessen und getrunken wurde. Der Februar ist auch für dich eine gute Zeit für innere und äußere Reinigung. Der Karneval war ursprünglich auch ein heidnischer Brauch, um den Winter und die Dunkelheit zu vertreiben und die neue Kraft der Sonne zu begrüßen. Dein Körper sehnt sich in diesem Monat nach Sonnenlicht und möchte sich nach dem schweren Essen der kühlen Monate und auch besonders der Feiertage im Dezember reinigen und entgiften. Auch deine Wohnung wünscht sich einen Frühjahrsputz und möchte in neuem Glanz erstrahlen. Wenn du einen Garten hast, ist nun die Zeit gekommen, den Boden für die neuen Pflanzen und die Aussaat vorzubereiten.

Die Heilquelle - Eine Meditation

Mache es dir auf dem Boden oder einem Stuhl bequem, schließe deine Augen und bereite dich mit einer Entspannungsübung auf die Meditation vor. Beobachte deinen Atem und lasse dich immer tiefer in die Entspannung gleiten...

Stell dir vor, daß du an einem Bach sitzt und die Wärme der Frühjahrssonne genießt und dich wohl fühlst. Lausche auf den Gesang der Vögel, das Plätschern des Baches, nimm deine Umgebung wahr, die Gräser und Blumen und den leichten Windhauch, der dein Haar bewegt. Welche Kleidung trägst du und in welcher Stimmung bist du? Wenn dir deine Umgebung vertraut geworden ist, steh langsam auf und wandere ein Stück den Bach entlang, und du wirst nach wenigen Minuten an eine Quelle kommen, aus der das erquickende Wasser hervorsprudelt. Sieh diese Quelle mit deinem inneren Auge: Kommt sie aus einem Felsen, aus der Erde oder aus einer Höhle? Ist es ein größerer Wasserfall oder eine kleine sprudelnde Quelle? Laß deine Finger durch das Wasser gleiten. Wenn du möchtest, darfst du auch deine Füße hineinhalten, spüre die Lebendigkeit und Vitalität dieser heilsamen Quelle, und du kannst nun die Göttin Brighid herbeirufen, damit sie dieses Quellwasser segnet und dich bei deinem Reinigungsritual unterstützt. Du spürst nun die Gegenwart der Göttin oder siehst sie ganz klar vor dir stehen. Vielleicht nähert sie sich dir auch in der Gestalt eines Tieres. Sei aufmerksam, was du nun bei ihrer Gegenwart empfindest und wie sie sich für dich darstellt. Beobachte auch hier wiederum ihre

Ausstrahlung, ihre Kleidung, ihre Gesten, begrüße sie so, wie es dir richtig erscheint. Sie segnet nun diese heilige Quelle und fordert dich auf, deine Kleider abzulegen und in das erfrischende Wasser zu steigen, um dich zu reinigen. Wenn du möchtest, kannst du die Göttin bitten, dich zu waschen, so wie deine Mutter dich früher als Säugling gebadet hat. Fühle, wie das Wasser sich auf deiner Haut anfühlt und stelle dir vor, daß du nun all deine Sorgen und Ängste von dir abwaschen darfst, und du kannst auch ganz konkrete Vorstellungen haben und dir innerlich sagen: "Ich löse mich von dem Druck meiner Kollegen, ich gebe die Verantwortung für meine Mutter ab, ich reinige mich von all meinen unnötigen Schuldgefühlen meinem Mann gegenüber, und ich befreie mich von der Vorstellung, nicht gut genug zu sein!" Was auch immer dir nun in den Sinn kommt, ist richtig. Spüre in dich hinein, wie befreit und erleichtert du dich nun fühlst.

Wenn du genug gebadet hast, steig aus dem Wasser heraus und leg dich zum Trocknen in die Sonne, auf einen flachen Felsen oder auf die Wiese, je nachdem, was dir angenehmer ist. Die Göttin Brighid verabschiedet sich nun von dir mit einer zarten Handbewegung, mit einem Abschiedssatz oder nur mit einem leisen Windhauch, der über dein Gesicht streicht. Laß die wärmenden Sonnenstrahlen in deinen Körper eindringen und spüre, wie sie sich in dir ausbreiten und dein Lebensfeuer entzünden, dein Immunsystem aktivieren und dich stärken für deine zukünftigen Aufgaben in diesem Jahr. Wenn du dich genügend belebt und ausgeruht fühlst, kannst du dich langsam aufsetzen, und du stellst fest, daß deine alten Kleidungsstücke verschwunden sind und dir die Göttin Brighid stattdessen neue Kleider zum Anziehen bereitgelegt hat. Fühle das Material dieser Kleider, erfreue dich an den neuen Farben und stelle fest, wie sie sich angezogen anfühlen. Du darfst nun langsam wieder die Augen öffnen und zurückkehren.

Frühjahrsputz - Ein Reinigungsritual

Wenn die erste Frühjahrssonne in die Wohnung scheint, fällt dir wahrscheinlich auf, wie trübe die Fensterscheiben während der Winterszeit geworden sind. Die neugierige Sonne dringt nun auch bis in die dunklen Ecken, und auf den Schränken wird der Staub leider unübersehbar. Nimm dir für dieses Ritual mindestens einen Tag lang Zeit, aber du kannst diesen Frühjahrsputz auch über einige Tage hinausziehen, je nachdem, wie gründlich du vorgehen möchtest. Zieh dir ein paar alte Sachen an, leg deine fetzigste Dance Music auf, dreh die Stereo Anlage auf volle Lautstärke und stell dir vor, wie viel wohler du dich fühlen wirst, wenn du deine Wohnung wieder auf Hochglanz gebracht hast.

Nachdem du voller Energie mit dem Staubsauger und dem Putzlappen durch die Wohnung gewirbelt bist und es "oberflächlich" schon "ganz gut" aussieht, kannst du dich an die Feinarbeit begeben. Gibt es noch einen Schrank oder eine Schublade, die dich beim Öffnen jedesmal vor Schreck zusammenfahren läßt, weil du in dem Chaos nichts mehr findest? Wunderst du dich immer, wieso die Regale in der Besenkammer noch nicht unter ihrer Last zusammengebrochen sind? Ich wage es kaum, dich an den Keller zu erinnern. Weißt du noch, was du in den verschiedenen Koffern und Kisten vergraben und für "alle Fälle" aufgehoben hast? Mach dich an die Arbeit und erledige alles, was du sonst immer gerne auf später verschiebst. Bezahle die längst überfälligen Rechnungen und schreibe deiner alten Tante, für deren liebe Geburtstagsgrüße du dich noch immer nicht bedankt hast. Beantworte die E-mails deiner treuen Freundin, und wenn du dann noch nicht im Stehen vor Erschöpfung eingeschlafen bist, erhole dich bei einem erfrischenden Reinigungsbad, lege eine Peelingmaske auf, atme den anregenden Duft von Frühlingsblumen ein (entweder frische Blumen oder eine Frühlingsduftmischung deiner Duftlampe). Sei stolz auf dich und deine Arbeit. Genieße den kurzen Augenblick der Ordnung und der Sauberkeit, leider ist er sehr vergänglich...

Imbolc - Ein Frühjahrsfest

Dieses erste Fest im Jahresreigen wurde von den Kelten meist am 2. Februar gefeiert und zeigt den Beginn des Frühjahrs an. Die jungen Lämmer und Ziegen werden um diese Zeit geboren und die Schafe verstärken die Milchproduktion. Daher leitet sich auch der Name dieses Festes ab, denn Imbolc kommt von *oimbelc,* das bedeutet wörtlich übersetzt (Schafsmilch oder "im Bauch sein"). Die Schutzpatronin dieses Festes ist die Göttin Brighid, die bei Geburten herbeigerufen wird und deren reinigende Kräfte die Menschen von der Last des Winters befreien. Gleichzeitig ist sie mit dem Feuer verbunden, und sie verstärkt die heilende Wirkung der Frühlingssonne. Brighid ist mit Bres, dem Gott der Landwirtschaft und der Fruchtbarkeit, verheiratet, und deshalb werden in Irland zu diesem Fest an vielen Orten Fruchtbarkeitsrituale abgehalten. Die Frauen basteln kleine Kornpuppen und einen phallusähnlichen Brotlaib, um damit die Göttin und den Gott darzustellen und um Fruchtbarkeit zu bitten. Ein weiterer Brauch besteht darin, ein Kleid über Nacht vor die Türe zu hängen und damit die heilenden Kräfte von Brighid in das Kleid aufzunehmen und an Kranke weiterzuleiten.

Du kannst dieses Fest alleine oder mit deinen Freundinnen oder Freunden feiern. Ihr könnt gemeinsam ein Festessen kochen, das traditionell aus vielen Milchprodukten besteht, aber für das ihr natürlich die Speisen auswählen dürft, die euch am besten schmecken.

Reinigt den Raum mit einer Salbei-Räucherung oder einem anderen Duft, dekoriert mit den Farben Weiß und Hellgrün und stellt für das Ritual ein Gefäß mit frischem Quellwasser oder Salzwasser bereit. Außerdem benötigt ihr auch eine Kerze, die ihr in die Mitte des Raumes stellt, und andere Kerzen, die den Raum sanft beleuchten und die Ankunft der hellen Jahreszeit begrüßen. Wenn alle Gäste eingetroffen sind, könnt ihr euch in einem Kreis um die Kerze versammeln, euch an den Händen halten und euch kurz auf den Raum und den Anlaß des Rituals einstimmen. Du kannst auch eine kleine Meditation anleiten, ein Lied anstimmen oder eine Freundin darum bitten.

Erkläre nun kurz den Anlaß eurer Feier und bitte jeden der Reihe nach, sich kurz vorzustellen und zu sagen, wie sie/er sich gerade fühlt und was im Moment das Lebensthema ist. Das ist immer ein guter Anfang für eine Gruppe, um sich besser kennenzulernen und sich gegenseitig zu öffnen und eine Herzensverbindung zu schaffen. Anschließend könnt ihr euch darüber austauschen, welche Bedeutung das Frühjahr für euch hat, was ihr damit verbindet und wie gut ihr von alten Dingen loslassen könnt.

In Irland war es bis zum 13. Jahrhundert Brauch, daß Ehepaare, die nicht mehr miteinander klarkamen, sich an Imbolc trennen durften und den Segen der Göttin dafür erhielten.

Bereitet nun das Reinigungsritual vor und stellt die Schale mit Wasser in die Mitte, haltet eure Hände darüber und bittet die Göttin Brighid, dem Wasser heilende Kräfte zu verleihen. Anschließend wird die Schale herumgereicht, und jeder von euch wäscht seine Hände darin und spricht aus, was sie/er gerne loswerden möchten, um unbeschwerter den nächsten Jahreszyklus zu durchlaufen. Füllt das Wasser anschließend in eine Flasche, und einer von euch wird beauftragt, dieses Wasser in einen Bach oder Fluß zu gießen und eure Sorgen der Natur zu übergeben, die geduldig und liebevoll immer für euch da ist.

Erhebt euch nun, und wenn ihr möchtet, könnt ihr die heilende Feuerzeremonie zu einem Tanzritual gestalten. Alle Gäste bewegen sich langsam zu einer keltischen Tanzmusik. Ihr tretet einzeln in den Kreis und holt mit anmutigen Bewegungen die Energie des Feuers zu euch. Stellt euch vor, daß ihr euren ganzen Körper mit dieser heilenden Urkraft beleben wollt. Gebt nun mit tänzerischen Bewegungen die Heilenergie an euren linken Nachbarn weiter, der dann als nächster in den Kreis tritt und die Zeremonie für sich wiederholt. Wenn alle die Feuerkraft aufgenommen haben, faßt euch noch einmal an den Händen und tanzt eine Weile im Kreis herum, indem ihr mit dem rechten Bein nach rechts schreitet und das linke Bein wieder neben das rechte

Bein heranstellt. Wiegt den Körper dabei im Rhythmus der Musik und sendet der Erde und allen Lebewesen auf diesem Planeten Heilung und Frieden. Umarmt euch gegenseitig zum Abschluß, sprecht ein kleines Gebet, singt ein Lied oder findet ein anderes Ende, das gut zu eurer Stimmung paßt.

Kerzenmagie an Imbolc

Imbolc ist die Zeit, sich auf neue Unternehmungen vorzubereiten. Du kannst dieses kleine Ritual alleine oder mit Freunden zelebrieren. Nimm eine weiße Kerze, schließe deine Augen und visualisiere einen Wunsch für die kommenden Monate. Stell dir alles so genau wie möglich vor und halte diese Visualisierung einige Minuten sehr konzentriert. Streiche ein ätherisches Duftöl auf die Kerze (Öl leitet die gedankliche Energie auf die physische Ebene), entzünde sie dann und laß sie herunterbrennen.

Kerzenorakel

Laß etwas Kerzenwachs in eine mit Wasser gefüllte Schale tropfen und deute die Wachsformationen, die sich im Wasser gebildet haben. Dieses Orakel macht besonders in der Gruppe viel Spaß und sorgt für einen unterhaltsamen Abend, denn die Wachstropfen können zu wilden Spekulationen anregen...

Fragen und Anregungen zum Thema Reinigung

1. Wie gut kannst du dich von alten Dingen lösen?
    Wobei fällt dir das besonders leicht oder schwer?

2. Macht es dir Freude, deine Wohnung zu putzen und deinen Körper zu reinigen? Was könnte dich dabei motivieren?

3. Räume deinen Keller gründlich auf und setze dich mit allem aus-
einander, was diese "Tiefenreinigung" bei dir auslöst.

4. Was macht es dir schwer, dich von Dingen oder Menschen zu
trennen? Welche Trennungen hast du in deinem Leben bereits
erlebt?

5. Schreibe auf, wovon du dich gerne trennen würdest, damit dein
Leben leichter wird.

Körperteil des Monats: Die Leber
Naturheilmittel und Übungen

Bei den Babylonern wurde die Leber als heiliges Organ der Götter
verehrt, man nutzte sie für Orakelbefragungen, und noch heute wird
von einigen afrikanischen Stämmen die Leber als der Sitz der Seele betrachtet.

Die physiologische Aufgabe der Leber besteht in der Regulierung
verschiedener Zellstofffunktionen, bei denen unter anderem Fette abge-
baut werden und das dabei entstandene Cholesterin zur Gallensaftpro-
duktion verwendet wird. Außerdem ist sie zuständig für die Entgiftung
des Körpers und verarbeitet körpereigene und körperfremde Giftstoffe,
so daß diese von der Niere ausgeschieden werden können. Sie ist in ihrer Funktion eng mit der Galle verbunden, und in der Traditionellen
Chinesischen Medizin (TCM) werden Leber und Galle als Meridian-
paar angesehen. In der TCM wird die Leber mit einem General und
Visionär verglichen, der den Gesamtüberblick aller Körperfunktionen
hat, während die Gallenblase die Entscheidungen der Leber ausführen
muß und die Einzelentscheidungen zu treffen hat. Das Element Holz
und das Frühjahr sind diesem Meriadianpaar zugeordnet, und auch die
Augen, die Muskeln und Sehnen sind damit verbunden.

Nun ist eine gute Zeit, die Funktion der Leber durch eine innere
Reinigung und Entgiftung zu unterstützen. Wenn du Probleme mit Leber oder Galle hast, kann dies bedeuten, daß du dein Lebensziel nicht

klar genug vor Augen hast, es dir schwerfällt, Verantwortung abzugeben oder du davor zurückschreckst, Entscheidungen zu fällen. Ist die Leber aus dem Gleichgewicht geraten, äußert sich das oft in Gereiztheit, Aggression oder sogar in Wutanfällen. Wenn du Leber oder Gallenprobleme hast, solltest du tierische Fette vermeiden (also kein oder nur wenig Fleisch essen), keinen Alkohol oder Kaffee trinken. Auch Farbstoffe und zu viele Medikamente oder Vitaminpräparate belasten den Entgiftungsprozeß. Du solltest in deinem Leben Prioritäten setzen und dich von allem trennen, was nicht mehr zu dir paßt!

Yogaübung Der Baum

Stehe einige Minuten aufrecht und entspannt und fühle, wie der Atem deinen ganzen Körper mit Lebenskraft versorgt. Beuge nun das rechte Bein seitlich und lege die rechte Ferse an die Innenseite des linken Oberschenkels. Hebe gleichzeitig beide Arme, bringe beide Handflächen oben zusammen (erinnert an die Gebetshaltung), und halte die Hände vor deinem Herzen. Versuche möglichst gelassen in dieser Haltung zu stehen und fühle dich wie ein Baum, den nichts erschüttern kann und der seinem Ziel entgegenwächst. Nach einer Weile kannst du das Bein wechseln und dich auf den Lebermeridian konzentrieren, der an der Innenseite deiner Beine verläuft.

Meridiandehnung für Leber/Galle

Setze dich auf den Boden und öffne deine Beine so weit, wie es dir angenehm ist, auf keinen Fall solltest du in dieser Position deine Muskulatur überdehnen. Hebe beide Arme gestreckt nach oben, verschränke die Hände und drehe die Handflächen zur Decke. Beuge nun den Oberkörper und die Arme zur linken Seite, verweile dort ein wenig und gehe dann zur anderen Seite. Wiederhole die Übung mehrmals.

Reinigungstee für Leber/Galle

Eine kleine Löwenzahnwurzel
5 Artischockenblätter

Die Löwenzahnwurzel zermahlen oder im Mörser zerkleinern und die Artischockenblätter kleinschneiden. 1 TL Löwenzahn mit 1/2 TL Artischockenblätter vermischen und mit heißem Wasser überbrühen und nach ca. zehn Minuten abseihen. Trinke täglich zwei Tassen von diesem Tee. Die Bitterstoffe, die im Löwenzahn und in der Artischocke enthalten sind, unterstützen die Funktion von Leber und Galle. Du kannst daraus auch Salat und Gemüsegerichte zubereiten. Laß dich dabei von den Kochrezepten im Februar inspirieren.

Ingwerkompressen zur Entgiftung

4 l kochendes Wasser
100 - 140 gr zerriebene Ingwerwurzel
1 Baumwollsäcken oder Strumpf
2 Baumwolltücher

Gib das Ingwerpulver in ein Säckchen, verschließe es gut und lasse es fünf Minuten auf kleiner Flamme köcheln. Weiche das Tuch in der Flüssigkeit ein und lege es auf den Leber/Galle-Bereich deines rechten Oberkörpers. Paß auf, daß die Kompresse nicht zu heiß ist und dich verbrennt und wiederhole den Vorgang ca. fünf- bis zehnmal, wenn die Kompresse wieder erkaltet ist. Der Inwer zieht schnell in den Körper ein und erwärmt ihn von innen. Dabei lösen sich feste Ablagerungen auf, stagnierte Flüssigkeit beginnt wieder zu fließen, und sogar Gallensteine können sich dabei auflösen.

Du kannst statt des Ingwers auch Heublumensäckchen auflegen, die eine ähnliche Wirkung haben.

Heilpflanzen für die Leber

Die Bitterstoffe, die in Artischocke, Löwenzahn, Gänseblümchen und auch im Pfefferminztee zu finden sind, stimulieren den Gallenfluß und unterstützen die Entgiftung der Leber. Auch die heilende Kraft der Mariendistel wirkt sich positiv auf die Leber aus. Du kannst in der Apotheke nach geeigneten Präparaten fragen.

Reinigungskur bei Gallensteinen

1. - 5. Tag: Trinke so viel naturreinen Apfelsaft wie möglich.

6. Tag: Trinke 1 EL Epsom-Salz in 1/4 Tasse warmem Wasser aufgelöst drei Stunden nach dem Mittagessen und wiederhole den Vorgang nach zwei Stunden noch einmal. Trinke zum Abendessen nur einen Zitrussaft und anschließend 1/2 Tasse warmes Olivenöl (gute Qualität) mit 1/2 Tasse Zitronensaft vermischt und lege dich dreißig Minuten auf die rechte Seite. Stelle dir vor, wie die Gallensteine sich auflösen.

7. Tag: Trinke eine Stunde vor dem Frühstück 1 EL Epsom-Salz in 1/4 warmem Wasser aufgelöst, dann können sogar Gallensteine in deinem Stuhlgang sichtbar werden. Da diese Kur sehr intensiv wirkt, solltest du bei Neigung zu Gallenkolik vorher unbedingt deinen Arzt befragen.

Heilpflanze des Monats: Die Brennessel
Wellness- und Beauty Tips

Bereits in der Antike wurde die Brennessel als Heilpflanze geschätzt, und Dioskurides verwendete sie bei Geschwüren, Gicht, Kreislaufschwäche und Nierenbeschwerden. Sie galt im Mittelalter als Schutz- und Zauberpflanze und sollte Blitz und Feuer abhalten. Heute wird die Brennessel meist als "Un-Kraut" angesehen, weil wir ihre heilsamen Kräfte unterschätzen. Sie ist eine genügsame Pflanze, die fast überall wachsen kann. Durch ihre weitverzweigte Wurzel sorgt sie für neue Humusbildung, und ihr Kompost reichert den Boden mit wertvollen Mineralstoffen an. Auf den menschlichen Organismus wirkt sie entschlackend, und eine Brennesselkur im Februar oder März vertreibt die Frühjahrsmüdigkeit und gibt dem Körper neue Energie.

Diese Kur reinigt das Blut, wirkt anregend auf Blase, Niere und die Verdauungsorgane und versorgt den Körper mit wichtigen Vitaminen und Mineralstoffen wie Vitamin C und A, Kieselsäure, Kalzium und Gerbstoffen. Die Brennessel ist außerdem besonders reich an Chlorophyll, und deshalb ist es am besten, den frisch gepreßten Saft zu trinken. Aber auch Saft aus dem Reformhaus und Tee aus getrockneten Brennesselblätter ist sehr wirklungsvoll.

Der Lehrer von Pfarrer Kneipp, H. Pumpe, sammelte viele Erfahrungen mit der Brennesselkur, und du kannst sein Rezept ausprobieren. Allergiker sollten allerdings aufpassen, da die Brennessel Histamine enthält, auf die manche Menschen empfindlich reagieren.

Entschlackungskur mit Brennesselsaft

Wasche die frischen Brennesseln und entsafte sie, aber du kannst auch Saft aus dem Reformhaus nehmen. Am ersten Tag der Kur solltest du mit drei Eßlöffel Brennesselsaft beginnen, und jeden Tag steigerst du die Dosis um einen Eßlöffel, bis du bei zehn Eßlöffel angekommen bist und die Kur beendet ist. Den Saft solltest du im Verhältnis 1 : 5 - 8 mit Wasser, Buttermilch oder Milch vermischen, damit er bekömmlicher wird.

Haarwuchsmittel nach Pfarrer Kneipp

200 g frische Brennesseln werden in einem Liter Wasser eine halbe Stunde gekocht und dann das Wasser abgeseiht. Mit dieser Flüssigkeit soll man sich vor dem Schlafengehen die Haare waschen, damit die Kopfhaut besser durchblutet wird.

Brennessel-Petersilientee

Je zwei Eßlöffel frische Brennessel und Petersilie mit Wasser ca. zehn Minuten aufkochen.

Dieser Tee wirkt entschlackend und ist besonders reich an Mineralstoffen und Vitaminen. Er wirkt deshalb hervorragend gegen Frühjahrsmüdigkeit und stärkt die Abwehrkräfte. Allerdings solltest du viel Wasser zusätzlich trinken, da er stark entwässert.

Aktivierendes Körperpeeling

2 Tassen Meersalzkristalle
1/2 Tasse Aprikosenkernöl
15 Tropfen ätherisches Rosmarinöl
Waschlappen

Vermische alle Zutaten miteinander und reibe die obersten Hautschichten damit ab. Das Aprikosenöl wirkt glättend auf die Haut, das Rosmarinöl aktiviert den Kreislauf.

Sanfte Reinigungsmaske

1/2 Tasse Haferflocken
2 EL Honig
1/4 Tasse Joghurt oder Buttermilch

Zerkleinere die Haferflocken in einem Mixer oder Mörser und vermenge sie mit den restlichen Zutaten, bis eine zähe Paste entstanden ist. Bedecke damit Gesicht und Hals und lasse sie ca. fünfzehn Minuten einwirken. Mit lauwarmem Wasser abspülen .

"Nebel von Avalon" Gesichtsspray

0,1 ml destilliertes Wasser
3 Tropfen ätherisches Lavendelöl
2 Tropfen ätherisches Rosenholzöl
1 Tropfen ätherisches Kamillenöl
1 Tropfen ätherisches Orangenblütenöl
1 Tropfen ätherisches Rosenöl

Vermische die Zutaten und fülle sie in einen schönen Zerstäuber. Motiviere dich damit beim Frühjahrsputz !

Anti Cellulite Bad

3 Tropfen ätherisches Lavendelöl
2 Tropfen ätherisches Grapefruitöl
3 Tropfen ätherisches Zedernöl
2 Tassen Meeressalz

Vermische das Öl gut mit dem Salz und gib alles in dein Badewasser. Diese Öle wirken besonders entschlackend auf das Bindegewebe. Du kannst sie auch einem duft- neutralen Massageöl (zum Beispiel Aprikosenkernöl) beigeben und dich anschließend damit einreiben. Stell dir dabei vor, daß du deinen Körper auch so akzeptierst, wie er ist, und du ihm helfen möchtest, sich von unnötigen Schlacken zu befreien.

Kochrezepte für den Monat Februar

Nach dem eher schweren Essen des Winters und vor allem auch der Feiertage im Dezember, sehnt sich dein Körper nun nach leichter Kost. Du kannst ihn mit einer Reinigungskur entlasten und dich damit auf die Aktivitäten des Frühjahrs vorbereitet. Ende Februar, Anfang März findest du bereits die ersten jungen Wildkräuter, mit denen du leckere Gerichte zubereiten kannst.

Brennessel-Auflauf
für 4 Personen

> *1 kg junge Brennesseln*
> *1 Zwiebel, klein geschnitten*
> *2 Knoblauchzehen, zerdrückt*
> *1 Tasse Sahne mit Kräutersalz und Muskat gewürzt*
> *5 - 10 mehlige Kartoffeln*
> *Etwas geriebener Käse und Butter*

Zwiebeln und Knoblauch in etwas Butter anbraten, die gut gewaschenen Brennesseln dazugeben und dünsten, bis sie zusammenfallen. Die gedünsteten Brennesseln mit den geschnittenen Kartoffeln in einer Auflaufform schichten, und mit der Sahne-Käse Mischung im Backofen ca. zwanzig Minuten überbacken.

Gänseblümchen-Löwenzahnsalat
für 4 Personen

> *60 g junge Löwenzahnblätter*
> *40 g junge Gänseblümchenblätter*
> *40 g Pinienkerne in 1 EL Öl angeröstet*
> *Salatsoße:*
> *2 EL Sonnenblumenöl*
> *4 TL Joghurt oder Sauerrahm*
> *1 TL Zitronensaft, Zitronenmelisse, Salz, Pfeffer, Zucker*

Alle Zutaten der Soße verrühren und über den Salat geben. Dekoriere den Salat mit Gänseblümchenköpfen.

Pesto Soße

10 Zweige frisches Basilikum
10 Zweige frische Petersilie
50 g frischer Schafskäse oder harter Pecorino (gerieben)
50 g Parmesan oder Sbrinz (gerieben)
3 Knoblauchzehen
2 EL Pinienkerne
1 TL Olivenöl,
Pfeffer, eventuell Salz

Kräuter, Knoblauch, Pinienkerne fein zerschneiden und im Mixer oder Mörser mit den übrigen Zutaten zu einer ganz feinen Paste verarbeiten. Oder die Kräuter mit den Pinienkernen zusammen mit dem Wiegemesser sehr fein zerkleinern und dann mit dem ausgepreßten Knoblauch und den übrigen Zutaten vermischen.

Wasserkresse und Artischocken Salat
für 4 Personen

Einige Salatblätter
2 Tassen Wasserkresse
3 Tassen Artischockenherzen
2 EL Balsamig Essig
2 EL Olivenöl
1 TL Senf
Etwas Salz und Pfeffer

Vermische die Zutaten der Salatsoße und gib sie über die kleinge-schnittenen Salatblätter, die Kresse und die Artischockenherzen. Dieser leckere Frühlingssalat unterstützt die Funktion der Leber, zumal die Kresse besonders reich an Vitamin C und Beta Karotinen ist.

Irischer Geheimtrunk gegen Erkältungen

Vermische 1/4 Tasse frischen Zitronensaft mit einem Teelöffel Honig, sieben Nelken, etwas irischem Whisky und einer 3/4 Tasse kochendem Wasser. Trinke dieses magische Getränk vor dem Einschlafen, und du wirst dich bald wieder besser fühlen.

OSTARA
DIE GÖTTIN DES WACHSTUMS
IM MONAT MÄRZ

Ostara

Ostara

Ich bin Ostara, die Göttin des Wachstums, des aufsteigenden Lichtes und der Morgenröte. Ich bin die germanische Frühlingsgöttin, auch Eostre genannt, und ich bringe dir die Leichtigkeit des Frühlings und die Chance des Wachstum.

Die Frühlingstagundnachtgleiche ist nach mir benannt. Später entstand daraus das christliche Osterfest, das am ersten Sonntag nach dem Vollmond nach dem 20. März gefeiert wird. Mein Symbol ist das Ei, die Urzelle des Lebens. Ihr alle seid aus einem kleinen Ei entstanden, und ist es nicht ein Wunder zu sehen, wie ein kleine Küken aus einem Ei schlüpft? Einst gebar die Große Göttin das Weltenei, wärmte es zwischen ihren Brüsten und ließ es jahrtausendelang reifen. Sobald der erste Sprung sichtbar wurde, legte sie es behutsam ins große Dunkel, das Ei zersprang und die Welt wurde geboren. Aus dem Dotter entstand die Sonne, die nun von Tag zu Tag stärker und kraftvoller wird, aus der Schale Himmel und Erde. Das Ei ist das Symbol der Fruchtbarkeit und des Wachstums, und deshalb schenkte man sich früher im März hartgekochte und bemalte Eier, um sich gegenseitig Wohlstand und eine gute Ernte zu wünschen.

Ich bin eine Göttin der Fruchtbarkeit. Achte in diesem Monat deine Fruchtbarkeit, nimm deine monatlichen Blutungen bewußt wahr, sie sind etwas ganz Besonderes, und in vielen Traditionen ehren die Frauen auch heute noch diese Zeit und befruchten die Erde mit ihrem Menstruationsblut. Junge Mädchen, die zu Ostara ihre erste Monatsblutung bekamen, wurden besonders verehrt. Ihr Blut galt als heilig. Es wurde aufgefangen und zum Segen der Ernte in einem Ritual der Erde übergeben, um die Fruchtbarkeit der Felder magisch zu verstärken. Beobachte deinen Zyklus und spüre, wie er mit dem Mond verbunden ist. Auch der Hase ist ein Symbol der Fruchtbarkeit, er ist das Mondtier, schaue in den vollen Frühlingsmond, vielleicht erkennst du auch einen springenden Hasen wie einst die Kelten. Vor langer Zeit verliebte der Mondhase sich in mich und legte mir zu Ehren viele Eier in allen Farben als heilige Symbole des Lebens und der Wiedergeburt.

Viele Frauen habe ihre fruchtbare Zeit am Vollmond und menstruieren am Neumond.

Der Frühling beginnt, erhebe dich aus deinem Winterschlaf, schüttele die Lethargie ab und strecke dich neuen Herausforderungen und der Sonne entgegen. Sie bringt dir jetzt die Kraft, um deine Pläne in die Tat umzusetzen. Geh nach draußen, spüre die erwachende Natur, sie will wachsen und erblühen, und auch in dir ist dieser Drang zur Entfaltung. Im Februar konntest du dich reinigen und von altem Ballast befreien und Raum schaffen für Neues. Nun ist die Zeit, Neues zu verwirklichen, Zeit zu wachsen, Zeit Neues zu erlernen.

Gibt es etwas in deinem Leben, was du schon immer mal erlernen wolltest, aber dir nie die Zeit dazu genommen hast? Ich will dich ermutigen, dein eigenes Wachstum in diesem Monat in den Vordergrund zu stellen. Wenn du dich veränderst und wächst, wird sich wahrscheinlich

auch deine Umgebung wandeln, neue Menschen werden in dein Leben treten, vertraute vielleicht andere Wege gehen. Habe den Mut zu wachsen, auch wenn du aus alten Kleidern herauswächst. Säe nun den Samen der Veränderung, damit du im Herbst die Ernte einholen kannst.

Werde diesen Monat zu Ostara, Göttin des Wachstums und der Fruchtbarkeit.

Der März ist der Frühlingsmonat, der Lenzmonat, benannt nach dem römischen Kriegs- und Wettergott Martius, von dem auch der Mars seinen Namen hat.

Der März ist der Monat des Umbruchs in der Natur und der Frühling wird über den Winter siegen. Der Winterschlaf ist beendet, und überall erwacht die Natur, die Vögel kehren zurück, und vielleicht siehst du die wunderschön in Formation fliegenden Kraniche kommen. Die Knospen schwellen, Haselnuß, Weiden und Erlen erblühen, die Krokusse strecken die Köpfe empor, der Huflattich und der Löwenzahn sprießen.

Am 21. März beginnt der Frühling, es ist Ostara, die Tagundnachtgleiche. Sie wurde früher mit Fruchtbarkeitsritualen und Frühlingsfeuern gefeiert.

Zu Ostara werden die Felder vorbereitet und die Aussaat beginnt. Auch heute noch gibt es die Feldweihe, die Felder werden vom Bauern abgeschritten, und an jeder Ecke des Feldes werden heilige Kräuter wie Pfefferminze und Schlüsselblume zusammen mit einer Kerze in den Boden gesteckt. Sie bitten damit um eine reiche Ernte und um Schutz für ihre Felder.

In der keltischen Tradition ist dieses Fest das Fest der britischen Seegöttin Morgana. Rituell ist dieser Feiertag der Königin von Avalon und dem Feenland geweiht. Es ist die Zeit der Elfen, Feen, Zwerge und der Verehrung ihrer Plätze, folglich eine gute Zeit, um mit Elfen und anderen Naturwesen in Kontakt zu treten. Gehe in diesem Monat oft nach draußen, schau aufmerksam auf das Wachstum in der Natur, begrüße jedes neue Blatt, jede Blume und die zurückgekehrten Vögel.

Auch der Körper erwacht aus dem Winterschlaf, und auch wenn die Frühjahrsmüdigkeit ihn noch ein wenig gefangen hält, regen sich die Lebenslust, die Lust auf die Liebe, die Lust auf Neues, auf neue helle Kleider und auf frische Salate. Überall auf der Erde finden nun Früh-

lingsfeste statt: In Indien wird am 16. März das Holi Fest gefeiert, am 14. März beginnt das dreizehntägige Neujahrsfest in Ghana, und auch die Perser feiern in diesem Monat den Jahresbeginn und zelebrieren ein Ritual zu Ehren der Göttin Anahita.

Menstruationsritual

Die Riten, mit denen die Menstruation umgeben wurde, brachten symbolisch die Anerkennung des Eingebundenseins der Frauen in den kosmischen Zyklus von Werden und Vergehen zum Ausdruck. Diese ursprüngliche Bedeutung ist jedoch weitgehend verlorengegangen. Es ist an der Zeit, daß die Frauen sich wieder mehr mit den Lebenszyklen verbinden.

Das Blut und seine Geheimnisse sind der Schlüssel zum Verständnis deiner selbst. Oft haben Frauen ihr Menstruationsblut verachtet und es nicht als Quelle ihrer Macht angesehen. Das Blut enthält den genetischen Code, alle Informationen der Muttergöttin. Menstruationsblut kann verwendet werden, um Pflanzen zu nähren; dein Garten wird erblühen, wenn du dein Menstruationsblut mit Wasser vermischst und es zum Gießen verwendest. Die Ureinwohner Australiens benutzen das Menstruationsblut zur Wundheilung.

In diesem Monat erlebe deine Periode ganz bewußt. Öffne dein Herz der Göttin. Nehme die ersten Anzeichen wahr, die Krämpfe, die möglicherweise angespannten Brüste und die generelle Anspannung deines Körpers. Auch deiner Gefühle und Stimmungen werde dir bewußt. Begrüße deine einsetzende Blutung voller Freude. Spüre, wie dein Körper entspannt und in den Fluß kommt. Am ersten Tag der Blutung nimm dir Zeit für dich. Setze dich an deinen Meditationsplatz und spüre in dich hinein. Fange etwas von deinem Blut auf, zünde eine rote Kerze an und setze dich davor. Reibe etwas Blut auf die Kerze, lege deine Hände auf deinen Bauch und spüre in deine Gebärmutter, die rot und pulsierend ist. Spüre die Lebenskraft, die dein Blut repräsentiert. Nutze die Zeit, in der du dir selbst sehr nahe bist, um innezuhalten und in dich zu gehen. Wie war der letzte Monat? Was hast du erlebt, gelernt? Am zweiten Tag ziehe dich wieder in dich zurück und erkunde, welche Pläne du für den nächsten Monat hast. Spüre die Kraft in dir, alles zu erreichen, was du willst. Die Macht der großen Göttin ist in dir. Am dritten Tag mache ein Reinigungsritual, wenn du willst, rufe dazu Brighid. Spüre, wie sehr diese Blutung auch deinen Körper reinigt und lasse bewußt an diesem Tag von Altem los.

Am vierten Tag genieße es Frau zu sein, zu bluten, fruchtbar zu sein und die Kraft des Gebärens zu haben. Es ist die kreativste Macht, die es gibt, und du kannst sie für alles nutzen, was du kreieren willst. Feiere dich selbst. Tanze, trommle, singe, geh aus, tue, was dir Spaß macht. Nutze nun die aktive Zeit nach deiner Menstruation, um etwas Neues zu beginnen, zu lernen und zu wachsen. Wenn du bereits in der Menopause bist, spüre in dich, ob du dir deiner Kraft und deiner Weisheit bewußt bist. Auch deine Intuition verstärkt sich sehr in dieser Zeit, in der du dein Blut für dich behältst. Oder bist du noch gefangen in der Vorstellung, daß du nun nicht mehr so viel wert bist? Du bist in der Zeit deiner inneren Blüte und bereit, dein Wissen und deinen Zauber weiterzugeben, auf dem Weg zur weisen Göttin.

Frühjahrstagundnachtgleiche am 21. März

Endlich siegt das Licht wieder über die Dunkelheit und die Tage werden länger als die Nächte. Astrologisch gesehen wandert die Sonne in das Sternkreiszeichen Widder, und damit beginnt eine Zeit des aktiven Handelns, und alle Pläne, die am Jahresanfang gefaßt wurden, lassen sich nun gut in die Tat umsetzen. Die Göttin Ostara gab diesem Fest ihren Namen. Später wurde daraus das christliche Osterfest, das am ersten Sonntag nach dem Vollmond nach dem 20. März gefeiert wurde. In der Landwirtschaft begann man mit der Aussaat des Getreides, und um eine fruchtbare Ernte zu erhalten, wurden bunte Ostereier zum Symbol dieses Festtages.

Lade einige Freundinnen ein, unternimm mit ihnen bei schönem Wetter einen kleinen Frühlingsspaziergang und bitte jede Frau, einige Samenkörner mitzubringen. Laßt euch inspirieren von der erblühenden Natur und atmet den Duft des Frühlings ein.

Genießt die warmen Sonnenstrahlen. Ruft euch noch einmal eure Pläne für dieses Jahr ins Gedächtnis und überlegt euch, wie ihr sie praktisch umsetzen könnt. Laßt euch von der Göttin Ostara zu einem besonders magischen Ort führen und stellt euch dort im Kreis auf. Faßt euch an den Händen und spürt die Kraft dieses Platzes, fühlt die Verbundenheit dieser Frauengemeinschaft und sendet positive Gedanken an die Erde. Nehmt nacheinander eure Samenkörner in die Hand und bittet die Göttin Ostara, euch bei diesem Ritual zu unterstützen. Sprecht laut eure Pläne aus für die kommenden Monate und wartet, bis der Wind die Samen davonträgt und die Erde damit befruchtet. Die kleinen Pflanzen, die nun durch euch zum Wachstum kommen, sind ein Symbol für eure Pläne, die nun zur Entfaltung kommen wollen. Trefft euch dann anschließend bei dir zu Hause, um gemeinsam Ostereier zu bemalen und damit einen Strauch zu Ehren der Göttin Ostara zu dekorieren.

Ostereier Dekoration

Blast einige rohe Eier aus, indem ihr sie an beiden Enden mit einer Stecknadel einstecht und kräftig in die Eier hineinpustet. Wascht sie dann gut aus und laßt sie trocknen. Ihr könnt nun mit flüssigem Wachs Ornamente und Symbole auf die Eier auftragen. Dafür gibt es in Bastelgeschäften einen besonderen Füller, in dem sich das Wachs erhitzen läßt; es geht aber auch mit einer Stecknadel. Wenn das Wachs auf den Eiern getrocknet ist, könnt ihr sie in flüssige Farbe tauchen, und an den Stellen, die ihr mit Wachs bemalt habt, werden nun weiße Verzierungen entstehen, da die Farbe dort nicht aufgenommen werden kann. Haselnußzweige, Weidenkätzchen und Ginstersträuße eignen sich gut zum Aufhängen der bunten Eier. Befestigt dazu einen Faden an einem Streichholzstück und laßt es in das Ei hineingleiten.

Blumentopf Ritual

Falls das Wetter kalt und regnerisch sein sollte, könnt ihr das Samenritual auch zu Hause in einem Blumentopf nachvollziehen. Dazu bringt jede Frau einen kleinen, mit Erde gefüllten Blumentopf mit, und anstatt die Samen in der Natur zu verstreuen, könnt ihr ein Samenkorn in euren Blumentopf aussäen und dann das Wachstum täglich verfolgen. Es empfiehlt sich, dafür leicht keimende Samen zu nehmen, da die kleinen Pflänzchen eure Pläne und Wünsche repräsentieren sollen. Sendet eurer Pflanze jeden Tag ein wenig liebevolle Aufmerksamkeit.

Dabei werdet ihr auch immer wieder an eure eigenen Vorhaben und Pläne erinnert werden.

Lichtmeditation Ostara

Zünde vor dir eine Kerze an und schaue in die Flamme. Schließe deine Augen und stelle dir das Licht der Flamme zwischen deinen Augenbrauen vor.

Leite das Licht dann in dein Herzchakra, wo es die Lotusblume deines Herzens öffnet. Laß dieses Licht in deinen ganzen Brustraum strömen und spüre, wie dieses Licht Reinigung und Liebe ist.

Gehe von hier in deinen Hals und deinen Kopf, und lasse das Licht deine Gedanken beruhigen und reinigen. Vom Kopf aus leite das Licht in dein Herz, deine Schultern und Arme bis hin zu deinen Händen und Fingerspitzen.

Lasse das Licht dann von deinem Herzen in den Bauchraum fließen und fülle ihn völlig aus, bis hinunter ins Becken.

Atme allen Kummer und alle Anspannung aus und das reine, helle Licht ein. Führe das Licht weiter in deine Beine und Füße und von hier über den Rücken bis hin zu deiner Schädeldecke, wo dein Kronenchakra ist.

Spüre, wie dein ganzer Körper von Licht erfüllt ist und bis an den äußersten Rand deiner Aura strahlt.

Schicke nun deinen Verwandten und Freunden Licht. Hülle sie ganz damit ein. Hülle ebenfalls die Menschen in Licht, mit denen du Probleme oder Streit hast.

Dehne anschließend dein Licht aus über deine Stadt, über dein Land, über deinen Kontinent, über die ganze Welt, das ganze Universum. Schicke dein Licht anschließend zu den Mineralien, Pflanzen, Tieren und allen Menschen.

Lasse dein Licht bis ins Universum strahlen und genieße diese Weite. Nach einer Weile sammle dein Licht wieder ein und laß es durch das Kronenchakra in dein Herz fließen, und halte diese Flamme als eine ständige Kraft in dir, auf die du immer wieder zurückgreifen und dich nähren kannst.

Bitte die Göttin, sie möge dich segnen und leiten.

Öffne dann die Augen und habe einen lichtvollen Tag.

Fragen und Anregungen
zum Thema Wachstum

1. Verändert sich dein Leben noch sehr stark, oder hast du eher das Gefühl, daß dich alles langweilt und du in einem Alltagstrott versinkst?

2. Schreibe fünf Dinge auf, die du schon immer mal in deinem Leben erlernen wolltest, für die du dir aber bisher nicht die Zeit genommen hast.

3. Nimm deine Liste mit Vorsätzen für dieses Jahr und setzte heute einen Plan in die Tat um.

4. Was bedeutet für dich "Wachstum"? Auf welcher Ebene in deinem Leben wünschst du dir mehr Wachstum und Fortschritt?

5. Erinnere dich an Situationen, als du Schülerin warst, welche Erlebnisse kommen dir dabei in den Sinn? Hattest du angenehme Erinnerungen an deine Schulzeit und wie könnte dir das Lernen eventuell mehr Freude machen?

Körperteil des Monats: Das Haar
Naturheilmittel und Übungen

Die Haare sind ein wunderbares Symbol für Wachstum.

Wir können beobachten, wie sie wachsen, und sie sind auch ein Barometer dafür, wie wir uns fühlen. Sie wachsen ca. 2,5 cm in sechs Wochen. Das Haar enthält unsere Vitalkraft und wächst sogar nach dem Tode weiter. Dies ist gut zu sehen bei einem mumifizierten Mönch in Thailand, dessen Haare und Nägel immer weiterwachsen.

Haare gelten auch als die Antennen nach oben, und es gibt Religionen, die das Schneiden der Haare sogar verbieten, zum Beispiel die Sikhs. Das lange, einhüllende Haar galt als Kleidung bei Büßerinnen, die auf Kleider verzichten. Auch ein Zeichen der Wollust ist das Haar, zum Beispiel bei den männerverführenden Sirenen oder auch der Lorelei. Lange Haare gelten als ein Zeichen der Freiheit und Ungezähmtheit, Sklaven oder Verbrechern wurde das Haar geschoren. Auch heute gibt es viele Rituale, bei denen der Kopf kahlgeschoren wird als Zeichen der Hingabe und der Aufgabe von Weltlichem.

Auch die Farbe ist von Bedeutung: Hexen werden oft rothaarig dargestellt, die gute Fee blond und die böse Stiefmutter schwarzhaarig.

In der Magie spielt der Haarzauber eine wichtige Rolle, die Locke des Geliebten in einem Medaillon mit sich zu tragen war im 19. Jahrhundert sehr verbreitet. Viele Redensarten befassen sich mit dem Haar: An jemandem kein gutes Haar lassen, Haare auf den Zähnen haben, sich keine grauen Haare wachsen lassen, etc.

Brüchige Haare und Haarausfall sind ein Hinweis auf Energieschwäche im Körper.

Mudra zur Stärkung der Haare

Rechte Hand: Daumenspitze auf inneren Ringfingerfalz, Zeigefinger auf erstes Daumengelenk
Linke Hand: Daumen und Zeigefinger zusammen
Halte dieses Mudra 3 Minuten und mache es 2 x täglich

Yogaübung Kaninchen

Setze dich in den Fersensitz, beuge deinen Oberkörper nach vorne, bis dein Kopf den Boden und deine Stirn die Knie berühren. Deine Hände ergreifen die Fersen. Hebe nun das Gesäß, bis die Arme gestreckt sind. Drücke dabei dein Kinn Richtung Brustbein. Verharre ein paar Minuten und komme dann zurück, löse die Hände und lege sie unter die Stirn und entspanne.

Diese Übung regt die Nervenzentren und Drüsen im Kopfbereich an, nährt die Gesichtshaut und die Haare.

Visualisiere in der Übung strahlendes, glänzendes, wohlgenährtes Haar.

Kopfmassage

Das Wort Shampoo stammt aus Indien von dem Sanskritwort *champi,* was Kopfmassage bedeutet.

Sehr wichtig für die Schönheit deiner Haare ist eine gut durchblutete Kopfhaut, der Nährboden der Haarwurzeln.

Massiere deine Kopfhaut mit deinen Fingerkuppen, lasse sie an einer Stelle liegen und bewege die Kopfhaut; sie sollte beweglich sein und sich leicht verschieben lassen. Anschließend kannst du sie mit deinen Fingerkuppen sanft beklopfen. Noch wirkungsvoller ist eine Ölmassage. Nimm warmes Sesam oder Olivenöl und öle die gesamte Kopfhaut und die Haare gut ein. Zur Stärkung der Haarwurzeln kannst du auch einzelne Haarbüschel sanft wegziehen. Massiere dann ganz intuitiv deine Kopfhaut, spüre, wo Verspannungen sind und genieße die Massage. Laß das Öl anschließend möglichst lange einwirken.

Ölpackung für trockenes Haar

Nachdem du das Haar gewaschen hast, verteile ein EL Olivenöl, das du mit einem Eigelb verrührt hast, auf Haar und Kopfhaut. Setze eine Plastikhaube auf und lasse solange wie möglich ziehen, ideal wäre eine Stunde. Danach gründlich auswaschen.

Haarspülung "Lorelei"

Vermische 2 TL Honig oder Zucker mit 1EL Zitronensaft und 5 El Wasser und lasse eine Minute einwirken.

Glänzendes Haar

2 Handvoll Birkenblätter und 1 Liter Wasser 20 - 30 Minuten kochen lassen, durch ein Tuch seihen und damit die Haare waschen. Schwarze Haare werden mit Salbeisaft schön glänzend

Festiger für alle Haartypen

1 TL reiner Honig
¼ l warmes Wasser
1 Spritzer Obstessig oder Zitrone

Der Honig wird im warmen Wasser aufgelöst, dann den Spritzer Essig dazugeben, dann sanft in dein Haar einmassieren. Dein Haar wird füllig und läßt sich leicht frisieren.

Sonnenblumenöl ziehen - eine wirksame Reinigung des Organismus

Durch das Ölschlürfen wird der gesamte Organismus entgiftet, der Stoffwechsel angeregt, Bakterien und Krankheitserreger ausgeschieden. Aber nur, wenn du kein Amalgam mehr im Mund hast! Nimm einen Eßlöffel kaltgepreßtes Sonnenblumenöl in den Mund. Sauge und spüle es im Mund, ziehe es durch die Zähne. Mache das für fünfzehn Minuten. Schlucke das Öl auf keinen Fall runter, da es voller Toxine ist. Spucke es restlos aus, am besten ins WC und spüle deinen Mund gründlich aus und reinige anschließend die Zähne. Das ausgespuckte Öl sollte weiß wie Milch sein. Die Entgiftung des Körpers ist sehr wichtig, damit alle Organe gut funktionieren können und der Energiehaushalt ausgeglichen ist. Dies ist eine Grundvoraussetzung für gesunden Haarwuchs.

Heilpflanze de Monats: Der Löwenzahn
Wellness- und Beauty Tips

Taraxacum officinale, die Pusteblume, ist die häufigste Wiesenpflanze, ihre goldgelben Blüten leuchten, bei Sonnenschein sind die Blüten weit geöffnet, und sie schließen sich am Abend und bei Regen. Sie ist die heilige Pflanze der Sonnengöttin Sunna.

Die „Pusteblume" ist sicher eine mystische Pflanze, schon den Kindern macht es viel Spaß, zu pusten und sich an den fliegenden Samen zu erfreuen. Auch eine wunscherfüllende Wirkung wurde ihr nachgesagt, wenn man sich mit ihr den Körper einreibt. Die Indianer Nordamerikas rauchten die getrockneten Blätter während ihrer Rituale.

Sein Saft läßt Warzen, Pickel und Ausschläge verschwinden. Der Löwenzahn als Tee und Preßsaft ist eine wunderbare Blutreinigungskur. Außerdem wird er bei Leber-, Galle-, Blasen- und Nierenleiden eingesetzt, was auch der Name Pißblume zeigt. Nach der makrobiotischen Ernährungslehre ist Löwenzahn eines der positivsten Nahrungsmittel für den westlichen Menschen überhaupt. Aber der Löwenzahn ist auch eine Pflanze für die Sinne.

Setze dich an einem strahlenden Frühlingstag in das Gold einer blühenden Löwenzahnwiese und schaue in den Himmel, rieche den köstlichen Honigduft der Blüten und laß deine Seele fliegen.

Löwenzahntee

Kaltansetzen von vier gehäuften Teelöffeln geschnittener Wurzel mit zwei großen Tassen Wasser, zum Kochen erhitzen und abseihen, zur Frühjahrskur, morgens und abends eine Tasse.

Tee gegen Frühjahrmüdigkeit

50 g Löwenzahn
50 g Brennesselkraut

Trinke davon morgens und mittags eine Tasse.

Entschlackungscocktail „ Bikinifit"

½ cm Ingwerwurzel
1 Rote Beete
½ entkernter Apfel
4 Karotten

Gib alle Zutaten in den Entsafter und laß es dir schmecken!

Nadi Sodhana - die Reinigungsatmung

„Das, was die Passagen säubert, durch die der Atem fließt" ist eine der wirkungsvollsten Übungen, um die Nadis, die Energiebahnen, im Körper zu reinigen. Diese Wechselatmung gleicht die Energieströme im Körper aus.

Öffne die rechte Hand und lege Mittel- und Zeigefinger in die Handfläche zurück. Der freie Daumen wird das rechte Nasenloch schließen, Ringfinger und kleiner Finger werden dasselbe mit dem linken Nasenloch tun. Die Wirbelsäule ist gerade, die Haltung entspannt, die Augen geschlossen. Atme langsam und vollständig aus, ohne die Nasenflügel zu schließen. Atme links langsam ein, wobei du das rechte Nasenloch mit dem Daumen schließt. Am Schluß der Einatmung schließe beide Nasenlöcher für ein bis zwei Sekunden. Halte das linke Nasenloch geschlossen und atme durch das rechte langsam aus. Verschließe wieder beide Nasenlöcher kurz. Atme dann rechts ein, halte kurz inne und atme dann links wieder aus. Mache diese Atmung, solange es sich gut anfühlt und steigere die Zeit täglich. Versuche diese Reinigungsatmung über einen längeren Zeitraum. Sie entspannt und erfrischt den Körper, reinigt das Blut und regt die Zellatmung an.

Anregendes Bad

Gib ½ Liter Milch mit einigen Tropfen Rosmarinöl in dein Bad.

Honigkur fürs Gesicht

10 g Bienenwachs
3 EL reiner Honig

Lasse das Wachs im Wasserbad schmelzen und rühre den Honig ein. Lasse möglichst lange wirken und wasche mit lauwarmem Wasser ab. Glättet und macht Honighaut.

Kochrezepte für den Monat März

In manchen Jahren ist es in diesem Monat bereits recht warm und du kannst dir deine Mahlzeiten auf den Wiesen zusammensuchen. Die frischen Wildkräuter schmecken wunderbar nach Frühling, und das Sammeln macht Freude. Der Organismus sehnt sich nach besonders vitaminreicher Nahrung und will sich für das kommende Jahr stärken und regenerieren.

Löwenzahn-Kaffee

Das ist sicher ein außergewöhnliches Rezept, aber dieser Kaffee enthält kein Koffein und tut deiner Leber gut! Du brauchst Löwenzahnwurzeln, am besten stichst du die ganze Pflanze aus, machst aus den Blättern einen Salat, reinigst die Wurzeln, schneidest sie in gleich große Stücke und legst sie auf ein Backblech. Röste die Löwenzahnbohnen ca. fünfzehn Minuten bei 225 Grad. Mahle dann die Stücke wie Kaffeebohnen und bereite sie wie normalen Kaffee zu. Kann etwas bitter schmecken; dann süße mit Rohrzucker.

Löwenzahnsalat „Morgenröte" für 4 Personen

60 g junge Löwenzahnblätter, 1 - 2 Stunden in warmes Wasser legen, das entbittert
40 g junge Gänseblümchenblätter, gründlich geputzt

8 Gänseblümchenköpfchen
40 g Pinienkerne, in 1 EL Olivenöl angeröstet, übriges Öl abgetupft

Salatsoße:
2 EL Sonnenblumenöl
4 TL Joghurt oder Sauerrahm
1 TL Zitronensaft
4 Blätter Zitronenmelisse
1 Pr. Zucker, Salz, Pfeffer

Alle Zutaten zu einer Soße verrühren. Wildgemüseblättchen auf vier Teller verteilen, die Salatsoße in die Mitte geben. Mit den Blütenköpfchen und den noch heißen Pinienkernen dekorieren.

Frankfurter Grüne Soße "Frühlingsfit"

Verrühre zu gleichen Teilen Joghurt, saure Sahne und Crème frâiche miteinander, gib zwei Eigelb darunter und zwei ausgedrückte Knoblauchzehen. Schmecke mit Zitronensaft, Senf und Salz ab. Hacke zwei hartgekochte Eier und die sieben Kräuter: Borretsch, Kerbel, Petersilie, Pimpinelle, Sauerampfer, Schnittlauch und Zitronenmelisse (gibt es auch schon fertig zusammengestellt). Du kannst auch noch gewürfelte Gewürzgurken dazugeben.

Dieses Leibgericht der beiden Autorinnen schmeckt auch köstlich mit Bratkartoffeln.

Sauerkraut mit Sojawürstchen

Aristoteles entdeckte einst die Heilkraft des sauren Weißkohls. Die Milchsäure und die vielen Vitamine, die vor allem im frischen ungekochten Sauerkraut vorhanden sind, machen es zu einem Reinigungsmittel für Magen und Darm. Die Darmflora wird auf Trab gebracht und die Blutzirkulation angeregt, und außerdem schmeckt es köstlich.

Kaufe frisches Kraut im Reformhaus. Mit Sojawürstchen und Senf hast du eine schnelle und gesunde Mahlzeit.

Wildkräutersalat für 4 Personen

4 Möhren
150 g gemischte Wildkräuter, zum Beispiel Löwenzahn, Brennesseln, Sauerampfer, Giersch
4 Frühlingszwiebeln
1 Bund Radieschen
50g Sonnenblumenkerne
Saft einer Zitrone
5 EL Sonnenblumenkernöl
Meersalz
frischer gemahlener Pfeffer
1 Knoblauchzehe

Wasche und schäle die Möhren, schneide die Zwiebeln und Radieschen. Die Wildkräuter putzen und zerkleinern, röste die Sonnenblumenkerne. Verrühre den Zitronensaft mit Salz, Pfeffer und dem ausgepreßten Knoblauch und gebe das Öl dazu. Gebe die Sauce über den Salat und streue die Sonnenblumenkerne drüber. Serviere sofort.

KOKYANWUTHI
DIE GÖTTIN DER KREATIVITÄT
IM MONAT APRIL

Spiderwoman

Kokyanwuthi

Die Hopi Indianer nennen mich Kokyanwuthi, doch bekannter bin ich unter dem Namen Spinnenfrau. Einige indianische Stämme bezeichnen mich auch ehrfürchtig als Großmutter Spinne. Doch sehe ich weder alt noch jung aus, meine Existenz kennt keinen Anfang und kein Ende, und ich bin die Schöpferin der Erde. Ich webe das Schicksalsnetz der Welt und inspiriere die Gedanken der Menschen, die sich mit mir verbunden fühlen.

Ich möchte auch deine Kreativität erwecken und dir helfen zu erkennen, daß du die Schöpferin deines Lebens bist. Tief in dir steckt ein
neugieriges Kind, das sich am kreativen Spiel erfreut, das gerne neue
Erfahrungen machen möchte und dem du vielleicht nicht immer genügend Beachtung zukommen läßt. Dieser Teil in dir will ab und zu wieder spielen dürfen und etwas tun aus Freude über den kreativen Ausdruck an sich, ohne damit ein Ziel oder eine bestimmte Absicht zu verbinden. Daraus können dann oft wunderbare Dinge entstehen, wie
zum Beispiel die Schöpfung der Erde.

Am Anfang existierte außer mir nur der Sonnengott Tawa, der ü-
ber den Himmel wachte, während ich für die Unterwelt sorgte. Eines
Tages kam uns die Idee, neue Wesen zu erschaffen, um die Freude
des Lebens mit anderen zu teilen. Aus dieser Idee entstand der Planet
Erde. Himmel und Unterwelt näherten sich einander, und wir stimm-
ten ein magisches Lied an, wiegten unsere Körper im Rhythmus der
Musik und verschmolzen zu einer leuchtenden Kugel, aus der die Erde
hervorging. Aus verschieden gefärbtem Lehm formte ich Menschen,
hauchte ihnen Leben ein, und der zarte gesponnene Faden, der aus
meinem Scheitel entsprang, verband sie mit meiner Weisheit.

Zunächst lebten die Menschen noch in Inneren der Erde, und ich
zeigte ihnen den Weg ins Licht. Ich spann einen silbernen Faden, an
dem sie sich aus der Tiefe emporziehen konnten, und ich beauftragte
verschiedene Tiere, sich ihrer anzunehmen und ihnen den Weg zu ihrem neuen Wohnort zu zeigen. So entstanden die verschiedenen Stämme, und ich wies sie an, die Erde zu achten und in Frieden miteinander
zu leben. Wir wollten, daß die Menschen einen freien Willen erhielten,
um ihr Leben nach ihren Vorstellungen zu erschaffen , so wie wir Götter das auch tun.

Leider hatten wir damals nicht damit gerechnet, daß Habgier und
Macht die Menschen dazu bringen würden, diesen Planeten auszubeu-
ten und sich gegenseitig umzubringen, und deshalb sandten wir Natur-
katastrophen, um die Menschen wieder an ihren göttlichen Auftrag zu
erinnern.

Meine beiden Töchter sind Ut Set und Nau Ut Set, die Göttinen
von Sonne und Mond, und viele indianische Stämme verehren uns in
der Form der Spinne, die uns nachempfunden ist und deren kunstvoll
gewebtes Netz die Menschen an die kosmische Verbundenheit aller Lebewesen erinnern soll. Spinnen lösen bei vielen Menschen Ekel und
Angst aus; dabei sind sie meist äußerst friedliche Tiere, die sich aller-

dings recht gut zur Wehr setzen können, wenn sie sich angegriffen fühlen oder ihren Nachwuchs beschützen wollen. Ihr seidener Faden ist sogar stabiler und elastischer als eine vergleichbare Menge Stahl, und viele Wissenschaftler haben bereits versucht, diese Substanz chemisch herzustellen.

Bei den Indianern gelten die Spinnen als Krafttiere der Inspiration, vor allem auch für Schreiber, denn das Spinnennetz erinnert an eine Vorstufe des Alphabets. Wenn du das nächste Mal einer Spinne begegnest, so ängstige dich nicht, sondern erkenne in ihr die Göttin und sieh es als ein gutes Omen an, daß sie sich dein Haus als Wohnort ausgewählt hat. Wenn du möchtest, werde ich dich inspirieren und dir zeigen, daß auch du eine mächtige Schöpferin bist und dein Leben so gestalten kannst, wie du es möchtest. Denke an mich, wenn du Anregungen suchst, und ich werde dich mit dem universalen Netz der Schöpfung verbinden und dir neue Ideen schenken.

Der April ist ein launischer Monat, der noch einmal Kälte und Frühjahrsstürme bringen kann oder auch bereits sommerlich warme Temperaturen, auf die du wahrscheinlich bereits sehnsüchtig wartest. Die Natur beginnt ihre Pracht zu entfalten, und überall entdeckst du nun zarte Blumenköpfe, die sich der Sonne entgegenstrecken. Auch du fühlst dich nun hoffentlich voller Energie und Tatendrang. Nutze diesen Monat für kreative Projekte, die dir Freude machen und dir einen Ausgleich bieten zu der Hektik des Alltags und deiner beruflichen Arbeit. Wenn du in einen kreativen Fluß gerätst, wird sich dein Leben zu einem einzigartigen Kunstwerk entwickeln. Dann wirst du mit dem Strom schwimmen und mit großer Leichtigkeit alle Hindernisse umgehen, die dir als Aufgabe gestellt sind, anstatt dagegen anzukämpfen.

Am 22. April wurde die babylonische Fruchtbarkeitsgöttin Ishtar verehrt, und an diesem Tag werden nun überall auf der Erde Heilungsrituale und Gebete für den Planeten abgehalten. Erinnere dich vor allem an diesem Tag daran, daß alle Wesen miteinander verbunden sind. Überlege dir, wie du der Erde Liebe und Heilung zukommen lassen könntest, denn sie ist wie eine Mutter, die selbstlos für dich sorgt. In diesen Monat fällt oft das christliche Osterfest, das mit dem keltischen Fest Alban Eiler, der Frühjahrs-Tagundnachtgleiche, Ähnlichkeit hat und für das du eine eigene kreative Form des Rituals finden kannst.

Der magische Gesang
Eine kreative Meditation

Die Göttin Kokyanwuthi und der Sonnengott Tawa erschufen die Welt mit ihrem magischen Lied, und bei den Indianern werden heilige Zeremonien oft durch Tanz und rituelle Gesänge unterstützt. Bei den Indern wird der Laut OM als Ursprung der Schöpfung betrachtet, und auch du kannst die Kraft der Töne erspüren und dadurch deine eigene Kreativität und deinen charismatischen Ausdruck verstärken. Vielen Menschen fällt es schwer, sich dem Gesang der eigenen Stimme anzuvertrauen, denn oft haben sie sich ein Leben lang antrainiert, den Bauch einzuziehen, und das ist nicht gerade förderlich, um die Stimme frei fließen zu lassen. Achte bei diesem Ritual ganz besonders darauf, daß du bequeme Kleidung trägst.

Beginne mit einer kleinen Beckenübung auf dem Boden, die deinen Bauchraum entspannt. Lege dich auf den Boden, schließe deine Augen und beobachte, wie dein Körper sich in diesem Moment anfühlt. Spüre, welche Teile deiner Wirbelsäule auf dem Boden aufliegen und werde dir auch der beiden Wölbungen der Wirbelsäule am unteren Rücken und im Halsbereich bewußt. Winkle beide Beine an, stelle die Füße auf, rolle langsam dein Becken nach vorne und nach hinten, so daß du bei der einen Bewegung ein stärkeres Hohlkreuz hast und bei der anderen Bewegung der Rücken flach aufliegt. Beobachte, wie dein Kopf und dein restlicher Körper sich ein wenig mitbewegen, und atme bewußt in deinen Bauchraum, wenn das Becken sich nach vorne rollt. Spiele mit der Bewegung deines Körpers und sei wie ein kleines Kind, das nun eine neue Form der Bewegung entdeckt hat, und komme dann langsam zum Sitzen.

Sorge dafür daß du bequem sitzt und suche dir eine geeignete Sitzunterlage oder einen Stuhl. Wenn du möchtest, darfst du die Göttin Kokyanwuthi herbeirufen, damit sie dich bei deinem Gesang unterstützt. Spüre auch im Sitzen, wie dein Becken sich nach vorne und hinten rollt, und atme in deinen Bauchraum hinein. Öffne deinen Unterkiefer ganz langsam und schließe ihn wieder. Wiederhole das einige Male mit großer Aufmerksamkeit und beobachte, ob du diese Bewegung gleichmäßig langsam ausführen kannst, oder ob du an manchen Stellen ins Stocken gerätst. Bewege dann deinen Kiefer langsam nach rechts und nach links. Viele Menschen haben die Kiefermuskulatur stark angespannt, denn sie "verbeißen sich" das Lachen oder meinen, es sei klüger "den Mund zu halten", anstatt die Wahrheit zu sagen. Dadurch entstehen Anspannung und zurückgehaltene Aggression, die sich auch auf den gesamten Muskeltonus übertragen. Beobachte, wo du deine Zunge hältst und zeichne die Initialen deines Namens in deine rechte und linke Wange. Wenn du das Gefühl hast, daß dein Gesichtsbereich sich entspannt hat, öffne deinen Mund und laß einen Ton entweichen, der im Moment zu dir paßt. Es ist ganz egal, ob sich dieser Laut melodisch anhört, ob er an das Heulen eines mondsüchtigen Hundes erinnert oder an das Kreischen eines überdrehten Papageis. Bleibe so lange bei einem Ton, bis automatisch ein anderer entsteht, und sei eine unkritische Zuhörerin deiner eigenen Stimme. Fühlst du, wie dein Bauch und dein Zwerchfell sich an dieser Tonübung beteiligen? Dein ganzer Körper darf mit deinem stimmlichen Ausdruck mitschwingen. Laß all deine Emotionen in diese Töne einfließen und erlaube dir zu schreien, zu klagen oder zu jubeln. Wenn du möchtest, kannst du nach einer Weile auch eine Melodie erfinden, die das gesamte Spektrum deiner Gefühle und deiner Einzigartigkeit in sich trägt. Laß deine magische Musik in alle Zellen deines Körpers eindringen und genieße alle Bewegungen, die aus dir heraus entstehen. Beende diese Meditation mit einer Phase der Stille, spüre die kreative Kraft, die durch dich fließt und die in jedem Augenblick dein Leben neu erschafft.

Das Spinnennetz
Ein Heilungsritual für die Erde

Du kannst dieses Ritual am 22. April mit deinen Freunden abhalten oder auch an einem anderen Tag. Aber es ist gut, wenn die Energie vieler Menschen sich für ein gemeinsames Ziel verbindet und ihr an diesem Heilungstag für die Erde ein Lichtnetz mit allen anderen Menschen auf diesem Planeten bildet. Wenn das Wetter es zuläßt, solltet ihr dabei im Freien sein, sucht euch einen Ort in der Natur, der für euch eine besondere Bedeutung hat, und stellt oder setzt euch im Kreis. Beginnt mit einer kleinen Meditation zur Einstimmung, dann sprecht nacheinander der Erde euren Dank aus. Nehmt ein Wollknäuel aus Naturgarn, werft es euch gegenseitig zu und sendet dabei einen positiven Impuls aus für euren Planeten und für alle Lebewesen, die mit euch diesen Lebensraum teilen. Das könntet ihr zum Beispiel so formulieren: "Ich sende der Erde Kraft zur Heilung und Reinigung. Ich wünsche mir, daß alle Menschen in Harmonie und Frieden auf diesem Planeten leben. Ich umhülle alle Pflanzen auf der Erde mit einem heilenden Licht. Ich werde in Zukunft bewußter mit meinem Müll umgehen."

Die Fäden des Wollknäuels sind nun zwischen euch zu einem Spinnennetz gesponnen, sie sind aufgeladen mit euren positiven Gedanken und symbolisieren eure Gemeinschaft und liebevolle Fürsorge. Ihr könnt den Faden an diesem Ort vergraben, und wenn ihr möchtet, auch einen Baum an diese Stelle pflanzen, für den ihr gemeinsam Patenschaft übernehmt. Wäre es nicht wunderschön, wenn ihr eines Tages mit euren Kindern und Enkelkindern unter diesem Baum sitzen und ihnen von diesem Ritual erzählen könntet? Macht euch Gedanken darüber, wie ihr aktiv mithelfen könnt, eure Umwelt zu reinigen, um einen positiven Beitrag zur Heilung eures Planeten zu leisten.

Ein kreativer Tag

Natürlich ist es wichtig, eine gewisse Struktur in den Alltag zu integrieren, doch ein übergroßes Maß an Ordnung verhindert deine Kreativität und läßt dich zu einem Gewohnheitsmenschen erstarren.

Nimm deine Hände und verschränke sie, nimm wahr, welcher Daumen oben liegt und verschränke die Hände nun, indem der andere Daumen oben liegt. Das fühlst sich bestimmt zunächst etwas seltsam an, ist aber eine mindestens ebenso gute Möglichkeit, die gleiche Bewegung zu machen.

An diesem Beispiel kannst du gut erkennen, wie deine Verhaltensweisen dir so normal erscheinen, daß du gar nicht auf die Idee kommst, es einmal anders zu machen. Nimm dir für den heutigen Tag vor, dir deine Lebensgewohnheiten genau anzusehen und alles einmal bewußt anders zu machen als sonst. Erst wenn du dir der eigenen Gewohnheiten bewußt geworden bist, hast du die Möglichkeit, Veränderungen in deinem Leben vorzunehmen. Wenn du sonst immer mit dem rechten Bein aufstehst, so schwinge nun beide Beine über die Bettkante; trinkst du sonst zwei Kannen Kaffee zum Aufwachen, so verzichte diesmal ganz darauf und trinke stattdessen grünen Tee. Wenn du dich beim Frühstück normalerweise stumm hinter deiner Zeitung verkriechst, so mach deinem Liebsten ein paar nette Komplimente, und falls du sonst vor der Arbeit bereits drei Stunden Yoga übst, darfst du heute etwas länger schlafen und stattdessen einen kleinen Spaziergang machen. Bist du sonst immer so hilfsbereit und läßt dir von deinen Kollegen unangenehme Aufgaben auferlegen, die sonst keiner übernehmen möchte? Dann lache sie heute freundlich an und sag einfach "nein". Wenn du allerdings sonst immer auf deinen eigenen Vorteil bedacht bist, so verwöhne deine Mitmenschen heute mit deiner Großzügigkeit und lade jemanden zum Mittagessen ein. Anstatt am Abend vor dem Fernseher einzuschlafen, könntest du ein Bild von deinen Zukunftsträumen malen, dir ein Theaterstück ansehen, ein Kräuterrezept ausprobieren oder einen Tanzkurs besuchen. Schreibe vor dem Einschlafen auf, welche Angewohnheiten dir besonders aufgefallen sind und wie dir deine ungewohnten Verhaltensweisen gefallen haben.

Die unendliche Geschichte
Ein vergnügliches Gruppenritual

Die Indianer sind sehr gesellige Menschen, die sich früher nach der Abendmahlzeit gerne um das Feuer versammelten und sich gegenseitig Geschichten erzählten. Auch unsere Vorfahren vertrieben sich die Abende mit Erzählungen von Naturgeistern, Hexen, Helden und Göttinnen, sie erfanden neue Märchen, und es gelang ihnen, alte Weisheiten unterhaltsam weiterzugeben. Plane mit deinem Partner oder einigen Freunden einen Märchenabend, bei dem ihr gemeinsam eine Geschichte erzählt und die sich aus sich selbst heraus entwickelt. Eine Person beginnt damit, den äußeren Rahmen der Erzählung zu erfinden, zum Beispiel: "Es war einmal eine einfache junge Frau, die davon träumte, auf einem Planeten zu leben, auf dem es nur Freude und Liebe gibt. Da erschien ihr eine wunderschöne Frau, die Göttin Kokyamuni, und gab ihr einen Ring mit drei Wünschen, die sie so nutzen durfte, wie sie dies für richtig hielt. Am nächsten Morgen wachte die junge Frau auf und ihr Blick fiel auf den goldenen Ring, der an ihrem Finger steckte und sie an den Traum der vergangenen Nacht erinnerte..." An dieser Stelle beendet die Erzählerin ihren Teil, in dem sie mit dem Laut "Ti Hi" abschließt, und der linke Nachbar darf mit der Geschichte fortfahren. Durch die Silben "Ti Hi" wird meist ein Lachreflex ausgelöst, und ihr werdet diesen unterhaltsamen Abend noch lange im Gedächtnis behalten.

Fragen und Anregungen zum Thema Kreativität

1. Auf welche Weise kannst du deine Kreativität am besten zum Ausdruck bringen?

2. Wann hast du das letzte Mal gespielt, etwas erfunden oder dich kreativ ausgedrückt, ohne damit etwas zu bezwecken, nur aus reiner Freude am Schaffen?

3. Schreibe ein Gedicht oder eine Geschichte über einen Frühlingsspaziergang.

4. Erfinde ein Gebet oder ein Ritual für die Heilung der Erde.

5. Lege eine CD mit Musik auf und warte ab, welcher Körperteil sich am ersten bewegen will, und verfolge deine Bewegungen mit deinem inneren Auge.

6. Male dich selbst als Göttin oder forme eine Figur aus Lehm oder einem anderen Material.

Körperteil des Monats: Der Hals Naturheilmittel und Übungen

Der Hals verbindet unseren Kopf mit dem restlichen Körper, und durch einen relativ engen Kanal müssen Atemluft, Nahrung und Nervenbefehle ihren Weg finden. Außerdem wird im Kehlkopf unsere Stimme gebildet, und somit kommt dem Hals eine wichtige Funktion zu bei unserer sprachlichen und kreativen Ausdruckskraft. Die Stimme spiegelt unsere emotionale Stimmung wider und drückt unsere gesamte Persönlichkeit aus.

Der Volksmund weiß um diesen Zusammenhang, und es ist deshalb nicht verwunderlich, daß dieser Körperteil besonders empfindsam ist und geschützt werden will. Wenn uns "Angst die Kehle zuschnürt" oder wenn "uns jemand an den Kragen will" sitzt uns "ein Kloß im Hals", und wir können uns nicht mehr mitteilen, denn es "verschlägt uns vor Schreck die Sprache".

Auch in der indischen Chakrenlehre ist das Halschakra der Sitz der kreativen Ausdruckskraft und der Kommunikation. Wenn dieses energetische Zentrum aus dem Gleichgewicht geraten ist, weist das darauf hin, daß die Beziehung zur äußeren Welt in irgendeiner Form gestört ist. Eine leise und zittrige Stimme deutet darauf hin, daß du dir nicht den Raum nimmst, der dir angemessen wäre, und eine dröhnende, laute Stimme weist eher darauf hin, daß du zu dominant bist und anderen Menschen nicht genügend Freiraum läßt. Wenn du Probleme mit der Schilddrüse, mit dem Kehlkopf oder deiner Stimme hast, so frage dich, in welchen Bereichen deines Lebens du dich hilflos fühlst oder kein Vertrauen in dich hast. Hast du das Gefühl daß das Leben deinen Erwartungen entspricht, oder versuchst du dich zu sehr den Wertvorstellungen anderer anzupassen? Kannst du dich gut durchsetzen oder hältst du deine eigene Meinung oft zu sehr zurück, weil du resigniert hast oder weil du Angst hast, nicht gehört zu werden? Heiserkeit und Halsentzündungen zwingen dich dazu, still zu werden und nach innen zu gehen. Dein Körper wünscht sich Ruhe und zieht sich von der Kommunikation mit anderen Menschen zurück. Du solltest diesem inneren Bedürfnis nachkommen, soweit dir das möglich ist, und dich wieder regenerieren.

Halsübungen aus dem Qi Gong: Seitliches Drehen

Setze dich aufrecht auf einen Stuhl oder stehe mit leicht gebeugten Beinen. Drehe beim Einatmen langsam deinen Kopf nach rechts und bewege ihn beim Ausatmen wieder zur Mitte zurück. Drehe ihn dann nach links und wieder zurück zur Mitte. Wiederhole diese Übung 3 - 10 mal auf jeder Seite.

Diese einfache Bewegungsabfolge entspannt deine Hals- und Nakkenmuskulatur und vergrößert deinen Blickwinkel.

Vor- und Rückbeuge

Nimm die gleiche Ausgangshaltung ein wie bei der vorhergehenden Übung. Laß nun deinen Kopf langsam nach vorne gleiten. Dabei beugt sich auch deine gesamte Wirbelsäule leicht mit, bis die Arme etwas über den Knien hängen. Richte dich von der unteren Wirbelsäule wieder auf und beuge deinen Kopf leicht nach hinten. Wiederhole diese Abfolge einige Male und nimm dann beim Aufrichten auch die Schultern nach oben. Beim Vorbeugen laß sie nach unten rollen, so daß eine kreisförmige Bewegung entsteht. Der Hals ist mit dem unteren Rücken eng verbunden, und wenn du unter Rückenschmerzen leidest, kann das auch mit einer verspannten Halsmuskulatur zusammenhängen. Diese Übung hält die Wirbelsäule beweglich und wirkt entspannend.

Mudra für das Halschakra

Setze dich entspannt auf einen Stuhl und lege beide Handflächen aufeinander. Drehe die Hände so, daß die Fingerspitzen nach oben zeigen, und halte sie möglichst locker in Höhe des Kehlkopfes. Diese Handhaltung entspricht der Gebetshaltung vieler Religionen und harmonisiert das Halschakra.

Schließe deine Augen und verweile 5 - 10 Minuten in dieser Haltung. Stelle dir dabei vor, wie sich dein Halszentrum weitet und von heilendem Licht umhüllt wird.

Akupunkturpunkte

Lenkergefäß 16: Auf der Rückseite des Kopfes. Wenn du den Kopf leicht nach vorne und hinten bewegst, spürst du eine kleine Vertiefung unterhalb der Schädelbasis, wo der Hals in den Schädel übergeht.

Massiere diesen Punkt mit Zeige- oder Mittelfinger beider Hände. Das verschafft Erleichterung bei Kopfschmerzen und Verspannungen im Hals-Nackenbereich.

Gallenblase 20: Auf der Rückseite des Kopfes, unterhalb der Schädelbasis, seitlich neben den Halswirbeln in der Vertiefung zwischen den beiden großen senkrechten Nackenmuskeln. Dieser Punkt entspannt und hilft auch bei Schlaflosigkeit und Bluthochdruck, Schock und Reizbarkeit.

Konzeptionsgefäß 22: Unterhalb der Kehle in der Mitte zwischen den Schlüsselbeinknochen.

Dieser Punkt wirkt bei Bronchitis, Halsentzündungen und Beklemmungen.

Halswohltee

2 Teile Salbei
1 Teil Lavendel
1 Teil Minze

Dieser Tee hilft bei Halsentzündungen, wirkt aber auch vorbeugend und beruhigt die Stimmbänder.

Zwiebelwickel bei Halsschmerzen

Eine zerdrückte Zwiebel in einem Taschentuch oder einer Kompresse leicht zerdrücken, auf dem Deckel eines heißen Kochtopfes leicht erwärmen, dann mit Hilfe eines Baumwolltuches um den Hals wickeln und ein bis zwei Stunden wirken lassen. Dieser Halswickel wirkt entzündungshemmend.

Honigmilch gegen Heiserkeit

Erwärme eine Tasse Milch mit einem Eßlöffel Honig und trinke die Milch in kleine Schlucken. Dieses alte Hausrezept beruhigt die Stimmbänder und ist auch ein gutes Einschlafmittel.

Heilpflanze des Monats: Der Salbei
Wellness- und Beauty Tips

Der Salbei

Diese Heilpflanze wächst sowohl im europäischen Raum als auch in Nordamerika und wurde durch seine vielseitige Wirkung bereits im Altertum als bewährtes Heilmittel eingesetzt. Der lateinische Name *salvia* bedeutet "die helfende Pflanze". Die englische Bezeichnung *sage* wird auch für einen weisen Menschen verwendet. Durch den Genuß dieser Pflanze sollen Weisheit und Unsterblichkeit erreicht werden.

Bei den nordamerikanischen Indianer werden Salbeizweige mit bunten Wollfäden umwickelt, getrocknet und als reinigende und schützende Räucherung bei religiösen Zeremonien verwendet.

Der Salbei enthält Kalzium, das für den Knochenaufbau wichtig ist, pilz- und entzündungshemmende sowie antibiotische Wirkstoffe und hilft auch gegen übermäßige Schweißbildung. Schwangere sollten bei der Verwendung von Salbei vorsichtig sein, da er abtreibende Wirkung haben kann. Die getrockneten Blätter werden als Tee getrunken oder zum Gurgeln bei Halsentzündungen verwendet. Frische Salbeiblätter können gekaut werden und verhindern so Entzündungen im Mundbereich und helfen bei Zahntaschen. Hildegard von Bingen empfiehlt sogar, zerstoßene Salbeiblätter mit Butter zu vermischen und als Brotaufstrich zu genießen. Die heilenden Kräfte des Salbei helfen gegen die Frühjahrsgrippe; seine ätherischen Öle wirken besonders beruhigend auf den Hals und regen die Produktion von Verdauungsenzymen an.

Salbei Tee

Ein Teelöffel getrocknete Salbeiblätter oder zwei Teelöffel frische Blätter mit heißem Wasser überbrühen und sieben Minuten ziehen lassen.

Der Tee wirkt fiebersenkend und ist durch seine antibakterielle Wirkung bestens zur Vorbeugung bei Grippe geeignet. Mit dem erkalteten Tee kannst du gurgeln und deine Stimmbänder für den "magischen Gesang" in diesem Kapitel vorbereiten.

Salbei Wein

50 g frische Salbeiblätter werden in einem Liter guten Rotwein angesetzt. Laß diese Mischung bei zunehmendem Mond acht Tage lang in der Wärme stehen, schüttele die Flasche öfter, seihe die Flüßigkeit dann ab und fülle sie in eine schöne Karaffe. Wenn du pro Tag 2 - 3 Likörgläschen davon trinkst, kann der Salbei seine heilende Wirkung in dir entfalten.

Erfrischendes Fußbad

Circa 30 g getrocknete Salbeiblätter, Rosenblätter und Lavendel miteinander vermischen und in einem großen Topf mit ca. zwei Liter kochendem Wasser aufgießen und eine Stunde lang ziehen lassen. Die Mischung abseihen, kurz erwärmen und dann die Füße darin baden. Trinke dazu eine Tasse Salbeitee, schließe die Augen und genieße die Zeit der Stille.

Duftmischung für kreative Stunden

4 Tropfen ätherisches Salbeiöl
4 Tropfen ätherisches Jasminöl
6 Tropfen ätherisches Geranienöl

Diese Duftmischung für deine Aromalampe wirkt entspannend und regt gleichzeitig deine Kreativität an. Du kannst dich dabei zu neuen Ideen inspirieren lassen und neue Impulse von der Göttin Kokyanwuthi erhalten.

Indianisches Traumkissen

2 Teile getrocknete Lavendelblüten
2 Teile getrocknete Salbeiblätter
2 Teile getrocknetes Farnkraut
1 Teil getrocknete Veilchenblüten
1 Teil Zedernspäne

Vermische alle Zutaten und fülle sie in einen kleinen Kissenbezug, den du anschließend zunähst und neben oder unter dein normales Kissen legst. Der Duft der Veilchenblüten und des Lavendels werden dir einen entspannten Schlaf schenken, der Salbei wird dich vor bösen Träumen beschützen und das Farnkraut wird dich in die geheimnisvolle Welt der Elfen und Naturgeister entführen.

Massageöl "Frühlingserwachen"

50 ml Mandelöl
5 Tropfen ätherisches Orangenöl
5 Tropfen ätherisches Salbeiöl
3 Tropfen ätherisches Rosenöl
2 Tropfen ätherisches Lavendelöl

Vermische alle Duftöle mit dem Mandelöl und gönne dir oder deinem Partner eine entspannende und sinnliche Massage.

Magischer Schutzbeutel

2 Teile getrocknete Salbeiblätter
1 Teil getrockneter Majoran
1 Teil getrocknete Holunderblätter
1 kleiner Kieselstein und 1 kleine Feder

Fülle einen kleinen Beutel mit den magischen Zutaten und trage ihn immer bei dir. Bitte eine Göttin, der du dich besonders verbunden fühlst, dir ihren besonderen Schutz zu gewähren.

Kochrezepte für den Monat April

Die Tage werden immer länger, und in manchen Jahren lädt uns der April bereits ein, im Freien zu sitzen und die Sonne zu genießen. Leichte Frühlingsgerichte wie Salate und Suppen passen ebenso in diesen Monat wie leckere Eierspeisen für einen Sonntagsbrunch mit der ganzen Familie.

Salbeiomelette *für 2 Personen*

1   TL Olivenöl und etwas Butter
2   große Eier
7   frische Salbeiblätter
1   TL geriebenen Parmesan

Laß das Olivenöl und die Butter gleichmäßig in der heißen Pfanne zerlaufen und röste die Salbeiblätter darin ca. zwanzig Sekunden. Verteile darauf die geschlagenen Eier und den Käse und wende das Omelett nach ca. zwei Minuten.

Salbeibutter

Einige frische Salbeiblätter
Weiche Butter

Hacke die frischen Salbeiblätter und vermische sie mit der Butter. Dieser Brotaufstrich schmeckt nicht nur lecker, sondern ist auch äußerst gesund. Du kannst die Butter in kleine Formen füllen und deinen Gästen vor dem Abendessen mit frischem Brot servieren.

Kartoffelsalat mit Sesam-Salbei Dressing
für 4 Personen

1 kg gekochte Kartoffeln
1 TL Ahornsirup
2 Schalotten
2 TL geröstete Sesamkörner
2 EL Zitronensaft
3 EL Sesamöl
2 EL frisch gehackte Salbeiblätter

Vermenge alle Zutaten für das Dressing und gieße die Soße über die geschnittenen Kartoffeln. Laß den Salat zwei Stunden im Kühlschrank nachziehen, dekoriere ihn mit Salbeiblättern.

Indianisches Maisbrot
für 8 Personen

1/2 Tasse sonnengetrocknete Tomaten
1/4 Tasse kochendes Wasser
3 Tassen Gemüsebrühe

1 EL Olivenöl
1 TL Salz
2 Tassen Polenta (Maisgries)
evtl. 1/4 Tasse geriebenen Parmesan

Weiche die getrockneten Tomaten in dem kochenden Wasser fünfzehn Minuten ein, gieße das Wasser ab und schneide die Tomaten in kleine Stücke.

Koche die Gemüsebrühe mit dem Olivenöl und Salz und gib den Maisgries hinzu. Laß die Polenta unter ständigem Rühren ca. drei bis fünf Minuten eindicken und füge dann die Tomaten und den Käse hinzu. Gieße die Mischung in eine längliche Backform und laß sie ca. 2 Stunden im Kühlschrank erkalten. Schneide das Brot in Stücke, die du kalt oder gegrillt servieren kannst.

Frühlingssuppe mit Wildkräutern
für 4 Personen

100 - 150 g Wildkräuter (Brennessel, Gänseblümchen, Schafgarbe, Vogelmiere)
1 L Gemüsebrühe
1 Eigelb
200 ml Sahne
etwas Butter

Dünste die Kräuter in etwas Butter an und gieße sie mit der Gemüsebrühe auf. Verrühre die Sahne mit dem Ei, rühre sie in die Suppe und pürriere sie nach ca. zehn Minuten. Dekoriere die Suppe mit frischer Zitronenmelisse oder Gänseblümchen.

Gebackene Bananen in Löwenzahnsirup

Löwenzahnsirup (ca. 1 kg)
4 Handvoll Löwenzahnblüten Handvoll Löwenzahnblüten
1 l Wasser
1 kg Fruchtzucker
Zitronensaft von 2 Zitronen

Vermische alle Zutaten und koche sie einige Minuten auf. Laß den Sirup 24 Stunden ziehen und eindicken.

Gebackene Bananen - pro Person
1 Banane
1 EL Zwiebackmehl und Semmelbrösel
Pflanzenöl

Halbiere die geschälten Bananen, wende sie in dem Zwieback und den Semmelbröseln und brate sie in wenig Pflanzenöl knusprig. Übergieße die Bananen mit dem Löwenzahnsirup und dekoriere diese leckere Nachspeise mit frischen Blüten.

APHRODITE
DIE GÖTTIN DER LIEBE
IM MONAT MAI

Aphrodite

Aphrodite

Ich bin Aphrodite, die Göttin der Liebe, geboren aus dem Schaum des Meeres. Ich habe viele unterschiedliche Namen erhalten im Laufe der Jahrhunderte, bekannt wurde ich als die Venus der Römer.

Ich lade dich ein, mit mir zu verschmelzen, den Liebesreigen zu tanzen und dich deines Lebens zu erfreuen. Alle Rituale der Liebe, der Lust und des Vergnügens erfreuen mich sehr. Vorbei ist die Zeit, als Männer meinten, mich als ehebrecherische Hure bezeichnen zu dürfen und die Priesterinnen meines Tempels verurteilten und sogar töteten. Ich folge nur einem Gesetz, dem Gesetz der allumfassenden Liebe. Man vermählte mich mit Hephaistos, dem hinkenden Schmied, aber ich lasse mich durch keinen Vertrag binden. Ich folge nur der Liebe und finde sie in jedem Augenblick der Schönheit. Ich bin voller Kraft und Lust, und aus meinen Augen strahlt die Liebe, aber auch die Begierde. Ein jeder, der mich schaut, wird bis tief in seine Seele berührt. Ich lebe in jeder Frau und warte ungeduldig, bis sie mich ruft und sich der Liebe öffnet, voller Hingabe und gleichzeitig spielerisch und leicht. Ich rufe dich auf, nur deinem Herzen zu folgen, die Liebe in jedem Menschen und in jedem Wesen, in der ganzen Natur zu sehen und zu spüren. Tanze mit mir, und dein Leben wird leichter und freudiger. Laß dich nicht binden von der Liebe, denn ihre wahre Natur ist die Freiheit. Ich kann mich ganz verlieren in der Liebe zum Geliebten oder zur Geliebten, um mich zu finden in der göttlichen Liebe. Nie war mir weltliche Anerkennung wichtig, mein Antrieb war stets die Liebe und die Lust. Mich hinzugeben in Schönheit und Vollkommenheit, im Höhepunkt der irdischen Lust das Antlitz des Göttlichen zu schauen, was gibt es Schöneres und Wichtigeres auf dieser Erde? Der Mensch erahnt in der Verschmelzung mit dem Geliebten das Einssein mit der Göttin. Im Augenblick des Orgasmus, des Verschmelzens, spürst du einen Hauch der ewigen Glückseligkeit der Göttinnen. Man stellte mich unter männliche Aufsicht, um mich zu zähmen, zu bezwingen, man bezichtigte heilige Rituale der Liebe als Sünde. Es ist nun an euch, ihr geliebten Frauen, eure Liebesfähigkeit wieder voll zu entfalten, frei von Regeln und falschen Gesetzen. Nur euch selbst müßt ihr treu sein und der Liebe, denn jede Handlung im Namen der Liebe ist rein und edel.

Ich liebte den Gott des Krieges Ares, und unsere Tochter war die Harmonie. Ich liebte viele, und doch wurde meine Liebe niemals weniger, nein im Gegenteil sie wuchs und verströmte sich. Viele Männer versuchten, mich für sich zu gewinnen und mich zu binden. Ich gebar ihnen Kinder, badete hernach im Meer und wurde zugleich wieder die Jungfrau, bereit für eine neue Liebe. So schränkte der Akt des Gebärens niemals meine Freiheit ein.

Könntet ihr nur sehen, welches überirdische Licht ein sich liebendes Paar umgibt. Jeder Akt der Liebe ist auch ein Akt der Heilung. Heutzutage könnt ihr es ja schon wissenschaftlich nachweisen, daß selbst Pflanzen besser gedeihen, wenn sie mit Liebe gepflegt werden und daß das menschliche Liebesspiel ihre eigenes Wachstum stimuliert.

Die weiße Taube und die rote Rose sind mit mir verbunden, Zeichen der Liebe schon seit altersher. Erkenne, daß Liebe und Lust Geschenke der Göttin an dich sind und du alle Wesen um dich herum erfreust. Sei total in deiner Liebe, sei in jedem Augenblick der Liebe treu und laß dich nicht einengen von Regeln und überholten Moralvorstellungen. Du bist schön, du bist eine Tochter der Göttin, und du bist voller Leidenschaft, Lust und Liebe. Verströme dich, je mehr Liebe du gibst, desto mehr Liebe fließt zu dir zurück. Rufe mich, denn ich erfülle dich mit Liebe und Lust, bau mir einen Liebestempel voller Schönheit in deinem Herzen, verwandele mit meiner und deiner Kraft die Erde in einen Ort der Schönheit und Liebe.

Der Mai ist benannt nach dem italienischen Gott des Wachstums, Juppiter Maius. Im Althochdeutschen wurde er als "Wunnimonath" (Wonnemonat) bezeichnet. Er kündigt den Sommer an, und die Natur erwacht zu ihrer vollen Pracht. Unsere Sinne gehen wieder mehr ins Außen, wir riechen den betörenden Duft der Tulpen und des Flieders, wir hören die Vögel, die zurückkehren mit ihren lieblichen Gesängen, wir sehen die Maikäfer, die ersten erblühenden Rosen, und wir fühlen die samtweichen Blätter der sprießenden Bäume.

Am 1. Mai findet traditionell das "Beltanefest" statt, und an vielen Orten werden auch heute noch Maibäume aufgestellt, um die Vereinigung des Sonnengottes Belanos mit der Erdgöttin zu feiern. Wir spüren die ersten warmen Sonnenstrahlen auf nackter Haut, wir schmecken die Maibowle, die Erdbeeren und das frische Gemüse. Blühender Weißdorn - der heilige Strauch der Göttin - ziert die Wegränder, Blumen schmücken die Wiesen und alles strotzt vor Kraft und Freude. Überall regt sich die Lebenslust, es ist die Zeit der Verliebten und der Turteltäubchen. Schon immer war der Mai einer der fröhlichsten Zeiten im Jahr. Im alten England feierte man den ganzen Monat, trug grüne Kleidung, als Hommage an die Natur und die Feen, und gab sich sexuellen Freiheiten hin. Der Mai ist der Liebesmonat und somit der Göttin Aphrodite in besonderer Weise geweiht. Öffne dich in diesem Monat der Liebe, der Sinnlichkeit und der Erotik.

Ein Baderitual mit Aphrodite

Laß dich von der Göttin Aphrodite zu einem Baderitual inspirieren und schaffe dir einen besonderen Rahmen für diese Zeremonie, denn du bereitest dich darauf vor, zur Göttin der Liebe zu werden. Gönne dir ein wunderbares Schaumbad, gib ein Duftöl hinein, das du mit Liebe und Sinnlichkeit verbindest, vielleicht ein Rosenöl oder auch Sandelholz. Stelle Kerzen auf und schmücke dein Bad mit Blumen, und spiele deine Lieblingsmusik. Gleite dann hinein ins Wasser und genieße es, öle deinen Körper ein, entspanne dich und lasse deine Hände über deinen Körper gleiten, schließe die Augen und nimm deinen Körper wahr. Wenn du Stellen spürst, die angespannt sind, dann massiere sie sanft. Nimm deinen Atem zur Hilfe, lenke ihn in die verspannten Stellen, atme lang mit einem wohligen Seufzer aus und laß die Anspannung los.

Spüre deine Sexualorgane, öle sie ein und genieße ihre Zartheit, ihre Weichheit. Wecke deine sexuelle Energie, sie ist deine Lebenskraft, sie ist die Schöpfungsenergie. Laß zu, wie die Lebenskraft in dir stärker wird, wie dein ganzer Körper sich lebendiger fühlt. Beginne tief zu atmen, atme ein und laß die Energie in alle Teile deines Körpers strömen, besonders in die Teile, die dir nicht so bewußt sind. Atme in dein Herzchakra in der Mitte deines Brustkorbes, stell es dir wie eine Blüte vor, die sich langsam öffnet. Atme auch in deine Vagina, stell dir auch hier vor, wie sie sich wie eine rosige Blüte öffnet. Genieße dein Bad, genieße die Zeit nur für dich und genieße es, dich selbst zu verwöhnen. Wenn du deinen ganzen Körper berührt und entspannt hast, steige wie neugeboren aus dem Bad, so wie einst die Göttin Aphrodite.

Stelle dich vor einen Spiegel und bewundere dich, du Göttin, gib deinem Körper all die Achtung, die er verdient. Du bist wunderschön, dein Körper ist jetzt in diesem Augenblick perfekt für dich. Trockne dich mit einem weichen flauschigen Handtuch ab, und salbe dich dann mit einer duftenden Lotion oder einem Öl ein, was immer dir gefällt. Lasse wieder deine Hände zärtlich über deinen prachtvollen Körper gleiten und lächle dir zu, schau dir in die Augen und sieh, wie sie strahlen. Schaue dich selbst mit den Augen der Liebe an und sage dir sanft "ich liebe mich". Streichle mit deinen Augen deinen ganzen Körper und genieße ihn, denn er ist der Tempel deines Geistes und birgt die Kraft des Lebens in sich.

Niemand ist dafür verantwortlich, dich glücklich zu machen, nur du selbst bist es. Eine kraftvolle, leidenschaftliche Frau, die sich selbst liebt, ist für viele Menschen bedrohlich, weil sie unberechenbar ist und keinen anderen braucht, um sich glücklich zu fühlen. Aber wieviel schöner ist es, sich einem anderen Menschen hinzugeben, ihn zu lieben, wenn man es aus reiner Liebe tut, ohne ihn zu brauchen, nur aus Lust und Liebe, aus reiner Lebensfreude und der reinen Freude am Sein und Verströmen der Liebe. Erkenne deinen Wert und deine Schönheit, niemand ist wie du, du bist einmalig!

Weißt du, was Schönheit bedeutet? Es ist der Glanz deiner Augen, wenn du glücklich bist, es sind deine anmutigen Bewegungen, wenn dein Körper entspannt und geschmeidig ist. Schön bist du, wenn du voller Freude und Lebenskraft bist, wenn du dich in dir wohlfühlst.

Nun kleide dich an, ziehe deine schönsten Sachen an, vielleicht wählst du heute mal ein Gewand, das du lange nicht mehr anhattest. Zieh das an, was dir gefällt, auch wenn es total verrückt ist. Wenn du Lust hast, dich zu verkleiden, aufwendig zu schminken, tue es. Verwandele dich in die Göttin der Liebe und genieße den heutigen Tag, laß die Liebe aus deinen Augen strahlen, wo immer du heute noch hingehst.

Das Beltane Ritual - Ein Fest der Sinne

In früheren Zeiten, als die Menschen noch mit dem Wechsel der Jahreszeiten eng verbunden waren, wurde am 1. Mai ein großes Fest veranstaltet, dessen Höhepunkt das Beltane Ritual war. Der Name ist von dem druidischen Sonnengott Belanos abgeleitet, der von den Düften des Frühlings angezogen wurde und vom Himmel hinabstieg, um sich mit der Erdgöttin zu vermählen. Die beiden schworen sich ewige Treue und gelobten, jedes Jahr im Mai zurückzukehren und sich einander in einem heiligen Liebesakt hinzugeben, um die Fruchtbarkeit der Erde zu erneuern.

Im Andenken an dieses göttliche Ritual suchten die jungen Männer des Dorfes einen passenden Baum aus, den sie als Phallussymbol in eine tiefe Grube pflanzten und mit roten und weißen Bändern schmückten. Diese Farben sollten den Zyklus von Leben und Tod darstellen, und auch heute noch ist uns die Tradition des Maibaums erhalten geblieben. Die Menschen tanzten und sangen Lieder zu Ehren des immer wiederkehrenden Frühlings, und in den frühen Morgenstunden verschwanden die Liebespaare und gaben sich einander in der Natur hin, um mit ihrer sexuellen Vereinigung die Erde fruchtbar zu machen.

Du kannst dieses sinnliche Ritual als Phantasiereise erleben, oder, wenn du die Möglichkeit hast, laß dich mit deinem Liebsten zu einer ungewöhnlichen Nacht inspirieren...

Wenn du dieses Ritual als Phantasiereise machen möchtest, suche dir einen ruhigen Ort in deiner Wohnung oder der Natur aus, sorge dafür, daß du mindestens eine Stunde nicht gestört wirst, und strecke dich auf dem Boden aus. Entspanne deinen Körper wie in der Einleitung beschrieben. Spüre nun, wie sich deine Sinne nach innen richten und stell dir vor: Es ist eine wunderschöne milde Mainacht. Der Mond scheint, die Sterne funkeln und locken dich nach draußen. Es ist die Beltanenacht, die Zeit der berauschenden Feste, in der sich die Maikönigin mit dem Maikönig vereinigt. Schmücke dich, flechte dir Blumen ins Haar, ziehe deine schönsten Kleider an. Verlasse das Haus. Aus der Ferne siehst du bereits ein großes Feuer brennen, und je näher du kommst, desto deutlicher hörst du die Musik und wirst bereits von dem wilden Lachen der Feiernden in den Bann gezogen, die ekstatisch um den Maibaum tanzen. Eine wunderschöne Frau kommt auf dich zu und reicht dir einen Becher Met, einen köstlichen Honigwein, und lädt dich ein mitzufeiern.

Du spürst, wie dein Körper sich von alleine zu bewegen scheint. Deine Füße fühlen sich schwerelos an und beginnen ihren eigenen Rhythmus zu finden, und dein gesamter Körper gibt sich den fließenden Bewegungen deines Tanzes hin. Die erhitzten Gesichter der Tanzenden sind gerötet, und dein Blick fällt auf einen Mann, der dich bereits seit einiger Zeit bei deinem sinnlichen Tanz beobachtet hat. Stell dir diesen Mann genau vor, vielleicht kennst du ihn, vielleicht ist es dein Partner, dein Geliebter oder ein Mann, den du niemals zuvor getroffen hast, oder er ist ein Teil von dir in deiner männlichen Ausdruckskraft. Ihr schaut euch in die Augen und erkennt in dem anderen den Funken der Liebe und euer feuriges Verlangen. Du spürst, wie seine einfühlsamen Hände dich umfangen und wie sich eure Körper beim Tanzen immer näher kommen und zu einer einzigen Bewegung verschmelzen. Wenn du dich bereit fühlst, nimm deinen Geliebten an der Hand und gehe mit ihm in die Nacht hinaus. Laßt euch von Aphrodite zu einem abgeschiedenen Platz in der Natur führen. Sieh diesen Ort vor deinem inneren Auge und nimm ihn mit all deinen Sinnen wahr. Spüre den Boden unter deinen Füßen, rieche den Geruch der Wiese oder des Waldes, vernimm die Geräusche um euch herum: das Plätschern eines Baches, der ferne Ruf einer Eule, das Rascheln im Gebüsch.

Ihr kreiert nun euren Tempel der Liebe. Die Bäume stehen um euch wie mächtige Tempelsäulen, der Himmel ist euer Dach. Hier seid ihr sicher und geborgen, ihr dürft euch einander öffnen und den Liebesreigen tanzen.

Zieht eure Kleider aus, vielleicht wollt ihr euch in ein schönes Tuch hüllen oder es einfach genießen, nackt zu sein. Schaut euch in die Augen, erkennt im anderen sein reines göttliches Wesen, faßt euch an den Händen, spürt diese Berührung. Seid bereit, euch dem anderen ganz hinzugeben. Lege nun die Hand auf das Herz deines Partners und bitte ihn, seine auf dein Herz zu legen. Schaut euch in die Augen. sage deinem Partner, daß du ihn liebst, schau ihm dabei fest in die Augen und sage es ihm immer wieder, sage ihm, daß du seinen Körper liebst, seinen Geist und seine Seele, und laß deine ganze Liebe aus deinen Augen strahlen bis tief in das Herz deines Partners.

Nun ist es an ihm, dir zu sagen, wie er dich mit deinem ganzen Sein liebt, dich achtet und schätzt. Bittet nun um eine Feder. Ein Vogel wird sie euch bringen, nehmt sie in die Hände und streichelt euch gegenseitig mit der Feder, berührt euch und genießt die Berührung. Sanft gleitet die Feder über die Haut und erweckt immer mehr eure Sinne. Du spürst seine Zunge über deine Brüste gleiten und nach unten zwischen deinen Schoß, seine fordernden Küsse bedecken deinen ganzen Körper, bis du dich aufbäumst vor Lust... Endlich spürst du die Vereinigung eurer ekstatischen Körper, die zu einem einzigen Organismus verschmolzen scheinen. Raum und Zeit sind verschwunden, nichts existiert mehr außer eurer Liebe. Bleibt verbunden in dieser innigen Umarmung und spürt eure Verbundenheit in diesem Augenblick der tiefen Liebe. Laßt euch viel Zeit bei diesem Liebesspiel, seid mit allen euren Sinnen dabei und erfindet neue Varianten der Liebkosung.

Löst euch irgendwann voneinander und konzentriert euch wieder auf eure Umgebung, spürt den sanften Hauch des Windes auf euren Körpern, riecht den Duft der Wiese, der Blumen, und nehmt wahr, wie die Natur um euch herum erwacht in dieser ersten Maiennacht.

Komme nun langsam wieder zu dir und öffne sanft deine Augen. Laß dich von dieser Phantasiereise inspirieren: Träume nicht nur dein Leben, sondern lebe deinen Traum!

Die Rosenmeditation

Beginne diese Meditation mit einem Gang in ein Blumengeschäft oder, viel besser, in die freie Natur, um eine Rose zu erwählen. Trage die Blume nach Hause, stelle sie in eine schöne Vase an den Platz, von dem aus du gleich auf eine Phantasiereise gehen wirst. Wie immer schaffe dir deinen Rahmen, der dich in die Entspannung führt. Laß deinen Körper innerlich zur Ruhe kommen, doch dein Geist bleibt wach und geht nun auf eine Reise.

Deine Phantasie trägt dich zu einem wunderschönen Rosengarten, hier blüht die Rose in allen Farben und Formen, von der stolzen roten Rose bis zum gelben Sonnenröschen. Suche dir eine der Blüten aus, welche zieht dich am stärksten an? Laß dir Zeit, laufe herum, rieche an den Blüten, berühre sie, nimm ihre unterschiedlichen Schwingungen wahr, und dann entscheide dich für eine, die noch geschlossene Knospen hat. Ganz sanft, nur für dich, öffnet sie sich Blatt für Blatt. Ihr Duft wird stärker, betörender, und regt dich an, dich dem Tanz des Lebens noch mehr zu öffnen. Beuge dich über die Blüte, atme tief diesen Rosenduft ein, spüre, wie dein Herz sich auch wie eine Blüte weit öffnet.

Blicke nun ins Innere dieser Rose, versinke darin und bitte, daß in dem Blütenkelch ein Symbol für dich erscheinen möge, ein Symbol, das dir zeigt, was in deinem Leben zur Entfaltung kommen möchte, um mehr Liebe und Schönheit zu erfahren. Laß geschehen, ohne Erwartung, absichtslos und laß entstehen, vielleicht ist es auch ein Gedanke oder eine Vision, die dir nun geschenkt werden. Was kannst du tun, um dich noch mehr der Liebe und der Schönheit des Lebens zu öffnen? Bitte um Inspiration. Wenn du nicht sofort etwas wahrnehmen kannst, vertraue darauf, daß du Anworten bekommen wirst in der nächsten Zeit - sei es durch Menschen, die dir begegnen, Gedanken und Gefühle, die dir kommen oder einfach durch das Spiel des Lebens.

Nun ist es langsam an der Zeit, zurückzukehren. Verabschiede dich von der Blüte, wandele noch einmal durch den Rosengarten, bewundere die Pracht und Schönheit und kehre langsam in deinen Körper zurück.

Fragen und Anregungen
zum Thema Liebe

1. Welchen Stellenwert hat die Liebe in deinem Leben?

2. Welchen Menschen fühlst du dich in Liebe verbunden?

3. Fühlst du dich in deinem Leben genügend geliebt, von dir selbst? Von anderen Menschen?

4. Erinnere dich daran, als du das erste Mal verliebt warst. Versuche, dich genauso zu fühlen wie damals!

5. Wie könntest du noch mehr Sinnlichkeit und Liebe in dein Leben einfließen lassen?

6. Welche unterschiedlichen Arten von Liebe hast du bisher in deinem Leben kennengelernt?

Körperteil des Monats: Das Herz
Naturheilmittel und Übungen

Da der Mai in besonderer Weise der Göttin Aphrodite gewidmet ist, steht in diesem Monat das Herz an erster Stelle. Dieses wichtige Organ hält nicht nur deine Lebensfunktionen aufrecht, sondern es wird auch mit der Liebe assoziiert. Frühlingsgefühle erwachen, es ist die Zeit der Verliebten, der Turteltäubchen, die Zeit zu tanzen, zu lieben, sich zu bewegen, den Winter und das Dunkel hinter sich zu lassen. Es ist eine wunderbare Zeit, sich um das Herz zu kümmern, es zu pflegen und zu unterstützen. Schon immer hatte das Herz unter allen Organen eine herausragende Rolle. Die Chinesen vermuteten dort das intellektuelle Zentrum des Menschen, die alten Griechen waren sicher, dort die Seele zu finden. Die Azteken rissen ihren noch lebenden, Gott geweihten

Opfern das Herz heraus und hielten es der Sonne entgegen, damit sie daraus neue Kraft schöpfen möge. Die Ägypter wogen sogar das Herz ihrer Toten, da sie dort das Gewissen vermuteten.

Seit jeher galt das Herz als Symbol der Liebe, als das Zentrum der Freude. Dein Herz schlägt dir bis zum Halse, wenn du aufgeregt bist, es klopft wild, wenn du verliebt bist, und du kannst es sogar vorübergehend verschenken, es rutscht dir in die Hose wenn du Angst hast, und es kann sogar vor Schreck fast stehen bleiben. Was kann ein Herz nicht alles, es kann stolz und hart sein, zittern und flattern, erglühen erkalten ... Man kann jemanden in sein Herz schließen, es zu einer Mördergrube werden lassen, und es kann brechen. Sei dir bewußt: glückliche Menschen, die sich der Liebe öffnen und in Harmonie mit sich und ihrer Umwelt leben, bekommen keinen Herzinfarkt! Probleme mit dem Herzen stehen für emotionale Probleme, und Verhärtung des Herzens für Mangel an Freude und Liebe.

Affirmation: Mein Herz schlägt im Rhythmus der Liebe

Herzmudra

Rechte oder linke Hand
Daumen, Zeige- und Ringfinger zusammen
Vier Minuten täglich, fünfmal täglich
Dieses Mudra balanciert unspezifische Herzbeschwerden aus, zum Beispiel Herzstiche oder ein dumpfes Gefühl im Bereich des Herzens. Es unterstützt auch eine ärztliche Therapie

Übungen aus dem Qi Gong

1. Vorbeugung bei Herz und Kreislaufproblemen: Fahre mit der rechten Hand in kreisenden Bewegungen über die linke Brust, dort wo du den Herzschlag am stärksten spürst. 50x
2. Gehe auf den Zehenspitzen und balle dabei gleichzeitig die Hände zu Fäusten. In der Fauststellung sollten Mittel und Ringfingerspitzen immer die mittlere Linie der Handflächen berühren.
3. Atme tief ein und huste dann kräftig. Das regt den Kreislauf an.

Yogaübung: Der Fisch

Lege dich entspannt auf den Rücken. Deine Beine sind nahe nebeneinander. Die Arme liegen neben deinem Körper mit den Handflächen nach unten. Hebe nun deinen Po leicht an und schiebe deine Hände unter ihn. Wölbe deinen Brustkorb nach oben und gleite auf den Scheitel deines Kopfes. Drücke die Oberarme an den Boden und gebe deinem Brustkorb einen Impuls, sich noch ein wenig mehr zu öffnen. Spüre in dein Herz, es ist jetzt der höchste Punkt in deinem Körper, schutzlos preisgegeben in dieser Haltung der Hingabe. Wie fühlst du dich in dieser Haltung? Vertrauen zeigt sich, wenn du trotz der Offenheit und Verwundbarkeit in dieser Position entspannen kannst. Erlaube nun deinem Herzen, sich auszudehnen. Atme tief in deinen Brustkorb. Laß die Herzensenergie fließen, in dieser Haltung ist dein Herz über deinem Verstand. Nimm diese Haltung ein, wenn du in einer schwierigen Entscheidung auch die Stimme deines Herzens hören möchtest oder wenn du einfach ein wenig in der Herzensschwingung baden willst. Wenn du möchtest, stelle dir ein sanftes rosafarbenes Licht vor, das aus deinem Herzchakra strömt und deinen ganzen Körper, jede Zelle, mit der heilsamen Liebesschwingung deines Herzens durchflutet. Bleibe im Fisch, solange du möchtest und es sich für deinen Körper gut anfühlt. Spüre in dein Herz: Was möchte es dir sagen? Gleite dann sanft wieder aus der Übung und spüre nach.

Melissen-Rosentee

Einen Teelöffel Melisse und einen Teelöffel Rosenblüten mit heißem Wasser übergießen, zehn Minuten ziehen lassen, den Tee abgießen und zwei bis drei Tassen täglich trinken.

Dieser Tee harmonisiert und beruhigt das Herz.

Petersilie-Honig-Wein bei Herzschwäche nach Hildegard von Bingen

10 Stengel frische Petersilie mit Blättern
2 EL Weinessig
100 g Honig
1 l naturreinen Wein
25 - 30 Tropfen Weißdorntropfen (Crataegus Urtinktur)

Koche die Petersilie samt den Blättern und den Weinessig fünf Minuten auf und gebe anschließend den Honig und den Wein hinzu und koche nochmals fünf Minuten weiter.

Das Kochen ist notwendig, damit aus der Petersilie und dem Honig die wirksame Herzglykosidverbindung entstehen kann. Der Herzwein wird dann abgeschäumt, abgesiebt und in ein schönes, steriles Gefäß gefüllt. Trinke dreimal täglich nach dem Essen ein Likörgläschen von diesem Wein. Auch Rosinen, Haferflocken und Bienenhonig wirken sich günstig auf das Herz aus und sollten bei Herzbeschwerden verzehrt werden.

Heilpflanze des Monats: Die Rose
Wellness- und Beauty Tips

Schon bei den alten Griechen, Ägyptern und Römern war die Rose ein Symbol der Schönheit, der Liebe, des Lichtes und der Freude, aber gleichzeitig auch ein Symbol der Vergänglichkeit, der Flüchtigkeit des Lebens und der Zeit.

Ihre Schönheit währt nicht lange. Lerne durch sie die Freude des Augenblicks zu erleben, genieße ihren bezaubernden Anblick, atme ihren betörenden Duft ein und erfreue dich an dem, was ist und an dem, was war, aber halte nicht fest. Wohl ist sie schön, und sie blüht jetzt in diesen Frühlingsmonaten verschwenderisch in allen Farben, aber sie ist vergänglich - so wie alles im Leben.

Keine andere Blume ist so sehr mit der Kulturgeschichte der Menschheit verbunden wie sie, immer wieder hat sie Dichter und Poeten inspiriert, über sie zu schreiben, und ihr Anblick läßt jeden Menschen innehalten, um die Schönheit und Makellosigkeit der Natur zu bewundern. So wird sie auch dich erfreuen, nutze sie, um deine Wohnung zu verschönern, sie in ihren Duft zu hüllen. Nutze ihr Öl, um wohlduftende Cremes und Bäder zu zaubern, und selbst ihre verblühten Blätter sind ein Schmuck, wenn du sie in deiner Wohnung verstreust. Laß Rosenblüten regnen über einen Menschen, den du liebst, denn sie bringen Leichtigkeit, Lebensfreude und sind zugleich voller Lebenskraft. Schon immer haben Männer ihrer Herzensdame rote Rosen geschenkt, und kaum ein Herz blieb unberührt beim Anblick ihrer Pracht. Die rote Rose steht für ewige Leidenschaft, die weiße Rose ist ein Zeichen für Integrität, Ehrlichkeit, Einfachheit und Wahrheit, und die rosa Rose ein Symbol für die eher spirituelle Liebe. Der Legende nach soll der indische Prinz Jehangir die Wasserkanäle seines Gartens mit Rosen gefüllt haben, um seine Hochzeit zu feiern. Die junge Braut war von dem Duft dieses Wassers so fasziniert, daß sie es in Flaschen abfüllen ließ. So entstand wahrscheinlich das erste Rosenwasser. Es soll aphrodisierende Wirkung haben, hilft gegen Depressionen und entspannt das Nervensystem bei Streß.

Rosenöl

Wenn die Nase den Rosenduft wahrnimmt, dringt er über Millionen von Riechzellen in den Körper und gibt das Kommando: *Streß abbauen, relaxen, genießen.* Die Rose harmonisiert, gibt ein Wohlgefühl, erfüllt das Herz mit Liebe und Zärtlichkeit. Rosenöl kann auch innerlich verwendet werden: Gib einen Tropfen in ein Glas Wasser. Es wirkt auf das Herzzentrum und weckt die Freude.

Aromatherapie

Gib einen Tropfen reines Rosenöl in deine Aromalampe.

Reines Rosenöl ist teuer, aber die Anschaffung lohnt sich, du wirst es nicht mehr missen wollen.

Etwas günstiger und etwas herber im Duft ist Rosenholzöl. Es gilt als ein Erwecker von schöngeistigen Kräften, du kannst es nutzen bei geistiger Erschöpfung. Probiere aus, was dir am besten gefällt. Reines Rosenöl läßt sich auch gut mit Geranienöl mischen.

Rosenwasser

Nach der Destillation des Rosenöls bleibt das Rosenwasser, du kannst es auch selbst herstellen. Gib einen Tropfen reines Rosenöl auf ein Liter abgekochtes Mineralwasser. Du kannst es als Gesichtstonic verwenden oder in ein Sprühfläschchen geben und dein Gesicht damit besprühen, und du hast ein wunderbares frisches Gefühl von Rosentau auf der Haut. Außerdem verfeinert Rosenwasser dein Hautbild.

Rosen-Gesichtspeeling:

Drei Eßlöffel Mandelkleie mit etwas Rosenwasser zu einem Brei verrühren und einen Tropfen Neroli, einen Tropfen Lavendel und einen Tropfen Rose einrühren. Einwirken lassen und mit lauwarmem Wasser abwaschen.

Rosen-Gesichtswasser für normale Haut

30 ml Rosenwasser
30 ml Orangenblütenwasser
30 ml Lavendelwasser
5 ml Trinkbranntwein
2 Tropfen Rose
1 Tropfen Neroli
1 Tropfen Lavendel extra
Alle Essenzen miteinander vermischen. Gibt ein wunderbar erfrischendes Wasser.

Rosenmaske

Frische ungespritzte Freilandrosen verwenden.
Lege nach der Gesichtreinigung frische Rosenblätter auf dein Gesicht und Hals, lasse sie ca. zwanzig Minuten wirken, genieße den Duft, lege dir eine schöne Musik auf oder mache die Rosenmeditation. Die

Rose glättet deine Gesichtszüge und entspannt durch ihren Duft auch deinen Geist.

Luxusgoldöl "Venus"

Je 50 ml Hagebuttenkern, Mandel, Aprikosen und Jojobaöl
2 Fingerspitzen Blattgold
Je 2 Tropfen
- *Rosenöl*
- *Ylang-Ylang Öl*
- *Ysop Öl*
- *Vanilleöl*

Gib das trockene Blattgold zu dem Ölgemisch, rühre dann die ätherischen Öle ein und gib alles in einen schönen Flakon.

Diese besondere Mischung verwöhnt deinen Körper, deinen Geist und deine Sinne, regeneriert deine Haut, und der wunderbare Duft läßt dich in andere Sphären gleiten. Probiere es!

Lippenpflege für einen weichen Kußmund

10 ml Hagebuttenöl
5 g Bienenwachs
10 g Eucerin
5 g Kakaobutter
4 Tropfen Aloe Vera
½ Teelöffel Honig

Öl, Bienenwachs und Kakaobutter zusammen auf 60 Grad einschmelzen. Dann den Honig erwärmen und ihn zusammen mit den Aloe Vera-Tropfen in das Ölgemisch rühren. Immer wieder umrühren. Wenn es erkaltet ist, in einen schönen Tiegel füllen.

Der Erfolg sind blütenzarte, verführerische Lippen

Räucherwerk für Liebesstunden

1 Likörglas Rosenwasser
20 Gewürznelken

Pulverisiere die Gewürznelken in einer Kaffeemühle und vermische sie mit dem Rosenwasser. Erhitze nun die Pfanne und kippe ein wenig von der Mischung hinein. Damit wandele durch die Räume, die du in einen Tempel der Liebe verwandeln möchtest, wiederhole das so lange, bis alle Räume duften.

Duft für eine heiße lustvolle Nacht

3 Tropfen Koriander
3 Tropfen schwarzer Pfeffer
4 Tropfen Jasmin

Ein Duft, anregend und scharf. Alle drei Düfte sind aphrodisierend und erhöhen die Wollust. Viel Spaß im Reich der Sinne!

Aphrodisierendes Rosenbad

4 Tropfen Ylang-Ylang Öl
3 Tropfen Neroli Öl
2 Tropfen Bergamotte Öl
2 EL Honig
1 Becher Sahne

Vermische alle Zutaten in Deinem Badewasser und lasse dich zu einem euphorischen Baderitual stimulieren.

Kochrezepte für den Monat Mai

Die Rezepte für den Wonnemonat Mai erwecken deine Lebensgeister und deine Sinnlichkeit. Koche mit Liebe, Freude und Phantasie, denn, wie du weißt, geht die Liebe durch den Magen. Wie sagte doch so schön Marquise de Pompadour "Die Liebe eines Mannes gewinnst du im Bett und du erhältst sie dir über den Kochtopf".

Eine Göttin der Liebe hat natürlich andere Möglichkeiten als den Kochtopf, aber die Sinnlichkeit des Essens ist natürlich etwas sehr Wichtiges. Wenn du zusammen mit deinem Geliebten ein Mahl verspeist, dann tut das mit allen Sinnen, riecht, schmeckt, tastet, ja, eßt auch ruhig mal mit den Händen und füttert euch gegenseitig.

Rosen-Bowle "Liebeszauber"

8 ungespritzte Rosenblüten
1 Flasche Weißwein
2 Flaschen trockener Sekt
4 cl Armagnac
2 EL Zucker

Die Blüten werden mit dem Weißwein, Armagnac und Zucker zwei bis drei Stunden zugedeckt in den Kühlschrank gestellt. Anschließend abseihen und mit einem guten Sekt, besser Champagner, auffüllen.

Rosenblüten Tee - Bowle framboise

Für ca. 5 Gläser
125 g Erdbeeren
5 TL Rosenblütentee
1/2 l Wasser
1 unbehandelte Zitrone, Zucker und Eiswürfel

Wasche die frischen Erdbeeren und entstiele und halbiere sie.

Bestreue sie mit etwas Zucker, lasse sie in einem zugedeckten Gefäß ziehen. Bereite den Tee zu und lasse ihn abkühlen. Presse nun die Zitrone aus und gieße sie zusammen mit dem kalten Tee in eine Bowlegefäß. Gib die gezuckerten Erdbeeren und Eiswürfel dazu.

Rosenblüteneis

450 g Crème fraîche
150 g Himbeeren
140 g Zucker
2 TL Rosenwasser
1 Prise Kardamom, gemahlen
Rosenblütenblätter zum Garnieren

Alle Zutaten in eine Schüssel geben und mit dem Schwingbesen verrühren, bis der Zucker aufgelöst ist. In den Tiefkühler stellen. Circa alle fünfzehn Minuten mit dem Schwingbesen rühren, damit die Eiskristalle klein bleiben.

Sobald die Masse dickflüssig gefroren ist, in vier Gläser oder Dessertschalen spritzen und mit Folie zugedeckt tiefkühlen.

Das Rosenblüteneis zwanzig Minuten vor dem Servieren in den Kühlschrank stellen.

Mit Rosenblütenblättern garnieren und sofort servieren.

Tip: Zum Garnieren unbedingt Blütenblätter von ungespritzten Freilandrosen verwenden und mit Pfefferminzzweigen dekorieren.

Spargel

Schon allein die Form des Spargels verrät ihn als ein aphrodisierendes Nahrungsmittel. Seine wassertreibende Eigenschaft soll die männlichen Genitalien stimulieren. Der Spargel (lateinisch *asparagus*) ist seit über 4000 Jahren bekannt. Schon bei den alten Ägyptern, Römern und Griechen wurde er angebaut und kultiviert. Die Spargelsaison geht von Mitte April bis Ende Juni, am Johannistag, dem 24. Juni, wird offiziell der letzte Spargel gestochen.

Der Spargel schmeckt vorzüglich und ist reich an Vitaminen A, C, B1 und B2 sowie an den Mineralstoffen Calcium, Phosphor und Kalium. Kaliumsalze und Asparaginsäure regen die Nieren zu vermehrter Tätigkeit an.

Spargelspitzen mit Rosen-Tarragon-Vinaigrette

Bei diesem Rezept kommen sowohl die Rosen wie auch der Spargel zum Einsatz. Zunächst die Rosen-Tarragon-Vinaigrette (Essigsoße) herstellen, es ist ein altes Rezept aus dem 16. Jahrhundert.

Rosen-Tarragon-Vinaigrette:
1 Tasse rosafarbene Rosenblätter
2 Zweige frischen Tarragon

In einer Flasche mit destilliertem Weißweinessig drei Wochen aufbewahren und dann abseihen und abfüllen.

Der Spargelsalat:
1/4 Tasse Rosen-Tarragon-Vinaigrette
Weißer Pfeffer, Salz
Saft einer 1/2 Zitrone
1 EL Zucker
2 EL Olivenöl

Den Spargel schälen, kochen und abkühlen lassen.

Aus dem Essig, Pfeffer, Salz und Zitronensaft eine Marinade mischen, tropfenweise das Olivenöl hinzugeben und unterrühren. Nun die Vinaigrette über den kalten Spargel geben und mit gehackten hartgekochten Eiern garnieren.

ARTEMIS
DIE GÖTTIN DER FREIHEIT
IM MONAT JUNI

Artemis

Artemis

In der griechischen Mythologie wurde ich als die Göttin Artemis verehrt, und die Römer nannten mich später Diana. Doch ich bin unsterblich, und auch heute noch lebe ich als der Teil in dir, der sich nach Freiheit und Unabhängigkeit sehnt.

Mein abenteuerliches Leben begann bereits im Körper meiner Mutter Leto, die von Zeus geschwängert wurde. Seine Ehefrau Hera war darüber äußerst verärgert, und sie ließ uns von der Schlange Pyton verfolgen, die aber meine Geburt auf der Insel Ortygia zum Glück nicht mehr verhindern konnte. Ich hatte durch das göttliche Erbe meines Vaters Zeus unglaubliche Stärke und Reife erhalten und konnte dadurch meiner Mutter bei der Geburt meines Zwillingsbruders Apollon helfen. Deshalb verehrten mich die Menschen auch als Schutzpatronin bei Geburten.

Mein Vater liebte mich so gut er konnte, und obwohl er nicht immer bei uns war, unterstützte er uns in der Entwicklung unserer Persönlichkeit. Als ich vier Jahre alt war, fragte er mich, was ich mir wünsche, und ich erbat mir von ihm Pfeil und Bogen, wie sie mein Bruder Apollon hatte, und eine Schar von Freundinnen, damit ich Vergnügen und Spaß mit Gleichgesinnten erleben konnte. Auf Bildern werde ich oft mit meinem silbernen Bogen dargestellt, der auch an die Mondsichel des zunehmenden Mondes erinnert, und deshalb werde ich mit der Magie des Mondes in Verbindung gebracht.

Ich erfüllte mir meinen Traum und streifte mit meinen Gespielinnen durch die Wälder, wir badeten in erfrischenden Quellen, trainierten unsere Körper durch Übungen in der Natur, und abends feierten wir ekstatische Vollmondfeste mit rituellen wilden Tänzen.

Mein Lieblingstier war die Bärin, denn sie verkörpert die ungeheure Stärke, die in uns Frauen liegt, doch gleichzeitig ist sie auch äußerst fürsorglich um ihrem Nachwuchs bemüht. Wir ahmten ihre Bewegungen nach und erfreuten uns an dem freien Ausdruck unseres spontanen Tanzes, der uns in die Ekstase führte. Damals ernährten wir uns von den Tieren, die sich uns aus freien Stücken zur Verfügung stellten, und da die Menschen die Natur noch nicht so ausbeuteten, wie es heute geschieht, war das auch gut so. Ich hatte großen Respekt vor der göttlichen Natur und beschützte sie und lehrte die Frauen Achtsamkeit vor ihr. Euer Bewußtsein hat sich heute verändert und es ist nun nicht mehr notwendig, von Fleisch zu leben, denn die Natur ist ausgebeutet und ihr habt andere Möglichkeiten der Ernährung gefunden.

In den mythologischen Erzählungen werde ich oft als sehr grausam und furchterregend dargestellt, doch die griechische Mythologie ist von Männern geschrieben worden, die Angst vor meiner Stärke hatten und fürchteten, daß ich ihre Frauen gegen sie rebellisch machen würde. Ich habe mein Leben so gelebt, wie ich es damals gefühlt habe, und in meiner ungewöhnlichen Lebensweise will ich dich dazu ermutigen, deinen eigenen Lebensweg zu finden, unabhängig davon, was andere über dich sagen.

Ich wurde oft als Jungfrau bezeichnet, doch das ist nicht ganz richtig, denn ich habe durchaus Spaß an der Sexualität mit Männern gehabt. Aber ich bin niemals davon abhängig gewesen, einen Lebenspartner zu finden, der mich versorgt, denn ich war schon von klein auf für mich selbst verantwortlich. Ich habe gelernt, meine weiblichen und männlichen Aspekte in mir voll zur Entfaltung zu bringen, und dadurch bin ich nicht mehr darauf angewiesen, meinen männlichen Ergänzungsteil im Außen zu finden. Meine feurigsten Anhängerinnen waren die Amazonen, die in Anatolien und Nordafrika lebten und mir zu Ehren auch einen Tempel in Ephesus bauten. Eine Statue von mir, mit eiförmigen Brüsten bedeckt, ist auch heute noch dort zu sehen. Mach dir dein eigenes Bild von mir und erinnere dich, daß ein Teil von mir auch in deinem Wesen verborgen liegt.

Der Juni ist ein Monat, in dem du mein Lebensgefühl der Freiheit und Unabhängigkeit besonders gut nachempfinden kannst. Endlich ist der Sommer angebrochen und die Natur entfaltet ihre volle Pracht. Du kannst deinen schönen Körper in luftige Kleider hüllen, und die lauen Sommerabende eignen sich gut für ein Picknick mit Freunden oder ein Sommerfest. Dein Körper freut sich über so viele Vitamine und wünscht sich viel Bewegung in der Natur. Um den 21. Juni findet die Sommersonnenwende statt, und an diesem längsten Tag hat die Sonne ihre größte Kraft. Diese besondere Zeit wurde in vielen heidnischen Naturreligionen mit einem großen Fest gefeiert. Der Dichter Shakespeare widmete dieser magischen Nacht sogar ein Theaterstück: *Ein Sommernachtstraum.* Der Legende nach sind in dieser Nacht die Feen und Elfen den Menschen besonders nahe, und im Volksmund heißt es, daß man die Feenkönigin vorbereiten sieht, wenn man in der Mittsommernacht unter einem Holunderbaum steht, dem magische Kräfte zugeschrieben werden. Vielleicht half aber auch der aus Honig, Hefe und Wasser gebraute Met der Phantasie etwas nach. Dieses traditionelle Mittsommernachtsgetränk wurde den Paaren, die kurz nach Beltane heirateten, einen Monat lang gereicht, damit sie besonders fruchtbar waren. Die Mittsommernacht im Juni ist eine Zeit, in der Frauen seit altersher eine besondere Kraft zugeschrieben wurde, und deshalb werde ich bei diesem Fest gerne als Schutzpatronin herbeigerufen. Genieße es, in diesem Monat besonders viel Zeit in der freien

Natur zu verbringen, durchstreife die Wälder oder ziehe dich auf deinen Garten oder die Terrasse zurück.

Die Freiheit des Augenblicks
Eine Wanderung mit Artemis

Nimm dir in diesem Monat mindestens einen ganzen Tag lang Zeit für dich. Wann hast du dir diese Freiheit das letzte Mal erlaubt? Es gibt für dich heute nichts zu tun, stell den Anrufbeantworter an, schalt dein Handy ab, bring deine Kinder zu Freunden oder laß sie bei deinem Mann. Häng deine Verantwortung für andere und deine Sorgen zu den Wintersachen; es gibt heute keine Verwendung für sie, und deinen Verstand packst du am besten auch gleich mit dazu. Die Göttin Artemis möchte dich heute zu einer ganz besonderen Wanderung einladen. Hast du Lust, an ihrer Seite durch einsame Wälder zu streifen, über sonnige Hügel zu wandern und an klaren Bächen Rast zu halten? Pack dir etwas Proviant ein und genügend Wasser, und das ist schon alles, was du für den heutigen Tag benötigst. Falls du versucht sein solltest, ein Buch mitzunehmen oder etwas zum Schreiben, so vergiß es am besten ganz schnell wieder. Du darfst dich daran erinnern, wie schön es ist, nur zu SEIN. Die Seele baumeln zu lassen und den Augenblick in seiner Einzigartigkeit intensiv zu erleben ist so einfach und für die meisten Menschen doch so schwierig.

Bevor du losziehst, bitte die Göttin Artemis, heute bei dir zu sein und dich auf deiner Wanderung zu begleiten. Stell dir vor, wie sie vor dir steht, dich anlächelt und dich auffordert, mitzukommen auf eine Reise in die Natur, auf eine Reise zu dir selbst. Atme noch einmal tief durch, öffne deine Augen und mache dich dann auf den Weg. Falls du in der Stadt wohnst, wird es etwas dauern, bis du in der Natur bist, aber fühle trotzdem die Gegenwart der Göttin Artemis, die dich heute lehren wird, die Welt mit anderen Augen zu betrachten. Es geht bei deiner Wanderung nicht darum, ein bestimmtes Ziel zu erreichen, möglichst schnell irgendwo anzukommen und dann wieder umzukehren. Fühle dich wieder wie ein Kind und lasse dich treiben von deiner Neugierde. Wenn dir der Baum dort drüben gefällt, geh einfach auf ihn zu und umarme ihn, oder es zieht dich dort hinten zu diesem moosbedeckten Stück Waldboden und du willst dich niederlassen. Neben dir wächst ein grüner Farn und du berührst ihn ganz sacht mit deinen Fingern, du hast auf einmal Lust, einfach draufloszurennen und wie wild durch die Luft zu springen oder laut zu schreien – tue es, denn es gibt nichts zu tun für dich heute als glücklich zu sein.

Sei erfinderisch und spiele mit deinen Sinnen einmal anders, als du es gewohnt bist. Hast du schon einmal an einem Stein gerochen, dir einen Baum von innen angesehen oder auf das Lied der Ameise gelauscht? Hast du schon einmal eine glitschige Schnecke geküßt (es müssen ja nicht immer nur Frösche sein!) und dann anschließend auf deinen Traumprinzen gewartet? Warst du schon einmal so bezaubert von dem Anblick einer Blume, daß du ihr einen eigenen Namen gegeben hast? Wie fühlt sich feuchtes Moos auf deiner Haut an, und wie oft warst du schon in einen Schmetterling verliebt? Werde wieder zu dem unschuldigen Kind, das immer noch in dir steckt und darauf wartet, endlich wieder spielen zu dürfen. Sei spontan, bewege dich wie ein Grashalm im Wind, hüpfe herum wie Rumpelstilzchen und erfinde ein Märchen, das du den Vögeln erzählst. Wenn du es für einen winzigen Augenblick geschafft hast, völlig in deinem SEIN aufzugehen, dann hast du für einen kleinen Moment die absolute Freiheit erlebt.

Beende den Tag mit einer kleinen Meditation. Mach es dir bequem, beobachte wieder deinen Atem, bis er ganz gleichmäßig ist, und bedanke dich bei dir selbst für deine Offenheit und für deine Bereitschaft zur Einfachheit. Wie hast du dich heute gefühlt? War es schwierig für dich zu SEIN, oder hast du dich dabei glücklich und entspannt gefühlt? Bewerte nichts, nimm es einfach nur wahr. Bedanke dich dann bei der Göttin Artemis, die dich begleitet hat, und schicke auch dem Wald, den Bäumen, den Pflanzen, den Tieren deine liebevolle Aufmerksamkeit. Hast du Lust, den heutigen Tag bald zu wiederholen?

Das Mittsommernachtsfest
Ein Freundschaftsritual für Frauen

Am 21. Juni hat die Sonne ihre größte Kraft erreicht, und sie schenkt uns in diesem Monat den längsten Tag. Traditionell wird diese Nacht mit einem großen Feuer gefeiert, und in dieser magischen Zeit ist der Kontakt zum Feenreich und zu anderen Naturwesen besonders eng. Es wird auch gesagt, daß Frauen in dieser Nacht besondere Unterstützung von den Göttinnen erhalten, weshalb sich das Mittsommernachtsfest besonders gut für ein Freundschaftsritual mit deinen engsten Freundinnen eignet. Die "beste Freundin" liebt dich, auch wenn du traurig oder gelangweilt bist, du kannst mit ihr albern sein, mit ihr lachen und spielen, sie hört dir zu, wenn dich sonst niemand versteht, und du weißt, daß du dich auf sie hundertprozentig verlassen kannst. Eine solche Beziehung ist ein ungeheures Geschenk, und du kannst dieses Band der Freundschaft immer wieder erneuern, damit es euch ein Leben lang begleitet.

Bereitet ein Picknick vor mit mediterranen Sommersalaten. Trefft euch bereits am Nachmittag, bereitet das Essen gemeinsam zu, sucht Holz für das Feuer und schmückt euch für das abendliche Fest. Verwandelt euch auch im Äußeren in die Göttin: zieht wunderschöne Gewänder an, bemalt euer Gesicht phantasievoll mit Theaterschminke, habt Freude daran, euch zu verkleiden und zu spielen. Beginnt den Abend mit einem fröhlichen Festessen und entzündet bei Anbruch der Dunkelheit euer Feuer. Eine von euch sollte das folgende Ritual leiten und dafür sorgen, daß die Energie in der Gruppe stark bleibt.

Reinigt euch mit Räucherwerk, bevor ihr euch um das Feuer setzt (zum Beispiel indem ihr getrockneten Salbei entzündet). Faßt euch an den Händen und beginnt euren Kreis, indem ihr die einzelnen Buchstaben des Namens der Göttin Artemis intoniert. Durch das Tönen und Aktivieren der Stimme werdet ihr überflüssige Anspannung los und ihr hebt gleichzeitig damit die Energie der Gruppe. Ihr könnt auch summen oder den heiligen Laut OM singen. Fühlt, wie stark die Töne in eurem Körper vibrieren, sendet euch selbst Gedanken der Liebe und schickt eure Lebenskraft an eure linke Partnerin weiter, bis ihr den starken Energiefluß in eurem Kreis fühlt. Ihr könnt nun auch laut die Anwesenheit anderer Göttinnen rufen, die für euch von Bedeutung sind, denkt auch an die Naturwesen, die euch in dieser Nacht besonders nah sind. Wenn sich jede von euch kurz vorgestellt hat, (siehe Council Circle am Anfang des Buches) könnt ihr die Gesprächsrunde erweitern. Jede von euch soll kurz darüber sprechen, welche Bedeutung Frauen und Freundinnen in ihrem Leben hatten und haben. Bedanke dich nun bei deinen Freundinnen und sage jeder einzelnen, was dich mit ihr verbindet, was du besonders an ihr schätzt, und bekräftige eure Freundschaft. Wenn ihr wollt, kann jede der Reihe nach sich bei den anderen Frauen für die Liebe und Unterstützung bedanken, die sie in der Zeit der Freundschaft erhalten hat. Ihr könnt euch auch gegenseitig ein Versprechen geben, was ihr in Zukunft noch miteinander erleben möchtet. Ihr könnt nun einen Wunsch auf einen Zettel schreiben und im Feuer verbrennen und den Abend mit einem ekstatischen Tanz um das Feuer beenden.

Traditionell wurde die Göttin Artemis mit ekstatischen Tänzen gefeiert. Ihr zu Ehren wurde in Griechenland das Brauroniafest abgehalten, bei dem sich alle jungen Frauen und Mädchen als Bärinnen verkleideten und einen wilden Bärentanz aufführen. Ihr könnt nun nacheinander verschiedene Tiere imitieren, eine von euch beginnt, und die restliche Gruppe ahmt ihre Bewegungen nach. Wenn ihr euch gelockert habt, schließt eure Augen und gebt euch wilden und ekstatischen Bewegungen hin. Ihr dürft auch schreien und lachen, laßt eurer Kraft und Freude freien Lauf und spürt die Gemeinschaft eurer göttlichen Schwestern.

Sendet am Ende eures Festes einige liebevolle Gedanken an die Natur: Mögen alle Wesen in allen Welten glücklich sein!

Mondmagie

In früheren Zeiten lebten Frauen im Einklang mit den verschiedenen Mondzyklen und wußten die Kräfte der Natur für sich zu nutzen. Der Neumond ist eine Zeit des Neubeginns, und du kannst dir in dieser Mondphase Klarheit verschaffen über neue Pläne und Projekte. Entzünde dazu eine Kerze und laß dich in die Tiefenentspannung am Anfang des Buches gleiten. Begib dich auf eine Reise durch deinen Alltag und beobachte, wie du aufstehst, deinen Tag beginnst, sieh dir bei der Arbeit zu und werde dir dabei deiner Gefühle bewußt. Du wirst dabei Klarheit erhalten darüber, was du in deinem Leben eventuell verändern möchtest. Auch die Rituale der Göttin Isis im Januar sind zu dieser Zeit besonders wirkungsvoll. Der zunehmende Mond ist günstig für alle Aktivitäten, die mit Anhäufung und Fülle zu tun haben (zum Beispiel Liebe und Reichtum). Diese Zeit eignet sich gut für ein Ritual der Göttin Lakshmi im August. Der Vollmond stellt einen zyklischen Höhepunkt dar, und es ist eine gute Zeit, um etwas zu bekräftigen und die Intuition zu wecken. Anregung zu einem Vollmondritual findest du bei der Göttin Holla im Oktober. Achte in dieser Zeit auch auf deine Träume und laß dich führen von deiner inneren Stimme, die nun besonders klar ist. Der abnehmende Mond ist günstig, um sich von Dingen zu lösen, die nicht mehr benötigt werden (zum Beispiel Haareschneiden und Zahnziehen). Es ist auch eine gute Zeit für innere und äußere Reinigung. Die Rituale von Durga im November und Brighid im Februar helfen dir, überflüssigen Ballast abzustreifen und dich energetisch zu reinigen. Die letzten drei Tage vor Neumond sollten als eine innere Ruhephase genutzt werden, damit du dir Klarheit verschaffen kannst über neue Ziele und deine momentane Lebenssituation.

Fragen und Anregungen zum Thema Freiheit

1. Wie fühlst du dich dabei, wenn du auf dein bisheriges Leben zurückblickst? Hast du das Gefühl, dein Leben selbst zu bestimmen, oder fühlst du dich gefangen von äußeren Zwängen?

2. Gibt es in deinem Leben irgendetwas, was du schon immer einmal tun wolltest, aber bisher noch nicht umgesetzt hast?

3. Nenne fünf Dinge, die du gerne in deinem Leben verändern möchtest.

4. Nimm dir von den fünf Dingen, die du verändern möchtest, eine Sache heraus und überlege dir, welche Schritte du dazu konkret in die Wege leiten müßtest

5. Schreibe fünf Dinge auf, die dir viel Freude machen und die du mit Freiheit verbindest.

6. Hast du ein bestimmtes Lebensziel, das du erreichen möchtest?

Körperteil des Monats: Das Auge Naturheilmittel und Übungen

Die Göttin Artemis war eine Meisterin im Bogenschießen und wird deshalb auch als die Göttin der Jagd verehrt. Die Pflege der Augen und die Stärkung der Sehkraft sind dabei eine wichtige Voraussetzung, denn sie unterstützen auch die geistige Klarheit und Zielgerichtetheit. In der

Umgangssprache sprechen wir davon, "das eigene Ziel klar vor Augen zu haben", wenn wir etwas Bestimmtes erreichen wollen, und wenn wir eine Auseinandersetzung mit einem uns unangenehmen Thema vermeiden wollen, verwenden wir den Ausdruck "den Kopf in den Sand stecken."

Die Sehkraft deiner Augen spiegelt dir wider, wie ehrlich du dich deinem Leben stellst und wie sehr du zu dir selbst stehst und dich einem anderen Menschen so zu zeigen wagst, wie du bist. Deshalb werden die Augen auch als "Fenster der Seele" bezeichnet. Wenn du Probleme mit deinen Augen hast, frage dich, ob es etwas in der Gegenwart oder der Zukunft gibt, mit dem du dich nicht auseinandersetzen willst. Du kannst die Funktion deiner Augen durch eine ausgewogene Ernährung unterstützen, vor allem das fettlösliche Vitamin A und Karotine sind dabei wichtig; sie sind in Brokkoli, Karotten und Spinat enthalten. Auch alle wasserlöslichen B Vitamine unterstützen die Sehkraft, denn sie stärken die Nervenfunktion. Sie finden sich in Eiern, Bohnen, Sojaprodukten, Avocado und Bananen.

1. Augenübung - Die Augenuhr

Setze dich aufrecht auf einen Stuhl, entspanne dein Gesicht und konzentriere dich auf deine Augen, dein Kopf bleibt dabei unbeweglich. Öffne deine Augen und stelle dir eine große Uhr vor, starre nach oben, als wolltest du auf 12 Uhr schauen. Gehe dann langsam im Uhrzeigersinn um die Uhr, bis du wieder bei 12 Uhr angekommen bist. Reibe deine Hände und lege sie auf deine geschlossenen Lider und fühle die wohltuende Wärme, die aus deinen Händen einfließt.

2. Augenübung - Den eigenen Horizont erweitern

Setze dich bequem auf einen Stuhl oder auf den Boden. Wenn du möchtest, kannst du eine entspannende Musik im Hintergrund laufen lassen.

Strecke dann beide Arme nach vorne und balle die Hände zu Fäusten. Strecke beide Daumen nach oben und starre auf beide Daumen. Beim Einatmen laß nun den rechten Daumen weit nach außen gehen und verfolge ihn mit den Augen, halte den Blick so weit wie möglich nach rechts, ohne daß sich der Kopf mitbewegt. Wiederhole das Gleiche nun auf der linken Seite, insgesamt je dreimal auf jeder Seite.

Nun verändere die Übung etwas, indem du den einen Arm nach oben gehen läßt und den anderen Arm nach unten. Starre dabei abwechselnd auf die beiden Daumen. Wiederhole diese Übung dreimal.

Affirmation:

Ich erschaffe mir jetzt ein Leben, das ich mir gerne ansehe.

Mudra zur Aktivierung der Sehkraft

Ein Mudra ist eine bestimmte Finger- und Handhaltung, die spezielle Energieströme im Körper aktiviert.

Das folgende Mudra wird mit der rechten Hand ausgeführt. Es beugt der Weitsichtigkeit vor.

Rechte Hand: Bringe den kleinen Finger an die Daumenwurzel, den Ringfinger an das erste Daumengelenk seitlich,
Mittelfingernagelfalz auf inneren Daumennagelfalz, Zeigefingerspitze seitlich auf erstes Daumengelenk.

Halte dieses Mudra zwei Minuten lang und wiederhole es dreimal täglich. Der zeitliche Mindestabstand sollte allerdings 25 Minuten sein. Du kannst es auch öfter als dreimal wiederholen.

Augenkompressen
Strahlende Augen in fünf Minuten

Dies ist ein schnelles Rezept für Augenkompressen mit ätherischen Ölen und wirkt wohltuend und entspannend bei ermüdeten Augen, zum Beispiel wenn du lange Zeit vor dem Computer gesessen hast.

Mische einen Tropfen Rosenöl oder römische Kamille mit ½ Liter Wasser und tränke damit zwei Wattebäusche, die du dir ca. fünf bis sieben Minuten auf die Augen legen kannst. Diese kurze Erfrischungspause ist eine Wohltat für deinen ganzen Körper und eine gute Alternative zur Zigaretten- oder Kaffeepause.

Augenbad bei Augenschwäche

Gartenraute	25 g
Augentrost	25 g
Aloe	25 g
Frauenmantel	25 g

Du kannst dir diese Mischung aus der Apotheke zusammenstellen lassen und daraus einen Absud bereiten.

Lasse die Flüssigkeit gut abkühlen und nimm damit ein Augenbad. Wenn du geschwollene Lider hast, kannst du dir für das Augenbad auch eine Mischung aus Lindenblüten und Holunderblättern zubereiten.

Augentee
Hilft bei Augenentzündungen

Augentrost	25 g
Raute	25 g
Thymian	25 g
Fenchel	25 g

Bereite aus den Kräutern einen Tee zu und trinke davon zwei- bis dreimal täglich eine Tasse

Heilpflanze des Monats: Der Lavendel
Wellness- und Beauty Tips

Diese Heilpflanze ist im Mittelmeerbereich verbreitet und wächst auch in einer eher kargen Umgebung, in der sonst nur wenige Pflanze überleben können. Der Lavendel erfreut uns im Juni mit seinen lila Blüten und wird mit dem Planeten Merkur in Verbindung gebracht, der für Harmonie und Stabilität steht. Lavendel wurde bereits in früheren Zeiten als ein spezielles Frauenkraut geschätzt. Man reichte gebärenden Frauen Lavendelsäckchen, um durch den angenehmen Duft die Wehenschmerzen zu erleichtern.

Lavendel beruhigt Kopfschmerzen, Herzrasen, Schwindel und schenkt erquickende Träume. Ein Lavendelbad entspannt, wobei es gleichzeitig auch angenehm stimulierend auf die Nerven wirkt. Lavendelöl im Fußbad belebt müde Füße und kann sogar Verbrennungen lindern. Ein Lavendelsäckchen im Schrank hält die Wäsche frisch, und einige Tropfen Lavendelöl in der Waschmaschine geben der gewaschenen Kleidung einen angenehmen Duft. Hildegard von Bingen verabreichte ihren Patienten ein Lavendeltonikum für die Leber: sie kochte die Lavendelblüten in Wein und ließ die Kranken davon mehrere Wochen lang kleine Schlucke trinken. Die Heilkraft dieser Pflanze ist so vielseitig, daß sie sich bereits bei unseren Großmüttern allgemeiner Beliebtheit erfreute.

Lavendelhonig - Eine gesunde Nascherei

Lavendelblüten und -blätter
Honig und ein Glas

Fülle ein Glas mit Lavendelblüten und -blättern und gieße es anschließend mit Honig auf. Der Lavendelhonig wirkt beruhigend auf das Nervensystem und bringt Klarheit, denn die lila Blüten des Lavendels regen das dritte Auge an und stärken die Intuition.

Lavendelbad - entspannend und vitalisierend zugleich

1 ½ Tassen Meersalz
Eventuell auch Epsomsalz und Borax, zu gleichen Teilen gemischt
30 Tropfen ätherisches Lavendelöl
30 Tropfen Geranium Rose

Vermische alle Zutaten gut mit einem Holzlöffel in einer großen Keramikschüssel (vermeide Kontakt mit Metall).
Fülle das Badesalz in eine dekorative Glaskaraffe und nimm pro Bad eine Handvoll davon.

Lavendelwasser Erfrischung für warme Sommertage

120 ml Zaubernußextrakt (Hamamelis)
120 ml Mineralwasser
40 Tropfen ätherisches Lavendelöl
10 Tropfen ätherisches Sandelholzöl

Mische alle Zutaten gut in einem Glas und fülle das Lavendelwasser in einen Zerstäuber oder eine Glasflasche. Besprühe dich damit, wenn du dich ein wenig niedergeschlagen fühlst oder deine Stimmung ein wenig anheben möchtest.

Artemis Duftmischung für die Aromalampe
Sonnige Wälder und leuchtende Blumen

3 Tropfen Geranium
1 Tropfen Rose
5 Tropfen Zypresse
1 Tropfen Sandelholz

Wildblumen und Kräuter Potpourri

2 EL getrocknete Rosenblüten
2 EL getrocknete Lavendelblüten
2 EL getrocknete Kamillenblüten
2 EL getrocknete Pfefferminzblätter
2 EL getrocknete Lindenblätter
2 EL getrocknetes Zitronengras

Mische alle getrockneten Pflanzen in einer schönen Schale. Um den Duft noch zu intensivieren, kannst du einige Tropfen ätherisches Duftöl hinzufügen. Lavendel, Kamille, Geranium, Zitronengras und Ylang-Ylang passen besonders gut zu dieser Kräutermischung.

Amazonen Duschgel
Eine energetisierende Mischung

120 ml unparfümierte Flüssigseife mit hautfreundlichem ph-Wert
60 ml Kamillenextrakt
60 ml Aloe Vera Gel
30 Tropfen Rosmarinöl

20 Tropfen Zitronenöl
20 Tropfen Lavendelöl
10 Tropfen weißes Thymianöl

Vermische alle Zutaten miteinander und fülle sie in eine schöne Flasche.

Kochrezepte für den Monat Juni

Die nachfolgenden Kochrezepte und erfrischenden Getränke eignen sich besonders gut für ein Picknick (zum Beispiel für das Mittsommernachtsritual) und für laue Sommerabende. Genieße die Fülle des Sommers und stärke deinen Körper mit frischen Früchten und Gemüsen, die du möglichst auf dem Wochenmarkt oder im Reformhaus kaufen solltest. Noch besser ist es natürlich, wenn du die Möglichkeit hast, dein eigenes Gemüse anzubauen. Eine Vielzahl von Küchenkräutern läßt sich auch zu Hause leicht im Blumentopf ziehen. Je mehr Beachtung du dem Einkauf und der Zubereitung der Gerichte widmest, desto wohlschmeckender und bekömmlicher werden sie. Die frischen Kräuter geben ihnen dabei eine besondere Würze.

Meditarraner Sommersalat à la Artemis
für 6 Personen

300 g Spiralnudeln
½ Tasse Olivenöl
3 EL Weißweinessig
2 TL Dijon Senf
2 gehackte Knoblauchzehen
12 Kirschtomaten, halbiert
1 Tasse entkernte schwarze Oliven, halbiert
½ Tasse kleingeschnittenen roten Paprika
½ Tasse zerkleinerte Kräuter, Petersilie, Basilikum, Minze
150 g Schafskäse
4 kleingeschnittene Frühlingszwiebeln, Salz und Pfeffer

Koche die Spiralnudeln, bis sie *al dente* sind und lasse sie gut abtropfen. Vermische Essig, Senf, Knoblauch, Salz und Pfeffer in einer großen Salatschüssel und rühre das Olivenöl langsam dazu. Gebe nun die gekochten Nudeln, Tomaten, Oliven, Paprika, Kräuter und den Käse dazu und vermische alle Zutaten gut. Decke die Schüssel ab und lasse sie im Kühlschrank eine Stunde lang nachziehen.

Erfrischende Gurken-Joghurtsuppe für heiße Tage und scharfe Nächte
für 4 Personen

1 Gurke
2 Tassen Joghurt
2 TL Weißweinessig
1 EL kleingehackte frische Minze
2 TL kleingehackter frischer Dill
1 TL Olivenöl
1 zerkleinerte Knoblauchzehe
Salz und Pfeffer
Eventuell 4 Eiswürfel

Schäle die Gurke und halbiere sie der Länge nach. Entferne die Kerne und raspele die Gurke auf einer groben Reibe. Stelle sie beiseite. Mische den Joghurt in einer großen Schüssel mit dem Essig, den Kräutern, dem Olivenöl und dem Knoblauch. Gebe nun die Gurkenraspel hinzu und schmecke alles mit Salz und Pfeffer ab. Stelle die Suppe mindestens eine Stunde lang kalt und serviere sie, wenn du möchtest mit Eiswürfeln.

Alkoholfreie Elfenbowle
Eine magische Versuchung
für 8 Personen

2 l weißen Traubensaft
1 l grünen Tee (erkaltet)
Saft von 3 Zitronen
Zucker
2 Flaschen Mineralwasser

Vermenge den Traubensaft, Tee, Zitronensaft und Zucker und fülle damit ein Bowlengefäß. Gib einige Eiswürfel dazu und fülle dann mit dem Mineralsprudel auf.

Serviere jedes Glas mit einer halben Zitronenscheibe.

Bruschetta mit sonnengetrockneten Tomaten und Brokkoli - für 8 Personen

1/2 Tasse getrocknete Tomaten
2 gehackte Knoblauchzehen
4 Tassen zerkleinerter Brokkoli
¼ TL rote Pfefferschoten
1 knuspriges italienisches Bauernbrot
2 EL Parmesan, Olivenöl und etwas Salz

Den Ofen auf mittlere Hitze vorheizen und die Tomaten dreißig Minuten in heißem Wasser einweichen, trocknen und kleinhacken.

Erhitze das Olivenöl in einem großen Topf, gib den zerkleinerten Knoblauch hinzu und lasse ihn drei Minuten anbräunen. Rühre die Tomaten, den Brokkoli, die Pfefferschoten und etwas Salz unter und lasse das Gemisch ca. fünf Minuten auf kleiner Flamme köcheln, bis der Brokkoli weich ist. Du kannst auch ein klein wenig Flüssigkeit hinzugeben, damit der Brokkoli schneller gar wird. Schneide das Brot in Scheiben (halbiere große Scheiben), breite sie auf einem Backblech aus und toaste sie, bis sie leicht gebräunt sind, ca. 3 ½ Minuten pro Seite. Bestreiche die Brotscheiben mit der Brokkolimischung und bestreue sie mit etwas Parmesan.

Karotten-Orangen Salat zur Stärkung der Sehkraft - für 8 Personen

1 kg Karotten, feingeraspelt
Saft von 2 Orangen
Saft von 1 Zitrone
2 EL Olivenöl
½ Tasse zerkleinerte frische Zitronenmelisse, Salz und Pfeffer

Vermenge alle Zutaten in einer großen Schüssel, decke sie gut ab und stelle sie mindestens eine Stunde lang kühl. Dieser Salat kann auch bereits am Vortag zubereitet werden.

AMATERASU
DIE GÖTTIN DER SCHÖNHEIT
IM MONAT JULI

Amaterasu

Amaterasu

Ich bin die japanische Sonnengöttin Amaterasu, und mein Name bedeutet übersetzt "großer leuchtender Himmel". Ich werde vor allem im Shinto verehrt, einer Naturreligion, die bereits vor dem Buddhismus in Japan weit verbreitet war und die das Göttliche in allen Ausdrucksformen der Natur achtet. Ebenso wie in der indischen Tantralehre soll der Mensch das Leben mit all seinen Sinnen erfassen und erkennen, daß alles spirituell ist, ohne zu bewerten oder auszugrenzen. Deshalb vertrete ich auch nicht die Auffassung von Gut und Böse, wie das Christentum es lehrt, sondern alles, was existiert, benötigt auch den entsprechenden Gegenpart. Auf die Dunkelheit der Nacht folgt das Tageslicht, wenn der Sommer endet, beginnt der Winter, und auf das Chaos folgt die Ordung. Freude und Großzügigkeit sind meine auffälligsten Charaktereigenschaften, ich verströme gerne mein wärmendes Licht an alle Wesen des Universums, und ich fühle mich von Heiterkeit und Lachen stark angezogen. Doch selbst Göttinnen haben ihre Lernaufgaben, und auch mich überkam eines Tages eine große Traurigkeit, und so zog ich mich von der Welt zurück in die Dunkelheit. Mein stürmischer Bruder Susa-no-o war wieder einmal außer Kontrolle geraten, und um mir zu beweisen, wie sehr er sich geändert hätte und wie sanft er nun sei, wollte er mich mit einem Test beeindrucken. Er forderte fünf Juwelen von mir, und wenn er aus den Steinen fünf männliche Götter erschaffen könne, so sei dies ein Zeichen seiner Wandlung. Ich gab ihm meine kostbaren Steine, der Test verlief erfolgreich, und beinahe hätte ich an seinen guten Willen glauben können. Doch übermannt von seinem Stolz über seine Schöpfung überkam ihn eine solche Wildheit, daß er alles um sich herum zerstörte und sogar ein Pferd in die himmlischen Hallen warf und damit eine Freundin von mir so erschrak, daß sie sich beim Spinnen verletzte und starb.

Danach hatte ich genug von dieser Welt und zog mich in eine Höhle zurück, und da ich mein Sonnenlicht nicht mehr strahlen ließ, herrschte nunmehr auf der Erde und im Himmel ewige Dunkelheit. Wahrscheinlich kennst auch du diese Phasen der Verbitterung und der Trauer, doch ich versichere dir, es wird der Augenblick kommen, an dem du dich wieder dem Leben öffnen kannst.

Eines Tages hörte ich draußen ausgelassenes Gelächter, und schließlich ließ mir meine Neugierde keine Ruhe mehr, ich wollte sehen, worüber die Götter sich so köstlich amüsierten. Ich wagte mich ein wenig nach draußen und beobachtete, wie die schamanische Göttin Uzume einen frivolen Tanz aufführte. Doch als ich meinen Kopf ein wenig drehte, sah ich auf einmal eine wunderschöne Frau, die mich gütig anblickte: ihre zarten Gesichtszüge strahlten Liebe und Weisheit aus, die Bewegungen waren voller Anmut und ihre Haltung aufrecht und würdevoll. Eine Weile stand ich staunend vor diesem göttlichen Wesen. In der Zwischenzeit hatten die geschickten Götter ein Seil an der Tür der Höhle befestigt, damit sie sich nicht mehr verschließen ließ, und ich erkannte, daß ich zum erstenmal seit meiner Existenz in mein eigenes Spiegelbild geblickt hatte. Meine eigene Schönheit war für mich eine so überwältigende Erfahrung und ich freute mich so über mich selbst, daß ich meinen Lebenswillen wiederfand und der Erde auch weiterhin meine Sonnenkraft schenkte. Mein Symbol ist der Spiegel, der als heiliges Relikt in dem großen Schrein von Ise aufbewahrt wird und zu dem viele Pilger reisen.

Erkenne auch du, geliebte Schwester, wie schön du bist! Freue dich an dir und erinnere dich daran, daß du in diesem Leben der wichtigste Mensch für dich bist. Schönheit bedeutet nicht, daß du ewig jung aussehen sollst, sondern daß du mit dir selbst in Einklang bist und zu dir stehst, mit allen deinen Begabungen und Schwächen. Auch du bist eine wunderschöne Göttin und strahlst Freude und Heiterkeit aus - du bist Amaterasu, die Sonnengöttin!

Der Juli ist ein Monat, an dem die Sonne großzügig ihre Kraft verströmt, und du solltest jede Möglichkeit wahrnehmen, deine Energiebatterien wieder aufzufüllen. Die Natur blüht in voller Pracht, die Vögel stimmen bereits am frühen Morgen ihr Loblied auf die Schöpfung an, und überall wirst du in strahlende Gesichter blicken. In südlichen Ländern sind die Menschen meist freundlicher, denn sie werden von der Sonne ein wenig mehr verwöhnt als im restlichen Europa, doch in diesem Monat sind auch bei uns alle Straßencafés überfüllt, und überall fühlst du Freude und Ausgelassenheit. Manchmal kann es sogar zu heiß werden und du sehnst dich nach einem Unwetter, das ein wenig Abkühlung bringt. So hat also auch der Sturmgott Susa-no-o seine Berechtigung und trägt dazu bei, einen Ausgleich zwischen den Elementen zu schaffen. Dies ist eine entscheidende Zeit für die bevorstehende Ernte und in früheren Zeiten hofften die Bauern auf ein wenig Regen, damit das Getreide nicht von der Sonne verbrannt wurde. Genieße den Sommer in vollen Zügen, verabrede dich mit Freunden im Freien oder verführe deinen Partner zu einem romantischen Dinner zu zweit in einer lauen Sommernacht...

Freue dich an deinem Körper, laufe nackt in deiner Wohnung herum, nimm ein erfrischendes Bad in einem Waldsee oder leg dich flach auf eine Wiese und fühle die Geborgenheit von Mutter Erde.

Spieglein, Spieglein an der Wand...
Ein sinnliches Ritual

Bereits im Märchen vom Schneewitchen wird der Spiegel als Mittel der Selbsterkenntnis eingesetzt, allerdings geht es bei unserem Ritual nicht darum, daß du dich mit irgendjemandem vergleichst, sondern daß du dich selbst so annehmen kannst wie du im Moment gerade bist und für dich selbst die Liebe und Dankbarkeit empfindest, die du verdienst.

Nimm dir eine Stunde Zeit für dich, setze dich nackt vor einen Spiegel oder hülle dich in ein schönes Tuch, und wenn du dieses Ritual am Abend machst, dann erhelle den Raum mit zwei Kerzen, so daß du dich gut im Spiegel sehen kannst. Rufe die Göttin Amaterasu hinzu und bitte sie, dir bei diesem Ritual zur Seite zu stehen. Sieh dir nun selbst in die Augen, laß deinen Blick weich werden und betrachte dich mit Liebe und Zärtlichkeit. Viele Jahre hat dein Körper dir treu gedient, hat dir geholfen, dich zu entwickeln, deine Pläne zu verwirklichen, Liebe und Freude zu empfinden und dich durch dein Leben getragen. Versuche mindestens fünfzehn Minuten deinem eigenen Blick standzuhalten, und du wirst feststellen, daß dein Spiegelbild anfängt zu verschwimmen, daß sich dein Gesicht verändert, sich verzerrt, daß sogar Momente entstehen können, in denen du dich selbst nicht mehr wiedererkennst. Je länger du dich ansiehst, desto mehr wirst du dein wahres ICH erkennen, das hinter der körperlichen Fassade steckt. Bleibe in deiner inneren Gelassenheit, bewerte nicht, was du siehst, versuche dich so zu akzeptieren, wie du dir entgegenblickst, und lächle dir selbst zu.

Lasse deine Augen nun langsam über deinen restlichen Körper gleiten, bewundere deine Einzigartigkeit, die Perfektion, mit der alle Organe, Muskeln und Körpersysteme aufeinander abgestimmt sind. Betrachte dich mit den unschuldigen Augen eines Kindes, das den menschlichen Körper noch völlig unbeeinflußt von gesellschaftlichen Schönheitsidealen wahrnimmt. Du kannst nun deine Augen schließen und deinen Körper über deinen Tastsinn erkunden. Laß deine Hände über dein Gesicht gleiten, spüre die Zartheit deiner Haut, ziehe mit den Fingerspitzen die Konturen deiner Lippen nach und befeuchte sie mit deiner Zunge, nimm ganz bewußt die Form deiner Ohren wahr, streiche mit beiden Händen durch dein Haar und lasse es durch deine Finger gleiten. Streiche sacht deinen Hals hinunter und fühle die Wölbung deiner Brüste. Gleite sanft an beiden Armen hinunter, ertaste deinen Bauch und laß deine Hände eine kreisförmige Bewegung ausführen. Wie weit kannst du deinen eigenen Rücken berühren? Kannst du deine Sitzhaltung verändern, damit dir das leichter fällt? Berühre deinen Po, Oberschenkel und deine Geschlechtsteile, als ob du das zum ersten Mal in deinem Leben tun würdest. Nimm wahr, wie hart oder weich deine Muskeln sind, ertaste deine Kniegelenke und Kniekehlen, laß dich von deinen Händen bis zu deinen Füßen führen und spiele mit ihnen, so wie Kinder das viele Stunden tun, voller Neugierde und mit ungetrübter Aufmerksamkeit. Hast du alle deine Körperteile berührt, oder gibt es Stellen an deinem Körper, die dir unangenehm waren? Wie hast du dich dabei gefühlt, dich selbst zu berühren und deinen Körper neu zu entdecken? Sende dir Gefühle der Dankbarkeit und der Liebe dafür, daß du dir Zeit genommen hast für dich selbst, und öffne langsam wieder deine Augen und sieh dich an: Du bist eine einzigartige wunderbare Göttin, und niemand ist so wie du! Sprich nun laut zu dir selbst und sage dir all die Eigenschaften, die du besonders gerne an dir magst. Du könntest zum Beispiel so beginnen: "Ich liebe meine eindringlichen Augen, ich mag meine Bereitschaft zur Ehrlichkeit, ich bin stolz auf meinen Mut, auf meine Kreativität, und ich finde mich wunderschön." Umarme dich zum Abschied, sende Amaterasu ein Lächeln und freue dich über deine eigene Schönheit und Einzigartigkeit.

Die Lachmeditation

"Lachen ist die beste Medizin", so heißt es im Volksmund, und selbst die Göttin Amaterasu überwand damit ihre tiefe Depression und Einsamkeit. Lachen fördert die Verdauung, stärkt das Immunsystem, senkt den Blutdruck; der ganze Körper entspannt sich und baut Streß ab. Dr. Madan Kataria hat in Indien sogar eine regelrechte Lachtherapie entwickelt, die auf der ganzen Welt inzwischen erfolgreich angewandt wird.

Du kannst diese Meditation alleine oder mit Freunden machen, und seid nicht entmutigt, wenn das Lachen am Anfang etwas künstlich wirkt, denn bald werdet ihr euch gegenseitig anstecken und euch vor Lachen auf dem Boden wälzen.

— Hebt eure Arme nach oben und hüpft einige Minuten auf der Stelle und schreit dabei laut HA, HA, HA, HA, HA

— Das Gorilla Lachen: Bewegt euch wie ein Affe, kratzt euch, und gebt Urlaute von euch, indem ihr das Zwerchfell aufblast und zusammenzieht: HO, HO, HO, HO

— Das affektierte Lachen: Stellt euch vor, ihr seid auf einer Party und ihr imitiert das hohe, gekünstelte Lachen von fünf gelifteten älteren Damen: HUH, HI, HI, HI, HO, HO

— Das vulgäre Lachen: Stellt euch vor, ihr seid in einer derben Männerrunde, die sich über schlechte Witze köstlich amüsiert. Dieses Lachen ist tief, und ihr könnt euch dabei auf die Schenkel klopfen: HO, HO, HO, HA, HA, HA, HO

— Das tanzende Lachen: Bewegt eure Arme und euren ganzen Körper und lacht so, wie es zur Bewegung paßt: HU, HI, HI

— Das schallende Lachen: Geht der Reihe nach im Kreis herum, deutet aufeinander und lacht euch über euch selbst tot, fühlt euch wie

Schauspieler in einem absurden Theaterstück: HUHH, HUH, HU, HO, HO, HA, HA, HIIIHH, HIIH, HI

Legt euch am Ende auf die Erde und genießt die Entspannung.

Innere und äußere Schönheit
Ein Wohlfühltag

Das Thema das Wohlfühltages lautet: Es gibt nichts zu tun!

Du darfst dich an diesem Tag von morgens bis abends verwöhnen, du kannst diesen Tag mit dir alleine verbringen oder dich mit Freunden treffen, du kannst ins Sportstudio gehen, dich in der Natur austoben, mit deinen Kindern herumtollen oder den ganzen Tag vor dem Fernseher sitzen und dir alle Talkshows und abends noch die Lindenstraße ansehen. Es gibt für diesen Tag nur eine einzige Regel: Alles was du tust, soll dir Freude machen, und du darfst heute alles wegschieben, was dir in irgendeiner Form unangenehm oder lästig ist.

Die meiste Zeit unseres Lebens verbringen wir damit, uns äußeren Zwängen zu unterwerfen, unsere Handlungen in sinnvolle und unnütze Tätigkeiten zu unterteilen, und meist scheitern wir daran, einen überfüllten Terminkalender einzuhalten. Wenn du dich unter Druck fühlst und dich zu sehr anstrengst, deine eigenen hohen Erwartungen und die deiner Mitmenschen zu erfüllen, zeigt sich diese Anspannung in deinem Gesichtsausdruck und im Laufe der Jahre auch in deiner Haltung, denn deine Bewegungen werden steifer und verlieren ihre natürliche Anmut.

Beginne damit, in deinem Leben neue Prioritäten zu setzen, denn es gibt in deinem Leben niemanden, der wichtiger ist als du selbst. Wenn du deinem Körper nicht genügend Ruhe gönnst, wird er irgendwann mit Schmerzen und Krankheit reagieren, um sich somit den nötigen Ausgleich zu verschaffen. Achte auf die ersten Anzeichen der Ermüdung und versuche zu erspüren, was sich dein Körper von dir wünscht. Möchte er in der Natur sein, sich in einem Kräuterbad entspannen oder sich dehnen und strecken? Du kannst diesem Bedürfnis natürlich nicht immer sofort nachgeben, doch achte auf deine Empfindungen und halte täglich Zwiesprache mit dir selbst, um deine eigenen Bedürfnisse besser kennenzulernen. Dein Körper wird es dir danken. Anstatt das Geld für die Überstunden in eine teure Faltencreme zu investieren, könntest du dir zum Beispiel mehr Freizeit gönnen. Finde heraus, was dir in deinem Leben wirklich wichtig ist, dann wirst du auch einen Weg finden, dein Leben zu verändern. Du könntest diesen Wohlfühltag zum Beispiel mit einigen Dehnübungen im Bett beginnen. Räkele deinen Körper und dehne ihn, strecke deinen Zehen einige Male nach unten und nach oben (das regt die Durchblutung an und macht munter), bringe beide Knie mit den Händen vor den Brustkorb und lasse dich langsam nach links und rechts rollen. Anschließend könntest du dir ein leckeres Vitamingetränk zubereiten und eine erfrischende Gesichtsmaske auftragen. Lege deine Lieblingsmusik auf und tanze einfach drauf los, laß dich von der Musik bewegen und genieße die Leichtigkeit deiner Bewegungen. Vielleicht hast du auch Lust, einige Yoga- oder Qi Gong-Übungen auszuführen. Unter den Wellnessrezepten in diesem Buch wirst du genügend Anregungen finden. Sehnt sich dein Körper nach Bewegung, oder möchtest du vielleicht lieber faul in der Sonne liegen und das neuste Buch von Hera Lind lesen? Du könntest dir auch einen Einkaufsbummel gönnen, oder an einen See zum Baden fahren. Wann warst du das letzte Mal im Museum, hast in einem Straßencafé die Menschen beobachtet oder auf einer Parkbank den Enten zugesehen? Vielleicht hast du Lust, dich mit einer Freundin zu verabreden und in einem edlen Lokal zu speisen oder mit ihr einen schnulzigen Liebesfilm anzusehen, der euch beide zu Tränen rührt?

Beende den Tag damit, daß du ihn vor deinem inneren Auge noch einmal an dir vorüberziehen läßt. Was hat dir an diesem Tag besondere Freude gemacht? Ist es dir leicht gefallen, einmal alle Verantwortung von dir abfallen zu lassen? Auch wenn es dir nicht auf Anhieb geglückt ist, so entspannt durch den Tag zu lustwandeln, so sei geduldig mit dir, beim nächsten Mal wird es leichter sein.

Fragen und Anregungen zum Thema Schönheit

1. Empfindest du dich als schön? Schreibe mindestens fünf Dinge auf, die du an dir besonders schön findest.

2. Welche Ereignisse in deinem Leben haben deinen Begriff von Schönheit entscheidend geprägt? Haben deine Eltern, Liebhaber oder Freunde dir das Gefühl gegeben, schön zu sein?

3. Wie wichtig ist für dich Schönheit? Wieviel Zeit nimmst du dir dafür?

4. Was empfindest du an anderen Menschen besonders schön oder anziehend? Gibt es jemanden, den du besonders schön findest, und, wenn ja, aus welchem Grund?

5. Schreibe dir selbst einen Liebesbrief und beschreibe all die Dinge, die du an dir besonders schön findest und schätzt!

Körperteil des Monats: Das Gesicht
Naturheilmittel und Übungen

Wenn wir einem neuen Menschen begegnen und ihn kennenlernen wollen, schauen wir ihm meistens ins Gesicht, denn in seinem Mienenspiel, im Glanz der Augen, der Beschaffenheit der Haut und im allgemeinen Ausdruck des Gesichts zeigt sich das Wesen des Menschen. Bereits bei unseren germanischen Vorfahren wurde der Kopf als der Sitz der Seele angesehen. Deshalb wurden die Gegner enthauptet und die Helden durch eine Büste oder einen mumifizierten Kopf verehrt. Die Schönheit deines Gesichts ist nicht in erster Linie von glatter und faltenfreier Haut abhängig, sondern vor allem von deiner eigenen Zufriedenheit mit dir selbst und dem Leben. Wenn du glücklich bist, spiegelt sich diese Freude in deinem Gesicht wider, und natürlich kannst du deine Schönheit auch durch Übungen und Naturrezepte unterstützen.

Gesichtsmassage mit einer Avocadomaske

Die sensible Gesichtshaut ist im Sommer nach den ausgedehnten Sonnenbädern besonders empfindlich und trocken geworden. Diese nahrhafte Gesichtsmaske versorgt deine Haut mit Vitamin E, Kalzium, Beta Karotin und Protein. Sie verbessert die Elastizität der Haut, bei regelmäßiger Anwendung wirkt sie glättend und straffend.

½ Tasse Sahne
3 EL Honig
1 Karotte, gekocht und zerdrückt
1 Avocado, geschält, entkernt und zerdrückt

Vermische alle Zutaten in einer Schüssel und verteile die Maske großzügig über Gesicht und Hals. Je fester die Konsistenz der Maske, desto intensiver wirkt sie auf der Haut. Nimm nun den Avocadokern in die Hand und massiere damit leicht Stirn, Wangen und Kinn. Nach ca. fünfzehn Minuten kannst du die Maske mit kühlem Wasser abwaschen.

Yogaübung: Der Löwe

- Setze dich auf deine Fersen, laß die Arme locker auf deinem Oberschenkel liegen.
- Beginne damit, daß du dein Gesicht zu einer Fratze verzerrst und alle Muskeln deines Gesichts ganz fest anspannst, deine Augen sind dabei geschlossen. Halte diese Spannung einige Sekunden.
- Laß alle Anspannung los und schnelle mit deinen Armen nach vorne in den Vierfüßlerstand, öffne dabei die Augen und den Mund weit und strecke deine Zunge weit heraus und stoße einen Laut heraus, der dazu paßt.

Diese Übung eignet sich gut dazu, überflüssige Anspannung und Ärger loszuwerden. Du kannst sie in abgewandelter Form auch auf einem Stuhl machen, zum Beispiel im Büro, wenn du dich über deinen Chef oder einen Kunden geärgert hast.

Spanne wie oben angegeben einige Sekunden dein Gesicht an und auch deine Fäuste, stöhne dabei oder gib andere Laute von dir. Laß dann die Anspannung wieder völlig los und wiederhole die Übung mehrere Male, bis du dich besser fühlst.

Shiatsu für Gesicht und Kopf

Diese Druckmassage wird in Japan praktiziert und wirkt harmonisierend auf alle Organe und das parasympatische Nervensystem, das für die Muskelentspannung zuständig ist.

— Setz dich auf einen Stuhl oder den Boden, reibe deine Hände aneinander, lege sie auf dein Gesicht und spüre die wohltuende Wärme, die von ihnen ausstrahlt.

— Lege deine Hände übereinander auf die Stirn und laß sie seitlich auseinandergleiten, wiederhole diese Bewegung und gleite dabei immer etwas tiefer über dein Gesicht.

— Nimm deine Fingerspitzen und beginne, von der Stirn ausgehend, die ganze Gesichtshaut ganz sanft in kreisenden Bewegungen zu massieren.

— Presse nun deinen Daumen oder deinen Mittelfinger auf folgende Akupunkturpunkte:
(Magen 2) einen Fingerbreit unterhalb der Augenhöhle in der Mitte der Iris in einer Vertiefung der Wange; dieser Punkt klärt die Gesichtshaut und hilft auch bei Akne.
(Magen 3) unterhalb von (Magen 2) am unteren Rand des Backenknochens; verbessert die Durchblutung des Gesichts.
(Dickdarm 20) seitlich neben beiden Nasenlöchern; bei verstopften Nasennebenhöhlen; glättet auch das Gesicht.
(Lenkergefäß 24/Drittes Auge) etwas oberhalb der Augenbrauen in Stirnmitte; beruhigt die Gedanken.

— Lege noch einmal beide Handflächen auf das Gesicht und klopfe anschließend mit den Fingerspitzen leicht über das Gesicht und die

Kopfhaut, das fördert die Durchblutung, regt den Kreislauf an und glättet Falten. Beende die kurze Shiatsu-Massage, indem du beide Ohrläppchen kräftig reibst, das regt die Nieren an und erfrischt dich in kürzester Zeit.

Verjüngungsübung aus den Qi Gong

— Lege deine Handflächen aufeinander und öffne sie in der Mitte, so daß sich nur noch die Fingerspitzen und die Handgelenke berühren und ein Viereck bilden, das du über Nase und Mund hältst.

— Laß nun deine leicht geschlossenen Lippen vier mal nach links und nach rechts kreisen, bis sich dein Mund mit Speichel füllt, den du mehrmals hinunterschluckst.

Die Taoisten waren der Auffassung, daß der Speichel unsere Lebenskraft und Vitalität enthält, und da sie meist über hundert Jahre alt wurden, scheinen sie recht zu haben.

Mudra - Das innere Lächeln

Sitze bequem und aufrecht auf dem Boden und winkle beide Arme parallel an, (ca. 30° vom Brustkorb entfernt).

Biege beide kleinen Finger und Ringfinger nach unten und lege den Daumen auf den Ringfinger, um ihn unten zu halten. Die beiden Zeige- und Mittelfinger zeigen gestreckt nach oben. Schließe deine Augen, die Zunge berührt leicht den Gaumen, und erinnere dich an ein schönes Erlebnis. Fühle, wie deine Mundpartie sich zu einem leichten Lächeln entspannt. Bleibe ca. zehn Minuten in dieser Meditationshaltung sitzen.

Heipflanze des Monats: Grüner Tee
Wellness- und Beauty Tips

"Medizin war der Tee zuerst. Getränk wurde er danach."
(Kakuzo Akakura, japanischer Kulturphilosoph, 1862-1913)

Grüner Tee

Obwohl die Teetradition ursprünglich aus China stammt, wurde sie von den Japanern verfeinert und zu einem sinnlichen und gleichzeitig spirituellen Erlebnis erhoben. In der Teezeremonie werden die Gäste durch eine rituelle Reinigung und eine kontemplative Einstimmung auf den Genuß dieses köstlichen Getränks vorbereitet. Da auch das auserlesene Teegeschirr und der stilvolle äußere Rahmen des traditionellen Teehauses oder Teeraumes eine große Rolle bei der Zeremonie spielt, werden alle Sinne des Gastes bei diesem traditionellen Ritual miteinbezogen. Er kann sich bei der entspannenden und gleichzeitig den Geist anregende Wirkung des Getränks regenerieren und Abstand nehmen von den Sorgen des Alltags.

Grüner Tee ist seit Jahrtausenden in den asiatischen Ländern ein hochgeschätztes Getränk. Er enthält unter anderem wertvolle Antioxidantien wie Vitamin A, B2, B12, C und E, viele Mineralien und Spurenelemente wie Kalzium (für Knochen und Zähne), Magnesium (für Zellstoffwechsel), Phosphor (für Knochenbau und Energiestoffwechsel), Zink (stärkt Immunabwehr, Wachstum und Haut). Regelmäßiger Teegenuß regt die Blutzirkulation an, senkt den Blutdruck und wirkt vorbeugend bei Arteriosklerose, unterstützt das Immunsystem, beschleunigt den Stoffwechsel, verstärkt die Sauerstoffaufnahme durch die Organe und verzögert damit den Alterungsprozeß unseres Körpers. Neueste Untersuchungen haben sogar ergeben, daß das im Grünen Tee enthaltene Katechin die Mutation der Krebszellen hemmt. In der äußeren Anwendung soll der Tee wirksam bei Hautkrebs sein.

Es gibt unterschiedliche Qualitäten von Grünem Tee, der gröbste Tee besteht aus Zweigen und Blättern (Bancha), für feinen Tee (Sencha) werden die jungen Teeblätter gepflückt.

Die Teezeremonie von Amaterasu

Suche dir ein geeignetes Teegeschirr, das dir gut gefällt, nimm dir Zeit, an verschiedenen Teesorten zu schnuppern, bis du den richtigen Tee für dich gefunden hast, und schaffe dir in deiner Wohnung eine harmonische Atmosphäre; du kannst japanische Flötenmusik auflegen und ein Duftöl verwenden (zum Beispiel Ylang-Ylang). Rufe die Göttin Amaterasu hinzu und bitte sie, bei deiner kleinen Teezeremonie dabeizusein und dich dabei zu leiten. Verwende pro Teetasse ca. einen Teelöffel Tee, den du in eine Kanne oder ein anderes Teegeschirr füllst. Es ist wichtig, daß du das kochende Wasser erst ein wenig abkühlen läßt, bevor du den Tee damit aufgießt und ca. drei Minuten ziehen läßt. Nimm die Tasse in die Hand und atme den süßen Duft tief ein, bevor du den ersten Schluck von diesem kostbaren Getränk zu dir nimmst. Erfinde dein eigenes kleines Ritual, wie du mit dieser Zeremonie all deine Sinne verwöhnen kannst.

Gurkenmaske mit Grüntee - gegen Sonnenbrand

1 kleine Gurke, geschält und entkernt
1/4 Tasse Grüntee
1/4 Tasse Kamillentee
1 Päckchen Gelatine ohne Zusatzstoffe
30 g Aloe Vera Gel

Püriere die Gurke im Mixer, drücke das Gemisch durch ein Küchentuch und fange den Saft auf. Löse bei kleiner Hitze die Gelatine in dem Tee auf und gieße das Gemisch in eine Glasschale, in die du den Gurkensaft und das Aloe Gel hinzufügst. Stelle das Glas ca. fünfundzwanzig Minuten in den Kühlschrank, trage die Maske auf das Gesicht auf und laß sie zwanzig Minuten einwirken. Ziehe die Maske dann ab und wasche das Gesicht mit warmem Wasser.

Diese Maske wirkt besonders wohltuend bei sonnengereizter Haut, denn der Gurkensaft ist sehr kühlend, und der Grüntee und Kamillentee haben eine beruhigende und abschwellende Wirkung. Die heilende Wirkung der Aloe Vera hilft der Gesichtshaut, sich schnell zu regenerieren.

Hauttonikum mit grünem Tee

2 TL Grüner Tee
1/2 l Wasser

Laß den Tee zehn Minuten kochen und dann abkühlen und trage das Tonikum mit einem Wattebausch auf das Gesicht auf.

Orangenöl gegen Sonnenfalten

2 TL Haselnußöl
1 TL Mandelöl
8 Tropfen ätherisches süßes Orangenöl

Vermische alle Zutaten und trage das Öl morgens und abends auf die gereinigte Gesichtshaut auf.

Verjüngungsbad mit Algen

In Japan werden mineralstoffreiche Algen als Nahrung und auch als Badezusatz sehr geschätzt. Sie entgiften den Körper und führen ihm gleichzeitig wertvolle Mineralien zu.

1/2 Tasse Algen Pulver
1/4 Tasse Aloe Vera

Gib diesen Badezusatz in das Wasser und entspanne ca. zwanzig Minuten. Anschließend solltest du dir Ruhe gönnen, denn die Entgiftung deines Körpers kann anstrengend sein.

Amaterasu Duftmischung

20 Tropfen ätherisches Bergamottöl
20 Tropfen ätherisches Orangenöl
5 Tropfen ätherisches Basilikumöl

Vermische das Öl in einer kleinen Glasflasche und nutze es für deine Duftlampe.

Kochrezepte für den Monat Juli

Du findest nun auf den Märkten ein reichhaltiges Angebot an frischem Obst und Gemüse, und da die Julimonate oft sehr heiß sein können, empfiehlt es sich, den Organismus mit leichten Gerichten zu entlasten. Frische Säfte, Rohkost, Suppen und japanisch inspirierte Gerichte sind für diesen Monat eine ausgezeichnete Alternative zur deutschen Hausmannskost.

Vitamingetränk zum Aufwachen

1 Orange oder Apfel
1/2 Banane
1 Karotte
1/2 Tasse kalten Joghurt, etwas Honig und Öl

Zerkleinere das Obst und die Karotte, gib alle Zutaten in einen Mixer und verflüssige sie (eventuell noch etwas Wasser dazugeben). Du kannst dieses vitaminhaltige Morgengetränk mit einer Orangenschale dekorieren und dich in aller Ruhe auf den neuen Tag einstimmen.

Erfrischender Melonensaft

1/2 Honigmelone,
Saft von 2 Limonen
1 TL Honig und zerstoßenes Eis

Gib alle Zutaten in ein Mixgerät und verflüssige sie.
Du kannst das Glas mit einer Limonenscheibe dekorieren und dich von der Hitze des Tages erholen

Miso Suppe mit grünen Bohnen und Tofu
für vier Personen

1/2 Tasse geschnittene grüne Bohnen
5 Tassen Wasser
20 cm getrocknete Kombu Algen
100 g Tofu
3 EL weißen Miso
1 Blatt getrocknete Nori Algen

Bring das Wasser zum Kochen und laß die Kombu Algen darin bei kleiner Hitze ca. zwanzig Minuten sieden und seihe dann das Wasser ab. Bring das Algenwasser zum Kochen und laß die Bohnen darin ca. drei Minuten weich werden, gib dann den gewürfelten Tofu hinzu und den Miso (in heißem Wasser vorher auflösen). Laß die Suppe nochmal kurz aufkochen und fülle sie dann in vier Schalen, röste das Nori Blatt kurz in der Pfanne, schneide es in Streifen und verteile es in die Suppe.

Miso Suppe ist besonders reichhaltig an Mineralstoffen; in Japan wird sie bereits zum Frühstück getrunken.

Amaterasus Wakame Salat
für 4 Personen

1 zerdrückte Knoblauchzehe
1/2 TL geriebener Ingwer
1/2 Avocado
Sojasoße zum Abschmecken
3 große Tassen Salat (Kopfsalat, Spinat, Endivien)
1 große Tasse eingeweichte Wakame Algen
Eventuell Tomaten, Walnüsse, Mandeln, Sonnenblumenkerne

Den Ingwer reiben und den Knoblauch zerdrücken, beides mit der zerdrückten Avocado vermengen und alles mit Sojasoße abschmecken. Den Salat und die Algen mit der Avocadosoße vermischen und dabei die verschwenderische Fülle des Sommers genießen.

LAKSHMI
DIE GÖTTIN DER FÜLLE
IM MONAT AUGUST

Lakshmi

Lakshmi

Fast alle Inder lieben mich seit vielen Generationen und verehren mich mit festlichen Pujas (heiligen Zeremonien), denn ich bringe Glück und Wohlstand in jedes Haus - ich bin Lakshmi, die Göttin der Fülle.

Indien ist eines der wenigen Länder, in denen der Glaube an die Große Göttin auch heute noch lebendig ist, und das freut mich sehr. Doch leider haben viele Männer noch nicht verstanden, daß die Göttin auch in ihren Frauen weiterexistiert, sonst würde die indische Frau mit größerem Respekt behandelt werden. Viele Mädchen erhalten meinen Namen, und dadurch sollen sie meine Schönheit und Reichtum in ihrem Leben erlangen. Ich liebe es, die Menschen zu beglücken und ihnen das zu geben, was sie sich wünschen, seien es materielle Reichtümer, Gesundheit, Anmut oder Schönheit. Ich mache da keinen Unterschied, denn jeder soll nach seiner Wahl glücklich werden. Materielle Güter sind nicht allein selig machend, doch erst wenn ihr auf dieser Ebene Erfüllung gefunden habt, seid ihr bereit, nach innerer Glückseligkeit zu streben. Ihr habt eine Volksweisheit die besagt: "Geld macht nicht glücklich, aber es beruhigt". Das ist richtig, denn du sollst dafür sorgen, daß du in jeder Beziehung zufrieden bist, und auch Geld ist ein wichtiger Bestandteil deines Lebens.

Ich werde oft mit der griechischen Göttin Aphrodite verglichen, denn auch ich bin aus dem Schaum des Meeres geboren und eine Lotusblüte brachte mich an Land. Doch während Aphrodite wie ein unschuldiger Schmetterling von Blüte zu Blüte zog und die Leichtigkeit der ewig Verliebten einer festen Bindung vorzog, bin ich meinem Seelenpartner Vishnu in allen Inkarnationen wiederbegegnet. So tauche ich als seine Frau Sita an der Seite von Rama auf und begleite Krishna als seine treue Gefährtin Rada. Doch auch ich liebe Schönheit, trage gerne sinnliche Stoffe auf meiner samtenen Haut, umgebe mich mit edlen Gegenständen, die das Auge verwöhnen, und genieße den berauschenden Duft von Sandelholz und Jasmin. Meine Lieblingsfarben sind Rot und Gold, und es erfreut mich, wenn an großen Festtagen, wie zum Beispiel am indischen Neujahrsfest Diwali, Häuser und Tempel in diesen Farben prunkvoll geschmückt und die Straßen von einem Lichtermeer aus Butterlämpchen erhellt sind, um meinen Segen zu erhalten. Mein Geburtstag, das Fest Varalakshmi, wird meist im Monat August gefeiert und ist mein Geschenk an die Frauen, um ihnen für ihre harte Arbeit und Fürsorge zu danken. An diesem Tag haben die Wünsche der Frauen besondere Kraft, und ich liebe es, sie mit meinen Gaben zu verwöhnen . Auf Bildern und Steinreliefen werde ich meist mit weißen Elefanten dargestellt, denn diese wunderbaren Tiere stehen für Weisheit und ein langes Leben. Ich liebe verschwenderische Großzügigkeit, und es fällt mir leicht, äußere Schönheit mit inniger Spiritualität zu verbinden. Deshalb will ich dich dazu ermutigen, weder das eine noch das andere in deinem Leben zu vernachlässigen. Manchmal meint ihr Menschen, daß nur ein asketischer Mensch ein wahrhaft Suchender sein kann und schaut herab auf die vermeintliche Oberflächlichkeit eurer

Schwestern, die sich gerne schminken und sich in edle Kleider hüllen. Doch das ist eine engstirnige Auffassung von Spiritualität, und ich bin ein Beispiel dafür, wie du beides miteinander verbinden kannst. Wenn du deinen Körper und dein Haus wie einen heiligen Tempel verehrst, so achtest du damit auch die Göttin in dir. Erfreue dich an den Geschenken der Erde, die du nun in diesem Monat in großer Fülle genießen darfst. Doch sei dir bewußt, daß auch der schönste Augenblick vergänglich ist, und sei nicht betrübt darüber, wenn er vorbeizieht, denn der nächste Augenblick wird noch viel schöner werden.

Der August stellt den Höhepunkt im Jahreszyklus dar, denn nun beginnt die Erntezeit für das Getreide, und die harte Arbeit der letzten Monate wird durch eine reiche Ernte belohnt. Für unsere Vorfahren war dies eine wichtige Zeit, die darüber entschied, ob sie den langen und oftmals harten Winter sorglos überstehen konnten. In vielen Ländern werden aus diesem Grund Erntedankfeste in diesem und dem nächsten Monat gefeiert, und auch du darfst dich erfreuen an den Gaben der Natur. Die Blumen blühen in voller Pracht, die Bäume strotzen voller Lebenskraft, und die Märkte bieten eine überreiche Auswahl an frischen Gemüsen und Früchten. Das keltische Jahreszeitenfest in diesem Monat fällt auf den 1. August und wird Lammas oder Lughnasadh genannt. Es steht im Zeichen der Ernte und wurde in Irland als ein sehr freudiges Fest gefeiert, bei dem die Tafel üppig gedeckt war und reichlich gegessen und getrunken wurde. In Europa zählte vor allem Getreide zu den Grundnahrungsmitteln; deshalb wurden kleine Kornpuppen zu Ehren der Götter gebastelt und der Erntedankaltar mit frischgebackenem Brot dekoriert. Nutze diesen Monat zu ausgedehnten Wanderungen durch schattige Wälder, genieße die belebende Kraft der Sonne und erfreue dich an hauchdünnen Sommerkleidern, die deine Haut wie einen luftigen Schleier umhüllen. Der indische Sari ist ein praktisches und gleichzeitig auch sehr sinnliches Kleidungsstück für feuchtheißes Klima. Du kannst dich davon inspirieren lassen und dir ein schönes Tuch um die Hüfte binden oder es als Kleid um deinen Hals verknoten. Genieße deine weiblichen Formen und zeige der Welt, wie schön du bist!

Wunschlos glücklich - Ein magisches Ritual, um Reichtum und materielle Güter anzuziehen

Erst wenn du das Gefühl hast, daß deine materiellen Wünsche einigermaßen in diesem Leben erfüllt sind, wirst du begreifen, daß wahre Freude nur aus dir selbst heraus entstehen kann, und keine Wünsche mehr haben. Deshalb solltest du dir deine irdischen Träume alle eingestehen und versuchen, sie zu verwirklichen. Dies ist keine Schwäche, sondern ein wichtiger Schritt auf deinem Entwicklungsweg. Wenn du versuchst, diese Stufe zu überspringen, weil ein Teil in dir meint, daß äußere Dinge nicht von Bedeutung sind, hast du eine wichtige Erfahrung in deinem Leben verpaßt, und es kann sein, daß dich dies daran hindert, eines Tages wirklich aus dir selbst heraus schöpfen zu können. Dieses magische Ritual ist sehr kraftvoll, und du solltest dir davor wirklich sehr genau überlegen, was du dir wünschst und auch herausfinden, welches Grundgefühl hinter deinem Wunsch steckt. Wenn du dir Geld wünschst, so überlege dir, was du dir damit kaufen würdest und welches Lebensgefühl du damit verwirklichen kannst. Geld kann zum Beispiel für Sicherheit und Geborgenheit stehen, aber auch für Freiheit und Abenteuer.

Du solltest dir für dieses Ritual einige Stunden Zeit nehmen und zunächst deine Wohnung und einen kleinen Altar wunderschön dekorieren. Erinnere dich daran, daß Lakshmi die Göttin der Fülle ist und du sie mit üppiger Blumenpracht und edlen Stoffen erfreuen kannst.

Bereite einen kleinen Altar vor, auf den du eine schöne Decke legst, die Farben Gold und Rot sind dafür besonders passend, und dann suche dir Dinge, die für dich Reichtum und Wohlstand repräsentieren und die du mit großer Achtsamkeit auf den Altar legst. Wenn du möchtest, darfst du auch ein Bild von Lakshmi aufstellen, damit du sie dir besser vorstellen kannst. Zünde eine goldene Kerze an und gib einige Tropfen Sandelholz- oder Jasminöl in eine Duftlampe. Schließe deine Augen und stell dir vor, wie Lakshmis sanfte Energie dich umhüllt und sie dich bei deinem Wunsch unterstützen wird.

Visualisiere nun ein Bild von deinem größten Wunsch und stelle dir eine Situation vor, in der du den Wunsch bereits erhalten hast. Wenn du dir eine neue Wohnung wünschst, so male sie dir vor deinem inneren Augen genau aus. Stell dir vor, wie du durch alle Zimmer gehst, wie du sie dekorieren würdest, und wie die Umgebung deiner Wohnung aussieht. Falls du dir eine aufregende Reise wünschst, so sieh dir zu, wie du ins Flugzeug steigst, in einem schönen Hotel absteigst und dann faul am Strand herumliegst oder einen Berg erklimmst. Laß deiner Fantasie freien Lauf und bleibe so lange bei deiner Vorstellung, bis du ein bestimmtes Bild ganz genau vor Augen hast, das du dir jederzeit wieder ins Gedächtnis zurückrufen kannst. Stelle dir nun vor, daß sich aus deinem Solarplexus eine Energiespirale herausbildet, und du das Bild damit langsam zu dir heranziehst, bis es mit dir verschmilzt und sich in deinem ganzen Körper ausbreitet. Laß dieses Ritual noch einige Minuten in dir nachwirken und beobachte auch, wie groß oder klein die Energiespirale bei dir war. Hattest du Schwierigkeiten, das Bild zu dir heranzuziehen oder dich auf deinen Wunsch zu konzentrieren? Bedanke dich bei der Göttin Lakshmi, daß sie dich bei deinem Wunsch unterstützt und verbringe nun eine Woche lang mindestens fünfzehn Minuten täglich vor deinem Lakshmi Altar und wiederhole das Ritual.

Damit das Ritual besonders wirkungsvoll wird, solltest du dir immer das gleiche Bild vorstellen und die Erinnerung so lebendig wie möglich halten. Du solltest bei deiner Visualisierung die Freude spüren über die Erreichung deines Wunsches, denn Freude ist ein ausgezeichneter Magnet, der andere positive Ereignisse anzieht. Dein Wunsch wird auf alle Fälle vom Universum aufgenommen, und falls er wider Erwarten doch nicht sofort erfüllt wird, so vertraue darauf, daß für dich etwas noch Besseres vorgesehen ist oder er sich erst später erfüllen wird.

Der Einkaufsbummel - Ein Tag der Fülle
Ein ungewöhnliches Ritual

An einem Tag dieses Monats solltest du dir vornehmen, dich von morgens bis abends mit Luxus zu verwöhnen. Du darfst in dieses ungewöhnliche Ritual auch gerne deinen Freund oder Partner miteinbeziehen, der dir an diesem Tag alle Wünsche von deinen Augen ablesen soll. Falls du nicht in der glücklichen Lage sein solltest, zur Zeit über einen solch einfühlsamen Menschen zu verfügen, so mach dir nichts daraus: die schönsten Geschenke sind sowieso meist die, die wir uns selber machen.

Kennst du das schlechte Gewissen, wenn du diese sündhaft teure Bluse im Schaufenster siehst und sie dir eigentlich nicht leisten kannst? Oder hast du begehrte Luxusobjekte bisher vermieden, weil du meinst, es gäbe "Wichtigeres" im Leben? Wie oft hast du dir einen Blumenstrauß versagt, weil dein Sohn dich damit quält, daß er die neusten Adidas Schuhe haben möchte, um damit bei seinen Freunden angeben zu können? Hast du dich im Stillen darüber geärgert, daß deinem Ehemann der Computer zu langsam geworden ist und dieser unbedingt aufgerüstet werden mußte, während du seit vielen Jahren den selben unauffälligen Sommermantel trägst? Heute soll damit Schluß sein und du darfst bei diesem Ritual ausprobieren, wie es sich für dich anfühlt, wenn ausnahmsweise du einmal die wichtigste Person in deinem Leben bist. Wenn du allerdings dazu neigst, dein Konto völlig zu überziehen und deinen Frust meist beim Einkaufen abzureagieren, so solltest du dieses Ritual überspringen und stattdessen ein Reinigungsritual vom Februar auswählen, um deine Einkaufssucht loszuwerden. Leg dir eine bestimmte Geldsumme für dieses Ritual zur Seite und nimm dir vor, dieses Geld zu deinem puren Vergnügen auszugeben und dir Dinge anzuschaffen, die dir sonst zu teuer oder ausgefallen erscheinen. Erinnerst du dich an die seidene Spitzenunterwäsche, die du neulich gesehen hast und in der du wie eine indische Prinzessin aussehen würdest? Wie wäre es zum Mittagessen mit einem Gläschen vom feinsten Champagner? Oder hast du Lust, einmal den teuersten japanischen Tee zu probieren? Geh in ein Blumengeschäft und laß dir einen riesigen Blumenstrauß mit allen deinen Lieblingsblumen zusammenstellen und besorge dir anschließend gleich noch eine passende Vase dafür. Mach einen Termin aus bei einer netten Kosmetikerin, schließe deine Augen und lasse dich sanft verwöhnen. Immer wenn du heute Geld ausgibst, dann tue es mit Freude und sag dir dabei: "Ich verdiene dieses wunderschöne Geschenk, denn ich bin es mir wert, und ich liebe mich über alles". Das ist dein Mantra für den heutigen Tag, und wenn es dir gefällt, solltest du es dir noch viel öfter sagen und es auch aufschreiben und immer bei dir tragen.

Es ist nicht unbedingt nötig, daß du bei dem Einkaufsbummel viel Geld ausgibst, oft genügt es auch, wenn du dir erlaubst, durch exklusive Geschäfte zu bummeln, um die du sonst einen großen Bogen machen würdest, weil du meinst, daß du dir das sowieso nicht leisten kannst.

Genieße diesen Einkaufsbummel mit dem Wissen, daß du dir all das kaufen könntest, was dir gefällt. Vielleicht bist du versucht, auch für deine Familie oder Freunde etwas zu kaufen. Das ist ein edler Zug von dir, doch für dieses spezielle Ritual darfst du einmal nur an dich selbst denken und beobachte, wie sich das für dich anfühlt. Fällt es dir leicht, für dich Luxusartikel einzukaufen? Genießt du es und möchtest du es gerne bald wiederholen? Finde einen krönenden Abschluß für diesen Tag und erlaube dir, dich reich, geliebt und schön zu fühlen.

Lughnasadh - Ein Erntefest

Im August beginnt die Getreideernte, und damit neigt sich der Jahreszyklus seinem Höhepunkt zu. Tag und Nacht haben die Bauern, Mägde und Knechte in früheren Zeiten auf den Feldern gearbeitet, um die Ernte einzufahren und die Scheunen mit Vorräten für den kommende Winter zu füllen. Sie vergaßen dabei auch nicht, den Göttern für die Gaben der Erde zu danken und ihnen Opfer darzubringen, um sie für den kommenden Jahreszyklus gnädig zu stimmen. Der Sonnengott Lugh wurde am 1. August mit einem großen Fest verehrt und die Gäste wurden großzügig mit köstlichen Speisen und Getränken versorgt.

Da das Wetter im August meist noch sehr warm ist, könntest du an diesem Tag ein kleines Picknick mit einigen Freunden planen und zu diesem Fest auch Menschen einladen, die vielleicht nicht so kontaktfreudig sind wie du und sich über eine Einladung sehr freuen würden. Lughnasadh ist ein Fest des Dankes und der Großzügigkeit. Beginnt euer Fest mit einem kleinen Spaziergang und betrachtet die Natur mit den Augen eines neugierigen Kindes, das sich über die vielen Kleinigkeiten und Wunder der Natur freut. Breitet eine große Decke auf einer Wiese oder Waldlichtung aus und stellt alle Speisen in die Mitte, dekoriert eure "Tafel" mit Blumen und Kornähren, und wenn ihr mögt, könnt ihr auch schönes Geschirr und Besteck benutzen. Sprecht ein kleines Dankgebet für eure Mutter Erde, die euch versorgt, und ihr könnt nacheinander einige Dinge aufzählen, für die ihr in eurem Leben besonders dankbar seid. Bittet Lakshmi oder eine andere Göttin, euer Essen zu segnen und genießt die Naturverbundenheit, die ihr bei diesem Picknick empfindet. Anschließend könnt ihr einige traditionelle Lughnasadh Rituale ausprobieren:

Kornpuppen basteln

Sucht einige Kornhalme und flechtet damit einen Zopf oder kleine Kornpuppen. Diese kleinen Puppen werden euch noch lange an diesen Tag mit euren Freunden erinnern und sollen euch Wohlstand und Glück für das kommende Jahr bringen.

Ein Amulett herstellen

Dies ist ein schöner Brauch, den ihr gemeinsam in der Gruppe ausführen könnt. Sammelt bei eurem Spaziergang einen oder mehrere schöne Steine, die so groß oder klein sind, daß ihr sie immer bei euch tragen könnt. Besorgt euch vorher wasserfeste Farbe und bemalt einen Stein für euch, der euch Schutz und Fülle bringen soll. Ihr könnt auch mehrere Steine bemalen, die ihr dann anderen Freunden als Geschenk mitbringt. Legt alle Steine anschließend in die Mitte, haltet eure Hände darüber und bittet die Göttin Lakshmi, diese Amulette zu segnen. Anschließend könnt ihr die Steine im Kreis herumreichen, und jede von euch gibt ihre Wünsche und ihren Segen in ihren Stein. Ihr könnt den Stein in einem kleinen Säckchen um den Hals tragen oder in der Handtasche. Immer wenn ihr ihn in der Hand haltet, werdet ihr an Fülle und Wohlstand erinnert werden.

Beerensammeln

Nach dem Picknick könnt ihr zum Beerenpflücken durch den Wald streifen und euch mit köstlichen Himbeeren und Brombeeren den Bauch vollschlagen. Frische Waldbeeren eignen sich hervorragend für Marmelade und bringen auch in der kühleren Jahreszeit die Erinnerung an diesen Sommertag.

Fragen und Anregungen zum Thema Fülle

1. Schreibe mindestens zehn Dinge auf, für die du in deinem Leben dankbar bist, und werde dir deiner Fülle bewußt.

2. Mache eine Liste mit fünf Dingen, die du dir in deinem Leben noch wünschst und ordne sie nach Prioritäten. Probiere das magische Lakshmi Ritual aus mit dem, was du dir am meisten wünschst.

3. Schreibe dir selbst einen Liebesbrief und führe darin alle deine Talente und Begabungen auf, auf die du stolz bist. Du wirst erstaunt sein, wie lang der Brief wird.

4. Wie leicht fällt es dir, in der Fülle zu leben und dein Leben in vollen Zügen zu genießen? Wer oder was hindert dich daran?

5. Überlege dir fünf Möglichkeiten, wie du deine Fülle, deine Talente, deine Liebe und deine materiellen Güter mit anderen Menschen teilen könntest, und tue es!

Körperteil des Monats: Der Magen Naturheilmittel und Übungen

Der Magen ist ein äußerst sinnliches Organ, und nicht umsonst heißt es im Volksmund: "Die Liebe geht durch den Magen". Im August dreht sich das Thema um die Nahrung, und deshalb solltest du dem Magen in diesem Monat besondere Aufmerksamkeit schenken.

In der chinesischen Medizin ist dem Magen auch die Milz zugeordnet. Beide Organe werden mit dem Element Erde assoziiert, denn sie sorgen für die Verdauung unserer Nahrung und befriedigen damit unser existentielles Grundbedürfnis. Wenn der Magenmeridian im Gleichgewicht ist, fühlst du dich geerdet, hast ein Grundvertrauen in das Leben und begegnest den anderen Menschen mit Mitgefühl und Großzügigkeit. Ist die Energie des Magenmeridians gestört, quälen dich Existenzängste, du sorgst dich über die Zukunft und leidest unter einer schlechten Verdauung. Der Magen wird nicht nur von deiner körperlichen Ernährung beeinflußt, sondern auch von der geistigen Nahrung, die du dir zufügst. Wenn du dich zum Beispiel mit zu vielen Ereignissen oder Lernstoff belastest, leidet auch deine körperliche Verdauung darunter. Beim Essen solltest du Probleme und Diskussionen vermeiden und dich stattdessen dem sinnlichen Genuß hingeben. Laß die Schokolade auf deiner Zunge zergehen und spüre die prickelnde Kühle einer Apfelsaftschorle auf deiner Zunge.

Der Magen liebt sanfte Gewürze und gedünstete Speisen. Leicht verdauliche Gerichte sind zum Beispiel: Buttermilch, Joghurt, Zucchini und Kürbis. Auch gesunde Süßigkeiten mit Honig oder Carob stärken den Magenmeridian. Im Ayurveda, der indischen "Wissenschaft vom Leben", werden für eine gute Verdauung Gewürze wie Ingwer, Kümmel, Koriander, Pfeffer und Turmeric empfohlen. Nach dem Essen werden in indischen Restaurants meist Aniskörner gereicht, die die Magensäfte anregen und außerdem den Atem erfrischen. Streß schlägt sich oft in Erkrankungen des Magens nieder, und du solltest das als ein Signal deines Körpers verstehen und versuchen, dein Leben entspannter und in Freude zu leben.

Yogaübungen zur Dehnung des Magenmeridians

Die Tänzerin

Stehe mit geschlossenen Füßen und lege die Hände an deine Oberschenkel. Verlagere dein Gewicht auf das rechte Bein. Beuge das linke Bein nach hinten und umfasse mit der linken Hand den linken Fuß, neige den Oberschenkel leicht nach vorne und strecke dabei deine rechte Hand diagonal nach vorne. Hebe das gebeugte Bein so hoch wie möglich und spanne die Beinmuskeln dabei an. Halte diese Position eine Weile und wechsle dann das Bein. Fühle dich bei dieser Übung wie eine Tänzerin und laß dich anschließend in freie Bewegungen gleiten und erfreue dich an deinem Tanz.

Die Befreiung der Winde

Liege entspannt auf dem Boden und nimm beim Einatmen das rechte Knie, ziehe es zur Brust und umfasse es mit beiden Händen. Ziehe das Knie an den Brustkorb heran und berühre beim Ausatmen das Knie mit deinem Kopf. Das linke Bein bleibt dabei die ganze Zeit gestreckt. Atme wieder ein und bringe das rechte Knie beim Ausatmen wieder zurück auf den Boden. Wiederhole die Übung mehrmals mit beiden Seiten. Zum Abschluß winkle beide Beine an und drücke sie mit den Armen fest gegen den Unterleib.

Diese Yogaübung beruhigt den Magen und hilft bei Blähungen und Verstopfung.

"Der glücklichen Magen" - ein Mudra

Rechte Hand: Daumen und Zeigefinger pressen aufeinander, die drei anderen Finger bleiben dabei gestreckt.

Linke Hand: Zeigefinger preßt auf Daumennagel, die übrigen Finger sind dabei gestreckt.

Halte diese Fingerposition einige Minuten lang und stell dir dabei vor, wie sich dein Magen entspannt. Du kannst auch ein warmes gelbes Licht visualisieren, das deinen Solarplexus umhüllt und dir Bodenständigkeit und Kraft verleiht.

Ayurvedische Rezepte für eine gute Verdauung

Zitronensaft: Trinke dreimal am Tag ein Glas heißes Wasser mit etwas Zitronensaft. Wirkt sehr gut nach dem Aufstehen.

Ingwer: Kaue ein Stück frischen Ingwer mit etwas Salz ca. fünf Minuten vor den Mahlzeiten.

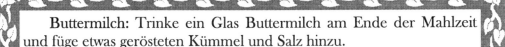

Buttermilch: Trinke ein Glas Buttermilch am Ende der Mahlzeit und füge etwas gerösteten Kümmel und Salz hinzu.

Knoblauch: Püriere ein bis zwei Knoblauchzehen und vermische sie mit einer halben Tasse warmem Wasser zweimal am Tag.

Heiße Salzumschläge gegen Bauchkrämpfe

Erhitze ca. 500 g Kochsalz in einer Pfanne und gib es in einen Baumwollwickel, wenn es gleichmäßig durchwärmt ist. Lege den Wickel auf den Magen und stelle dir vor, wie die Wärme deinen Magen entkrampft und entspannt.

Heiße Kräuterwickel

Bereite einen sehr starken Baldrian- oder Kamillentee zu und tauche darin einen Baumwollwickel ein. Lege das Tuch auf den Bauch und wickle noch ein Handtuch darum, damit die Heilkraft der Kräuter gut in den Körper eindringen kann.

Entspannungstee bei Bauchschmerzen

Mische zu gleichen Teilen Wermut, Kamille, Pfefferminze und Tausendgüldenkraut und nimm ein bis zwei Teelöffel auf 1/4 Liter Wasser.

Tee der "Befreiten Winde"

Mische zu gleichen Teilen Anis, Basilikum, Thymian und Fenchel und nimm einen Teelöffel auf 1/4 Liter Wasser. Trinke davon nach den Mahlzeiten ein bis zwei Tassen.

Heilpflanze der Monats: Der Basilikum
Wellness- und Beauty Tips

Diese wohlbekannte Heilpflanze stammt ursprünglich aus Indien und wird dort als heilige Pflanze des Gottes Vishnu verehrt. Der italienische Reisende P. Vincenzo Maria beschreibt bereits 1672 erstaunt in seinen Reiseaufzeichnungen, daß die Inder in ihren Vorgärten eine Pflanze verehren, die er vor allem in Verbindung mit Mozzarella kennt. Der aromatische Duft des Basilikums soll gegen Krankheiten schützen und selbst den Tod in die Flucht schlagen. Unverheiratete Frauen beten davor um einen Ehemann, und die bereits verheirateten Frauen bitten stattdessen um häuslichen Frieden und Wohlstand. Im Ayurveda wird der heilige Basilikum mit Honig vermischt und gegen Husten, Erkältung und Fieber verabreicht. In der Verbindung mit Ingwer ist er ein beliebtes Hausrezept gegen Bauchweh bei Kindern, und sein ätherisches Öl wirkt antiseptisch und wehrt Moskitos ab. Die Wurzeln werden zu einer Paste verarbeitet und wirken gegen Insektenbisse und sogar bei Skorpionstichen. Wenn ein Inder ein Basilikumblatt zwischen seinen Fingern zerreibt und genüßlich einatmet, spricht er davon, *sattva* zu erreichen, den Zustand von Harmonie und ewiger Glückseligkeit. Bei uns in Europa ist der Basilikum wegen seiner frischen Würze beliebt und vor allem in der italienischen Küche sehr geschätzt.

Basilikumtee

Übergieße einen Teelöffel getrockneten Basilikum mit kochendem Wasser und lasse den Tee vier Minuten ziehen. Er hilft gegen Magenbeschwerden, senkt Fieber und soll auch gegen die Übelkeit bei Chemotherapie und Bestrahlung wirken.

Tulsi Ki Chah - Ayurvedischer Stärkungstee

1/2 Tasse frische Basilikumblätter
2 Tassen kochendes Wasser
1 TL zerkleinerter Ingwer
1 EL Honig

Laß den Basilikum im kochenden Wasser ca. vier Minuten ziehen und gib dann den Ingwer und den Honig hinzu. Koche den Tee noch einmal ca. drei Minuten auf und serviere ihn heiß. Dieser ayurvedische Tee soll Krankheiten vorbeugen und hilft als Stärkungsmittel bei körperlicher Schwäche und Müdigkeit.

Ein sinnliches Reinigungsritual

1 Handvoll aromatischer Kräuter und Blüten

Nach einem Festessen war es im Mittelalter ein schöner Brauch, den Gästen eine Möglichkeit zu geben, ihre Finger in duftendes Wasser zu tauchen und sich zu reinigen. Zelebriere dieses Reinigungsritual nach einem köstlichen Mahl, und es wird für deine Gäste zu einem sinnliches Erlebnis werden.

Zerreibe einige Blätter Basilikum, Zitronenmelisse, Minze oder Rosmarin zwischen deinen Fingern und gib sie in kleine Schälchen, die du mit Wasser füllst. Gib dann noch einige Rosenblätter, Veilchen oder andere duftende Blüten hinzu und reiche dieses wohlriechende Wasser nach einem köstlichen Mahl deinen Gästen, damit diese sich die Hände säubern können.

Erfrischungsmaske für heiße Sommertage

1 Tasse frische Minzblätter
1 Tasse kaltes Wasser

Püriere die Minzblätter mit dem Wasser und stelle die Maske ca. zehn Minuten in den Kühlschrank. Gib die Maske in ein Handtuch und lege sie dir ca. zehn Minuten auf das Gesicht. Atme das erfrischende Aroma der Minzblätter ein und stelle dir vor, wie sich deine Gesichtshaut regeneriert und verjüngt.

"Himmlische Glückseligkeit" - Kräuterbad

1/4 Tasse getrockneter Basilikum
1/4 Tasse getrockneter Eukalyptus
1/4 Tasse getrocknete Pfefferminze

Gib alle Kräuter in ein kleines Säckchen oder einen Strumpf und reibe damit während des Badens deinen Körper ab. Der Duft des Basilikums wird deine geistigen Kräfte beleben, der Eukalyptus schenkt dir Klarheit, und die Pfefferminze stimuliert deine Lebensgeister.

Zarter Luxus für die Hände

1 reife Avocado
3/4 Tasse gekochten Haferbrei
1/4 Tasse Mandelöl
1/4 Tasse Kokosnuß- oder Olivenöl
1/4 Tasse Wasser

Vermische alle Zutaten bis auf das Wasser in einem Mixgerät und gib dann langsam etwas Wasser hinzu, bis die Maske die Konsistenz von Pudding erreicht hat. Verteile diese reichhaltige Mischung liebevoll auf deinen Händen und laß sie ca. zehn Minuten einwirken, bevor du sie mit lauwarmen Wasser wieder abwäschst.

Kochrezepte für den Monat August

Der sinnliche Genuß des Essens steht in diesem Monat besonders im Vordergrund. Deshalb solltest du dir viel Zeit nehmen, für dich und deine Familie leckere Mahlzeiten zuzubereiten. Das Angebot an frischen Früchten und Gemüsen ist im August besonders groß, und die Natur lädt dich ein, an ihrer Fülle teilzuhaben.

Aviyal - eine südindische Köstlichkeit
für 4 - 6 Personen

1 kg gemischtes Gemüse (Kartoffeln, Karotten, Bohnen, Erbsen, Kürbis oder Zucchini)
1 braune Kokosnuß
500 g cremiger Joghurt
6 grüne Chili Schoten
1/2 Tasse Kokosnußöl
2 Korianderzweige
Salz

Schneide das Gemüse in längliche Stücke und dünste es mit etwas Salz. Gratiniere die Kokosnußstücke, zerkleinere die Chili Schoten und vermische alles mit dem sämigen Joghurt. Vermische das gedünstete Gemüse gut mit der Joghurtsoße und erhitze es eine Weile. Gib zum Schluß das Kokosnußöl und die Korianderzweige hinzu und serviere dieses exotische Gericht mit Reis oder Chapati.

Sukhe Baingan - Exotisches Auberginengericht

für 4 Personen

600 g Auberginen
4 TL Salz
4 EL Sesamöl
1/2 TL Cayenne Pfeffer
1/4 TL Zucker
1/2 TL Sesamkörner
2 EL gehackte Walnüsse
2 TL Zitronensaft
2 - 3 EL gehackte Petersilie

Schneide die Auberginen in dünne Scheiben und bestreue sie mit Salz, damit die Bitterstoffe herausgezogen werden. Wasche das Salz nach zehn Minuten wieder ab und trockne die Scheiben mit einem Tuch. Bräune die Auberginen nacheinander kurz je drei bis vier Minuten pro Seite in dem Sesamöl und stelle sie zur Seite; du kannst das Öl auch mit einem Papiertuch abtupfen. Gib zum Schluß alle Auberginenscheiben wieder in die Pfanne und vermische sie gut mit den restlichen Zutaten. Serviere dieses leckere Gericht mit Reis oder als kalte Vorspeise.

Mango Lassi - ein erfrischendes Getränk

1 Tasse Joghurt
1/2 TL frischer Zitronensaft
1/2 Tasse frische Mango (oder eine andere Frucht)
4 EL Honig
1/4 Tasse kaltes Wasser
Eventuell Eiswürfel.
Etwas Zimt

Vermische alle Zutaten in einem Mixer und gib am Schluß die Eiswürfel dazu.

Vor allem in der heißen Jahreszeit ist diese Vitaminbombe ein ideales Getränk für eine kleine Ruhepause am Nachmittag, um wieder zu regenerieren und fit zu werden.

Lakshmis berauschender Ananaspunsch

500 ml Ananassaft
250 ml Wasser
13 cm Zimtstange, in kleinen Stücken
5 Nelken
6 grüne Kardamom, zerdrückt
2 EL gehackte Minzblätter
100 ml Brandy

Vermische die Hälfte des Ananassafts mit den übrigen Zutaten, bringe das Getränk zum Kochen und lasse es ca. zwanzig Minuten auf kleiner Flamme zugedeckt ziehen. Laß den Punsch etwas erkalten, sieh in ab und gib den restlichen Saft und den Brandy hinzu. Stoßt an auf die Göttin Lakshmi und genießt diesen exotischen Fruchtpunsch.

Raita - Erfrischende Joghurtcreme
für 6 Personen

6 - 7 geschälte Gurken
1/2 TL Kümmel
1/2 TL Koriander
3 Tassen Joghurt
4 Frühlingszwiebeln, klein geschnitten
1 EL frischer Koriander und etwas Salz

Raspele die Gurken auf einer Reibe und drücke sie dann gut in einem Küchentuch aus.

Erhitze Kümmel und Koriander leicht in der Pfanne und zermahle sie dann in einem Mörser oder zerdrücke sie mit einer Gabel und etwas Salz.

Vermische alle Zutaten in einer kleinen Schüssel und stelle sie mindestens eine Stunde im Kühlschrank kalt.

Diese erfrischende Beilage paßt besonders gut zu den scharfen indischen Gerichten und erfrischt den Magen an einem heißen Sommertag.

LAKA
DIE GÖTTIN DER LEBENSFREUDE
IM MONAT SEPTEMBER

Laka

Laka

Ich bin Laka, die Göttin der Lebensfreude, die Patronin des Hula-
tanzes und die Hüterin des Sonnenscheins. Ich verstreue das Sonnenlicht auf der Erde, damit alles wächst und gedeiht. In mir ist die göttliche Kraft der Heilung, und die Kräfte der Pflanzen öffnen sich mir,
wenn ich in Freude und Leichtigkeit über die Erde tanze. Ich lade dich
ein, dein Leben in vollen Zügen zu genießen. Meine Mutter ist Hina,
entsprungen aus Papa, der Mutter Erde, und Wakea, dem Himmli-

schen Vater. Meine Heimat ist Hawaii, die Lichtinsel im Pazifik, das Land des Huld, der Hunalehre, der Leichtigkeit, der Blumen und der glücklichen Menschen. Meine Lieblingsblume ist die Plumeria mit ihren wunderschönen Blüten, aus denen die Leis, die duftenden Blütenkränzen, die zu Hawaii gehören wie die Sonne, gefertigt werden.

Ich verjünge dich, indem ich mit dir feiere, tanze und das Kind in dir lebendig werden lasse. Das Leben ist ein Spiel, spiele es! „Hang loose", wie es auf Hawaii heißt, „nimm's leicht" und erfreue dich an deinem Dasein. Während meine Schwester, die Göttin Pele, ihre Feuerenergie spüren läßt, genieße ich das Leben an den weißen sandigen Stränden, den Sonnenschein, das Wachstum der Pflanzen und den Tanz. Ich lehre dich, deinen Weg zur Göttin zu tanzen, voller Freude am Leben. Ich bin die Göttin des Hula, des heiligen Tanzes von Hawaii, eine Mischung aus Rhythmus, Gesang und Bewegung, der die Geschichte der Menschen Hawaiis erzählt. Sie verbinden sich im Tanz mit den Elementen der Natur und drücken dies in Bewegung und Gesängen aus. Sie erzählen über die Götter, die Kräfte der Natur und auch über die alltäglichen Begebenheiten. Der Tanz verbindet dich mit den Elementen der Natur, werde eins mit ihr im Tanz und im Spiel, lerne, ganz im Augenblick zu sein. Das möchte ich in dir wecken, die Fähigkeit, ganz im Moment zu sein, mit dem zu verschmelzen, was du gerade tust. Wenn du im Hier und Jetzt bist, bist du in deiner Göttlichkeit.

Wer sagt, daß der Weg schwer sein muß?

Du bist hier auf dieser wunderschönen Erde, um dein Leben zu genießen und mit ihm zu fließen. Eins zu sein mit der Natur heißt, mit all deinen Sinnen zu leben. Mein Weg ist der Weg der Leichtigkeit und der Lebensfreude. Komme mit mir auf die Insel der Blumenkränze, der unglaublichen Sonnenuntergänge, der Kunst des Lebens und der funkelnden Regenbogen. Glaubst du, daß nur Kinder spielen dürfen? Nein, auch du sollst mit dem Leben spielen, das ist der Weg zur eigenen Göttlichkeit. Wenn dir das Schicksal eine Zitrone reicht, dann mach eine Limonade daraus! Du entscheidest, welche Rolle du im Theaterstück spielst, das "Leben" heißt. Ich versichere dir, es ist wunderbar leicht durch das Leben zu schweben, zu tanzen und zu spielen mit allem, was das Leben dir bringt.

Huna, die polynesische Philosophie der Liebe ALOHA und der Kraft MANA, basiert auf einer liebe- und freudvollen Grundhaltung dem Leben gegenüber, Toleranz und einem friedlichen Miteinander, ein „leben und leben lassen". „Die Welt ist so, wie du sie siehst", das ist einer der Grundsätze des Huna. Die Hunalehre ist undogmatisch, „nie verletzen, immer helfen", - das ist die einzige Forderung.

Sie basiert auf sieben Grundprinzipien:

- *Sei bewußt*
- *Sei frei*
- *Sei konzentriert*
- *Sei hier*
- *Sei glücklich*
- *Sei zuversichtlich*
- *Sei gut*

Du meinst, das klingt ganz einfach? Dann los! Lebe es! Jetzt, gleich, verschiebe nicht, worauf wartest du? Freue dich, lache und versprühe Lebensfreude. Jedem Menschen, dem du begegnest, schenke ein Lächeln, und vor allem dir selbst.

Der September ist der Monat der Ernte, auf hawaiianisch Kepekemapa, und wird auch "Witumanoth", der Monat des Holzsammelns oder Herbstmond genannt. Es ist der Monat des Abschieds vom Sommer, die Tage sind wieder so lang wie die Nächte, Zeit zu ernten und zu danken. Nach Mariä Geburt, dem kleinen Frauentag am 8. September, machen sich die Zugvögel langsam auf den Weg in den Süden. Doch hält der September auch ein Geschenk für uns bereit: den Altweibersommer in der zweiten Monatshälfte. Wer nun raus geht in die Natur kann sich dem Zauber der glitzernden Spinnweben kaum entziehen. Überall weben die jungen Wolfsspinnen ihre Fäden, die aus dem Mantel der Gottesmutter Maria stammen sollen und deshalb Marienseide genannt werden. Es wird dir Glück bringen, wenn du dich in diesen seidigen Fäden verfängst.

Am 21. September, der Tagundnachtgleiche, sind Tag und Nacht, Licht und Dunkelheit im Gleichgewicht, eine gute Zeit, um sich selbst in Balance zu bringen und in Einklang mit sich selbst zu kommen. Die Spinnblume, auch Herbstzeitlose genannt, blüht, der Holunder reift, die ersten Äpfel werden geerntet, auch der Sanddorn leuchtet mit seinen orangefarbenen Beeren. Noch können die Tage sehr warm sein und die Nächte mild. Die Lebenslust bäumt sich noch einmal richtig auf, bevor die Tage kürzer werden und die lauen Sommernächte der kühlen, dunklen Zeit weichen. Am Michaelistag beendet der Erzengel Michael das Sommerhalbjahr , deshalb nennt man diesen Tag auch Sommersylvester.

Ein besonderer Tag ist auch der 28. September, der Festtag der Göttin Baubo, einer griechischen Göttin des ausgelassenen Lachens. Nimm dir heute vor, besonders viel zu lachen, bringe andere zum lachen, erzähle Witze oder kitzele deine Freunde ausgelassen wie ein Kind. Feiere in diesem Monat dein persönliches Erntedankfest: Was hast du gesät in diesem Jahr, was du nun ernten kannst?

Eine Reise zu Laka, der Göttin der Lebensfreude

Mache es dir bequem, sitze oder liege entspannt. Komm mit der Göttin Laka auf eine Reise in ihre Heimat. Aloha, sei willkommen auf der Insel der Blumen und des Tanzes und lege dir einen Blumenkranz aus Plumeriablüten um den Hals. Riechst du den Duft? Laß alles Schwere los, du bist auf der Insel der Lebensfreude und der Leichtigkeit. Du sitzt auf einem weißen Sandstrand, die Palmen wiegen sich im sanften Wind. Komm mit mir ins Wasser, spiele und tolle herum wie ein kleines Kind, laß dich umspülen von den Wellen. Siehst du die Delphine, wie sie aus dem Wasser hüpfen und dich begrüßen? Wenn du magst, rufe einen herbei und fühle seine samtweiche Haut. Lege dich dann auf den warmen weichen Sand, kullere herum, wenn du willst, schlage Purzelbäume und sei ganz im Augenblick. Fühle nun zu deinem Sonnengeflecht um deinen Nabel herum und lasse das Licht der Sonne hineinfließen, um das Licht in dir noch stärker zum Strahlen zu bringen. Fühlst du dich nicht schon leichter und freudiger? Visualisiere orangegoldenes Licht, das deinen ganzen Körper durchflutet und jede Zelle mit Lebensenergie füllt.

Komm mit, laß dich an einen magischen Ort führen, oben in den Bergen. Von hier blickst du weit über die Insel, siehst den Ozean, die Berge und die üppige Vegetation, hier oben ist der magische See, der durch die Zeit schaut Wende dich gen Osten und rufe die Elemente der Luft, die Luftwesen, die Sylphen, und die Elfen, die helfen, in Klarheit zu erkennen. Wende dich gen Süden und rufe die Wasserwesen, den blauen Geist des Wassers, der uns hilft zu fließen mit allem, was ist. Wende dich gen Westen und rufe die Elemente des Feuers. Die Feuerwesen sollen dir helfen, die Leidenschaft und Emotionen kreativ zu lenken. Wende dich gen Norden und rufe die Kräfte der Erde, die Mutter, auf der wir leben, damit sie uns verbindet mit ihrer Kraft und Fruchtbarkeit.

Stehe nun still und nimm die Kräfte der Elemente auf. Dann öffne deine Augen und schaue in den See. Nun siehst du dich als kleines Mädchen, singend und spielend voller Lebensfreude; dann wandelt sich das Bild und du siehst dich als erblühte Frau, schön und sinnlich, und dann verwandelst du dich in die weise wissende Alte, die in sich ruht. Laß alle drei Bilder in dir wirken, sie sind immer in dir, egal in welchem Lebensabschnitt du gerade bist, du kannst jederzeit das kleine Mädchen sein wie auch die weise Alte oder die erotische Frau.

Die Hulatänzerinnen warten auf dich, um mit dir zu tanzen und zu singen. Hier oben wachsen die magischen Ti-Sträucher. Sie sind heilig und der Göttin Laka geweiht. Aus ihren Blättern werden die traditionellen Röcke der Hulatänzer gemacht, und einer liegt für dich bereit. Lege ihn dir an und lasse dir noch einen Blumenkranz auf den Kopf setzen. Der Tag neigt sich schon langsam dem Ende zu, und von hier oben hast du einen wunderbaren Blick auf den legendären Sonnenuntergang Hawaiis. Die Tänzerinnen um dich herum beginnen zu tanzen, ihre Hüften zu schwingen und zu singen. Verbinde dich mit Laka und lasse deinen Körper sich bewegen, mache dir keine Gedanken, ob du es richtig machst, es gibt kein Richtig und Falsch, dein Körper weiß genau, wie er sich bewegen will und was ihm gut tut. Höre die Gesänge und laß dich tragen und bewegen. Ist das nicht ein wunderbarer Augenblick, die glutrote Sonne zu sehen, wie sie langsam im Meer versinkt, und deinen tanzenden Körper zu spüren?

Erlaube der Göttin Laka, durch dich zu tanzen, lasse noch ein wenig mehr los, laß alle Bewegungen zu, vielleicht möchtest du nun ganz wild tanzen, höre die Rasseln, die immer lauter werden. Die heiligen Rasseln des Hula bringen alle Zellen in dir zum Schwingen, wecken Erinnerungen an alte Rituale. Tanze, solange du möchtest, dann setze dich hin und schau in die Weite, du bist Teil dieser prächtigen Natur um dich herum. Danke dem Universum für diesen Augenblick, und es wird dir viele solcher Momente schenken.

Frage dich nun in diesem glücklichen Moment, was noch mehr

Freude in dein Leben bringt? Wann bist du wirklich glücklich und erfüllt und tanzt den Tanz des Lebens aus vollem Herzen? Nimm dir vor, von nun an jeden Morgen mit Freude den Tag zu beginnen und sei bereit, noch mehr Freude in dein Leben fließen zu lassen.

Die Göttin Laka geleitet dich nun zurück, komm bald wieder, du Tochter der Freude, ALOHA!

Liebe Lebe Lache
Ein Tag der Lebensfreude

Entscheide dich bewußt für einen Tag der Lebensfreude, wähle möglichst einen Tag, an dem du nicht arbeiten mußt.

Wenn du erwachst, bleibe noch einige Minuten liegen, rekele und strecke dich genüßlich. Drücke auf den Knopf deines CD-Spielers, in den du gestern abend schon deine Lieblings-CD eingelegt hast. Lege dich wieder hin, ziehe deine Mundwinkel nach oben und beginne den Tag, indem du in deinen Körper hineinlächelst. Lächele in jedes Organ und erwecke es mit Freude. Sage zum Beispiel: „Hallo, mein Herz, guten Morgen! Wie schön du für mich schlägst; ich sende dir Freude und Liebe und freue mich auf einen wunderschönen Tag mit dir." Du kannst dabei auch deine Hand auf das jeweilige Organ legen. Gehe durch deinen ganzen Körper und lächele in jedes Organ und jedes Körperteil.

Dann strecke dich nochmals ausgiebig, und stehe langsam auf. Gehe ins Bad, schaue in den Spiegel und lächele dich an. Wenn du willst, kannst du dir auch einen Guten-Morgen-Kuß auf den Spiegel geben.

Mache deine Morgentoilette bewußt und freudig. Wenn du unter der Dusche stehst, stell dir vor, daß das Wasser, das auf dich prasselt, gefüllt ist mit Lebenskraft und Lebensfreude. Jeder Wassertropfen, der auf deiner Haut zerplatzt, füllt dich noch mehr mit Energie und macht dich frisch und wach. Wenn du mit deiner Familie oder deinem Partner zusammenlebst, begrüße sie heute morgen besonders freudig und sage ihnen, wie gerne du mit ihnen zusammen lebst. Gehe nun zum Fenster, schaue hinaus und begrüße die Welt mit einem Lächeln. Atme ein, öffne weit die Arme und dein Herz, und mit dem Ausatmen umarme dich ganz fest und sage dir, wie sehr du dich auf den heutigen Tag freust, wie schön es ist zu leben.

Was möchtest du heute gerne tun, was macht dir richtig Spaß? Denke nicht, daß du vielleicht aus dem Alter heraus bist, herumzutoben und verrückte Dinge zu tun. Wenn du Lust hast zu tanzen, dann tanze. Wenn es dir Spaß macht, in die Stadt zu gehen, zu bummeln und im Café zu sitzen, tue es. Oder gehe in die Natur, sprich mit den Bäumen, laß Drachen steigen, gehe schwimmen oder in die Sauna oder ins Kino. Sei spielerisch, laß das Kind in dir zu Wort kommen, höre genau hin, was will es? Gönne dir heute mal wirklich das, was dir am meisten Freude bereitet. Ziehe dich schön an, oder wenn du Lust hast, dich heute gar nicht anzuziehen, sondern in deinen Wohlfühlklamotten zu Hause herumzuhängen und tagzuträumen, tu es! Wichtig ist, daß du bewußt bist an diesem Tag der Lebensfreude, ganz hier im Augenblick. Wenn es dir schwer fällt, nimm einen kleinen Wecker und lasse ihn jede Stunde klingeln, und wenn er klingelt, dann schließe die Augen und nimm dich wahr, sei präsent, hole dich in den jetzigen Augenblick, rufe Laka und tanze innerlich mit ihr den Tanz des Lebens. Die Vergangenheit ist vorbei, die Zukunft ist noch nicht, nur der jetzige Augenblick ist real. Jedem Menschen, dem du heute begegnest, schaue in die Augen, lächele ihn an und denke oder sage: „Schön, daß es dich gibt; schön, daß es mich gibt!"

Am Abend organisiere ein Candlelight-Dinner mit deinem Liebsten, einen Bummel mit deinen Freundinnen, oder eine Nacht alleine unter freiem Himmel. Du weißt nun sicher, was dich am meisten erfreut ... Wenn du dann, nach einem erfüllten glücklichen Tag, ins Bett gehst, dann lächele wieder in deinen Körper, spüre ihn, fühlt er sich nicht leichter und entspannter an? Danke ihm für den Tag und versprich dir, so einen Tag bald zu wiederholen und jeden Tag bewußter zu leben und zu genießen.

Herbsttagundnachtgleiche am 21. September

MABON ist das Erntedankfest, der Tag, an dem Tag und Nacht im Gleichgewicht sind. Zur Begrüßung der dunklen Zeit haben die Bäume ihr schönstes Kleid angelegt. Zeit, um zu danken für die Gaben des Jahres. Licht und Dunkelheit sind für kurze Zeit im Gleichgewicht, bis die Dunkelheit über das Licht siegt. Wenn möglich, feiere dieses Ritual im Freien.

Hast du einen schönen Platz gefunden, dekoriere ihn mit Herbstblättern, Eicheln, Wildblumen, Federn und Früchten, grünen und goldenen Kerzen. Bereitet ein Festmahl vor, um es nach dem Ritual zu genießen. Jede bringt etwas Köstliches zu essen und zu trinken mit. Habt einen großen Kelch, einen guten roten Wein, ein großes Tuch und für jede Frau einen Apfel dabei. Alle Teilnehmerinnen kleiden sich in herbstlichen Farben und bringen Symbole mit für das, wofür sie danken wollen und was sie nun ernten können.

Bildet einen Kreis, ruft die Kräfte der Natur herbei, die Elfen, Gnome, Udinen und Salamander für die Elemente, begrüßt die Bäume und Pflanzen um euch herum, die sichtbaren und unsichtbaren Tiere. Alle mitgebrachten Symbole und Gegenstände liegen in der Mitte des Kreises. Ihr könnt dort auch einen Altar errichten, auf den ihr sie legt. Schön ist es, ein Symbol für die Elemente in die jeweilige Himmelsrichtung zu legen, zum Beispiel eine Feder für die Luft, eine Kerze für das Feuer, eine Muschel für das Wasser und ein Stein für die Erde. Nun räuchert den Ort entweder mit der vorgeschlagenen Räucherung oder auch mit einem Räucherstäbchen, reinigt euch gegenseitig, indem ihr euch mit dem Räucherwerk umhüllt, und begrüßt euch im Kreis. Ladet die Göttinnen ein, vergeßt Laka, die Göttin des Monats, nicht, und entzündet die Kerzen in der Mitte. Jede Frau nimmt einen Apfel in die Hand und schneidet ihn quer auf, so daß das Pentagramm, der fünfzakkige Stern der Erkenntnis, sich im Inneren des Apfels offenbart. Legt dann die eine Hälfte des Apfels in die Mitte des Kreises als Geschenk für die Göttin und eßt die andere als Symbol der Erd- und Lebenskraft.

Schließt nun die Augen und visualisiert, wofür ihr heute gerne danken möchtet. Der Reihe nach sprecht es laut aus und nennt euren Namen dazu, Ich, ... danke für ... Erinnert euch, was ihr gesät habt am Ostarafest, welche Pläne ihr hattet und was daraus entstanden ist. Laßt dann den Kelch mit Wein herumgehen für das, was die Natur euch schenkt. Trinkt ihn und spürt auch hier die Lebenskraft der Trauben und der Sonne. Nun laßt eurer Lebensfreude und Phantasie freien Lauf, tanzt, trommelt, singt. Zum Abschluß setzt sich eine Frau nach der anderen in die Mitte des Kreises. Legt das Tuch über sie, als Symbol für die kommende dunkle Zeit, und gebt ihr Raum zu spüren, zu hören, was sie für eine Botschaft für sich bekommt. Diese Eingebung spricht sie dann laut aus. Nachdem jede in der Mitte war, entlaßt die Kräfte der Elemente und bedankt euch bei ihnen. Löscht die Kerzen und bedankt euch bei der Göttin und dankt euch auch gegenseitig, indem ihr euch umarmt. Öffnet dann den Kreis entweder mit folgenden Worten: „der Kreis ist offen, doch ungebrochen", oder was immer euch passend erscheint.

Nun ist die Zeit für ein Erntedankfest. Wenn das Wetter es erlaubt, labt euch an einem Picknick, ansonsten habt ihr innen einen Raum herbstlich dekoriert und beduftet.

Bevor ihr anfangt zu essen, segnet das Essen, entweder mit euren Händen oder einem Gebet, und bedankt euch für die Gaben der Natur. Laßt es euch schmecken!

MABON Erntedankräucherung

2 Teile Weihrauch
1 Teil Sandelholz
1 Teil Zypresse
1 Teil Wacholder
1 Teil Pinie
1/2 Teil Eichenmoos
1 Prise pulverisiertes Eichenblatt

Fragen und Anregungen zum Thema Lebensfreude

1. Was bringt Freude in dein Leben?

2. Wer oder was hindert dich oft daran, deiner Freude Ausdruck zu geben?

3. Glaubst du wirklich daran, daß du es verdient hast, ein freudvolles Leben zu führen?

4. Verschiebst du die glücklichen Zeiten oft auf die Zukunft?

5. Hast du Zeit in deinem Leben, um einfach nur zu „sein"?

6. Was kannst du tun, um mehr Freude und Leichtigkeit in dein Leben fließen zu lassen? Tue es sobald wie möglich und sei dankbar für alles Schöne in deinem Leben!

Körperteil des Monats: Der Rücken Naturheilmittel und Übungen

Lebensfreude hängt auch von der Beweglichkeit und Flexibilität des Rückens ab. Der Rücken muß einiges aushalten im Laufe des Lebens. Viele Nackenschläge, Anspannungen durch Haltungsfehler, seelische Belastungen durch berufsbedingten oder emotionalen Streß. Oft laden wir uns zuviel auf die Schultern oder verbiegen uns, um es allen recht zu machen. Die Wirbelsäule, der Energiekanal des Körpers, ist der Schlüssel zu unserer Gesundheit, die dreiunddreißig Wirbel umschließen die Rückenmarksnerven, die dann als einzelne Nervenstränge zu allen Organen gehen. Sie ist unser Rückgrat, hält uns aufrecht und ist ein Ausdrucksorgan für innere Spannungen.

Tue etwas gegen deine Rückenschmerzen, sobald du sie wahrnimmst. Oft haben sie etwas mit Aufrichtigkeit zu tun, nicht zu buckeln, nicht steif und hartnäckig sein, sondern mit dem Leben versuchen zu fließen und aufrichtig sein, das heißt: zu seinen Gefühlen zu stehen und ihnen Ausdruck zu geben. Für deine allgemeine Gesundheit und Lebensfreude ist es ungeheuer wichtig, die Wirbelsäule und die Rückenmuskulatur geschmeidig zu halten. Je gesünder die Wirbelsäule, desto gesünder und vitaler der Mensch! Verspannungen im unteren Rücken haben oft mit der Blase, der Niere und den Fortpflanzungsorganen zu tun, Verspannungen im Bereich der Brust und Nackenwirbel oft psychische Ursachen; Schmerzen zwischen den Schulterblättern können auf verletzte Gefühle und Kummer hinweisen. Das Festhalten der Gefühle verspannt Brust- und Rückenmuskeln. Weit verbreitet sind Nackenverspannungen, sie können sowohl durch geistige Überanstrengung wie auch emotionale Belastungen ausgelöst werden, zum Beispiel weil wir uns vielleicht gegen die Gefühle versteifen und Wut unterdrücken. Jede Gefühlsverdrängung, jeder Streß verstärkt die Verspannung und stört das körperliche Gleichgewicht. Auch die Heiler des alten Hawaii, die Kahuna, gingen davon aus, daß Krankheit in ihrem Fluß blockierte Lebensenergie ist. Gesundheit ist das freie Fließen dieser Lebensenergie. Jegliche Methoden, die den Körper, die Seele und den Geist entspannen, erhöhen den freien Fluß dieser Energie, des Mana, wie die Hawaiianer sie nennen.

Wirksame Therapien bei Rückenbeschwerden

Regelmäßige Bewegung und „Aufrichtigkeit" sind das Beste für die Gesunderhaltung deines Rückens. Probiere aus, was dir am meisten Spaß macht, denn nur, wenn es dir Freude bereitet, kommen Körper, Geist und Seele in Einklang.

Vielleicht probierst du einen Yoga- oder Qi Gongkurs oder besuchst eine Feldenkraisstunde, gehst schwimmen, gönnst dir eine Massage, Rolfing, oder eine hawaiianische Lomi Lomi Behandlung, oder fängst am besten gleich mit den folgenden Übungen an.

Yogaübung: Der Katzenbuckel

Gehe in den Vierfüßlerstand, Gewicht gleichmäßig auf beide Hände verteilen und nun strecke und dehne dich erst einmal genüßlich, als wärest du eine Katze.

Dann mache beim Ausatmen einen Katzenbuckel, ziehe das Kinn zur Brust und den Bauch ein, beim Einatmen lasse den Rücken durchhängen, die Bauchmuskeln sind locker und der Kopf erhoben. Mache die Übung mindestens zehnmal.

Affirmationen bei Rückenbeschwerden:
Das Leben unterstützt mich!

Fit für einen freudigen, entspannten Abend

Wenn du nach einem anstrengenden Tag nach Hause kommst, tue dir erst einmal etwas Gutes und entspanne dich in der Embryohaltung. Sie öffnet und entspannt den Nacken, die ganze Wirbelsäule und den Lendenbereich und vertieft die Atmung. Knie dich hin, lasse die Brust zu den Oberschenkeln sinken und bringe Kopf und Knie so nahe wie möglich zusammen. Die Arme liegen entspannt an den Seiten. Genieße die Haltung, atme tief und wiege deinen Körper ganz sanft, fühle dich behütet und beschützt. Drehe dich dann auf den Rücken, ziehe deine Knie zu Brust, umarme sie und wiege dich sanft hin und her und gib deinem Rücken eine Massage.

Qi Gong für den Rücken
„Ins Tor des Lebens atmen"

Das Tor des Lebens ist ein wichtiger Punkt, er liegt am Rücken zwischen dem zweiten und dritten Lendenwirbel. Stehe entspannt und reibe deine Hände fest aneinander, während du ausatmest, lasse sie dann auseinandergleiten und führe sie nach hinten, lege die Handflächen in der Höhe der Lendenwirbelsäule auf den Rücken und reibe beim Einatmen fest den Rücken rauf und runter. Zum Ausatmen bringe die Hände wieder nach vorne und reibe, und dann wieder zum Einatmen auf den Rücken und reiben. Wiederhole bis zu fünfzehn Mal. Hilft gegen Kreuzschmerzen und stärkt die Nieren.

Tee gegen den Schuß der Hexen

10 g Lindenblüten
10 g Weidenrinde
10 g Kamillen
20 g Spierblüten

Einen Teelöffel auf eine Tasse heißes Wasser, zehn Minuten ziehen lassen und bei akuten Beschwerden dreimal täglich eine Tasse trinken

Steinheilkunde bei Rückenschmerzen

Der apfelgrüne Chrysopras kann sehr schnell helfen, lege ihn auf die schmerzenden Stellen oder halte ihn in der Hand, er kann sogar seine Farbe verändern, wenn er die toxischen Stoffe aus deinem Körper aufnimmt. Probiere es aus.

Selbstmassage Hula Hula

Lege dir ein zusammengefaltetes Tuch um den Hals, halte die Enden fest in Schulterhöhe. Dann ziehe es langsam hin und her und massiere das Gewebe. Gehe dann tiefer bis in die Höhe der Brust und massiere hier etwas fester, gehe dann immer ein Stück tiefer, und wenn du bei den Hüften angekommen bist, stell dir vor, du wärest eine Hulatänzerin, mache Bewegungen, als würdest du tanzen oder hättest einen Hula-Hoop-Reifen und verstärke so noch die Wirkung. Der Rücken rötet sich und wird schön durchblutet.

Heilpflanze des Monats: Der Apfelbaum
Wellness- und Beautytips

Gehe hinaus auf ein Feld, suche dir einen Apfelbaum und setze dich darunter. Nimm einen Apfel in deine Hand, fühle die glatte Haut, beiße herzhaft hinein und schmecke ihn.

Schon den Druiden war der Apfelbaum heilig, und die Könige der Artussage sehnten sich nach dem Apfelland, Avalon genannt. Die Frucht des Baumes, der Apfel, ist ein Symbol der Fruchtbarkeit, auch der Liebe. Spirituell steht er für den Neubeginn und war schon immer ein Symbol für mystisches Wissen und Lebenskraft. Iduna, in der nordischen Mythologie die Göttin der ewigen Jugend und Sinnbild für die sich ständig erneuernde Kraft der Natur, hütete ihre goldenen Äpfel in einem Schrein. Götter und Göttinnen verzehrten diese Äpfel, um sich jung zu erhalten.

Der Apfel ist die älteste kultivierte Frucht der Erde. Archäologen fanden verkohlte Dörrapfelschnitze bereits in prähistorischen Siedlungen.

Die Heilkraft des Apfels ist unübertroffen, er enthält kein Fett, dafür die Vitamine C, B1, B2, B6 und Carotin, sowie die Mineralstoffe Kalium, Kalzium und Phosphor. Sein Fruchtzucker geht schnell ins Blut, weckt die Lebensgeister und belebt den gesamten Organismus durch die Zufuhr wichtiger Mineralien.

Bei Leber und Gallebeschwerden hilft eine Apfeldiät, und auch bei Nieren- und Blasenleiden fördern Äpfel und Apfeltee die Harnausscheidung. Bei entzündlichen Erkrankungen sind Äpfel immer sinnvoll, da ihre Gerbsäure Viren und Bakterien abtöten kann.

Der heilende Apfel
Apfelheiltee

Schneide die Äpfel in dünne Scheiben, gib zehn Gramm Melissenblätter dazu und übergieße das Ganze mit kochendem Wasser, laß einige Minuten ziehen, gieße ab, gib je nach Geschmack Honig, Zitronensaft oder Zimt dazu. Dieser Tee stärkt die Nerven, reinigt das Blut und ist insgesamt ein Stärkungsmittel.

Apfelessig

Dazu werden die Äpfel gepreßt, zu Apfelwein vergoren und zu Essigsäure umgewandelt. Du solltest nur Apfelessig aus kontrolliert biologischem Anbau verwenden.

Anti - Aging Cocktail

1 Glas lauwarmes Wasser
2 Tl Apfelessig
2 TL Honig

Trinke diesen Schönheitsdrink nüchtern jeden Morgen.

Er hilft auch gegen Gelenkschmerzen und Rückenschmerzen, trinke dazu zwei Gläser am Tag. Gegen Durchfall brauchst du mehrmals am Tag ein Glas. Er stärkt das schwache Herz durch seinen Kalium-Gehalt. Bei schwachem Herz bis zu vier Gläser täglich trinken.

Apfel-Ei-Maske Avalon

Diese Maske hat eine straffende und reinigende Wirkung auf das Zellgewebe der Haut.

Verrühre das Fruchtfleisch eines nicht zu reifen, geraspelten Apfels mit einem Ei. (Nimm möglichst einen Apfel aus biologischem Anbau). Trage dann die Maske auf und lasse sie zehn Minuten einziehen, spüle mit warmem Wasser ab und trage die magische Apfelsaftcreme auf.

Magische Apfelsaftcreme

Nimm möglichst frisch gepreßten, naturreinen Apfelsaft, er belebt, erfrischt und glättet die Haut. Du kannst ihn direkt auf die Haut auftragen, aber besser ist es, ihn mit deiner Lieblingscreme zu verrühren, so können sich die Wirkstoffe besser entfalten.

Apfelbad Pommela

Vermische eine Tasse frisch gepreßten Apfelsaft mit einer viertel Tasse Honig, gib eine Messerspitze Zimt dazu und die Mischung ins Badewasser.

Mundwasser

Frisch gepreßter Apfelsaft ohne Zusätze ist ein einfaches, natürliches Mundwasser aufgrund seiner entzündungshemmenden Inhaltsstoffe und ideal zur Vorbeugung von Zahnfleischentzündungen. Gib noch etwas Rosenwasser dazu, wenn du magst, oder auch je nach Geschmack getrockneten Ingwer oder Pfefferminze.

Die polynesische Wunderpflanze Noni, morinda citrifolia

Die Ureinwohner Polynesiens schätzen diese Pflanze schon seit langer Zeit als Universalheilmittel. Sie ist nun auch hierzulande zum Geheimtip geworden.

Die Nonifrucht wurde von den Kahunas, den Hütern der alten Heilgeheimnisse, als Königin der Pflanzen verehrt, und ihr Saft ist zentraler Bestandteil vieler Heilrituale. Sie gilt auch als die Pflanze des Loslassens. Der Nonisaft enthält 150 lebenswichtige Vitalstoffe und ist ein reines Naturprodukt mit stärkender und vitalisierender Wirkung. Er ist wie ein Atemzug voll frischer Luft und bringt als Träger der Sonnenkraft die Sonne Hawaiis in die Herzen. „Trinke ihn und reiche ihn weiter" MANUIA - wie die Hawaiianer sagen. Bei Tests wurde nachgewiesen, daß der Nonisaft die Meridianenergie harmonisiert und vor allem das Basischakra, wichtig für die Lebensenergie, aktiviert. Nonisaft bewirkt vor allem eine Verbesserung des Energieflusses im Körper und schenkt somit Wohlbefinden und mehr Lebenskraft.

Anwendung:
Zur Kräftigung und Stärkung des Immunsystems ein Schnapsglas Nonisaft am morgen vor dem Frühstück.

Kochrezepte für den Monat September

Für deinen Septembertisch dekoriere verschwenderisch mit bunten Blättern, Äpfeln und Wildblumen, grünen, goldenen und weinroten Kerzen. Auf den Märkten findest du eine große Auswahl an Früchten und Gemüse. Genieße alle Gaben der Natur noch einmal ausgiebig, denn bald neigt sich der Sommer dem Ende zu und die Natur begibt sich in ihre Phase der Ruhe.

LAKAS Spirulina Sonnenshake

Spirulina, die blaugrüne Alge aus Hawaii, hat die Kraft der Sonne gespeichert und versorgt dich mit Lichtenergie. Diese Alge ist ein einzigartiger Lichtträger. Sie hat einen Proteingehalt von 60%, enthält Aminosäuren, B- Vitamine und Mineralien und Spurenelemente.

Zerkleinere eine Banane, ein Apfel, vier Datteln, füge einen Teelöffel Spirulinapulver dazu und püriere mit zwei Tassen. Genieße diesen Powerdrink und visualisiere dabei die strahlende Sonne.

Apfelkompott

2 kg Äpfel
1 Tasse Wasser
1 TL Zimt

Schäle die Äpfel, viertele sie und entferne das Gehäuse, gib die Apfelstücke in einen Schnellkochtopf, übergieße mit dem Wasser und gare fünf Minuten unter Druck. Dann nimm den Deckel ab und püriere die Äpfel, gib den Zimt dazu. Fertig.

Apfelcooldrink

Einen halben Liter Apfelsaft mit einem halben Liter schwarzem Tee vermischen, eine Prise Ingwerpulver dazugeben, mit Eiswürfeln und einer Zitronenscheibe servieren.

Hula Powerdrink

Eine viertel Ananas mit Schale, einen halben entkernten Apfel und einen halben Zentimeter Ingwerwurzel entsaften und mischen.

Erntedanksuppe

3 Knoblauchzehen
1 Grünkohlblatt
1 große Tomate
2 Stangen Sellerie
1 gehacktes Kohlblatt
1 EL Croutons

Wickele den Knoblauch in das Grünkohlblatt und gib es mit der Tomate und dem Sellerie in den Entsafter. Gieße nun den Saft in einen Topf, füge das Kohlblatt dazu und erhitze langsam. Garniere mit den Croutons.

Warmer Brot-Apfel-Salat „Septemberlust"

1 EL Butter
1 g gehackte Zwiebel
4 Stangen gehackten Sellerie
1 geschälten und entkernten Apfel würfeln
2 EL frischen Oregano
25 g glatte Petersilie
2 TL frischen Salbei
1 TL Rosmarin
Alle Zutaten hacken.
¼ TL schwarzen gemahlenen Pfeffer
600 g Vollkornbrot, leicht angetoastet und gewürfelt
350 ml Gemüsebrühe

Den Ofen auf 180 Grad vorheizen. Die Butter in einer Auflaufform bei mittlerer Hitze schmelzen lassen. Den Apfel, die Zwiebeln und den Sellerie unter häufigem Umrühren anbraten. Die Kräuter und den Pfeffer unterrühren. Alles in der Auflaufform mit dem Brot und der Gemüsebrühe vermengen und fünfundzwanzig Minuten garen lassen. Lecker!!!!

Haupi, das hawaiianische Kokosdessert

2 EL Stärkemehl
3 EL Rohrzucker
Prise Salz
2 Tassen frische Kokosnußmilch (zur Not verdünntes Konzentrat, gibt es in Dosen zu kaufen)

Zucker, Stärke und etwas von der Kokosmilch in einer Schüssel zu einer geschmeidigen Paste verrühren. Die restliche Kokosmilch zum Kochen bringen und mit der Paste andicken. In eine flache Form geben und abkühlen lassen.

HOLLA
DIE GÖTTIN DER INTUITION
IM MONAT OKTOBER

Holla

HOLLA

Ich bin Holla, die germanische Göttin der Unterwelt. Ihr nennt mich auch Perchta, Hel oder Hulda. Ich berühre all das in dir, was noch im Verborgenen liegt und du in deinem Inneren als Intuition wahrnehmen kannst. Ich bin die weise Alte, die Frau jenseits ihrer gebärfähigen Zeit, die aus dem Erfahrungsreichtum eines erfüllten Lebens in ihre volle weibliche Kraft gekommen ist und nun anderen Frauen beratend zur Seite steht. Ich muß mich nicht mehr darum kümmern, wie andere mich beurteilen, und weiß, welche Dinge im Leben wirklich von Bedeutung sind. In den germanischen Sagen wird mein Reich Niflheim oder Nebelland genannt und liegt der Sage nach unter der Weltesche Yggdrasil, an deren Wurzeln sich der Brunnen Hwergelmir befindet, aus dem zwölf eisige Ströme sich in die Unterwelt ergießen. Der Name Hwergelmir bedeutet "Kessel". Davon leitete sich später auch der christliche Begriff "Hölle" ab, der als ein Ort der Strafe und der Qual dargestellt wurde. Doch in den ursprüngliche Mythen war mein Reich ein Aufenthaltsort jenseits von Gut und Böse. Ich habe dort den Verstorbenen eine Herberge gegeben und sie einer geistigen Schulung unterzogen, um sie erneut auf ein weiteres Erdenleben vorzubereiten.

Die Vorstellung der ständigen Wiedergeburt hat in früheren Zeiten noch sehr stark die Vorstellung der Menschen geprägt, und auch heute noch wird Kindern das Märchen der "Frau Holle" erzählt, in dem zwei junge Frauen durch einen Brunnen in die Unterwelt finden und dort einige Prüfungen bestehen müssen, bevor sie wieder auf die Erde zurückgelangen. Ich werde oftmals als die Herrin des Totenreichs bezeichnet, aber ich bin auch eine Verbindung zwischen der geistigen und der physischen Welt, und wenn du mich anrufst, werde ich dir den Weg zu deiner eigenen Weisheit zeigen und dich auf eine innere Reise zu dir selbst führen.

Ich habe ein schweres Familienerbe zu tragen, denn mein Vater ist in der germanischen Mythologie als der betrügerische Loki bekannt. Meine Mutter war Angrboda, die Sorgenbringerin, und meine beiden Geschwister waren ebenso furchteinflößend. Mein Bruder Fenrirwolf ist ein mächtiges Wesen, das beim Weltuntergang Odin und die Sonne verschlingen soll, und meine Schwester ist die Midgardschlange, die mit ihrem riesigen Maul Ebbe und Flut regiert. Ich bin bekannt für meine Menschenkenntnis und habe einen starken Gerechtigkeitssinn - im Gegensatz zu meinem Vater, der aus Neid und Eifersucht den Tod des allseits geliebten Balder heraufbeschwor. Odins Sohn Balder hatte schwere Vorahnungen und aus Angst um ihren Sohn ließ sich seine Mutter Frigg von allen Tieren und Pflanzen einen Eid schwören, daß sie ihm kein Leid zufügten. Doch die fürsorgliche Mutter vergaß dabei einen kleinen Mistelstrauch, und Loki entlockte ihr mit List und Tücke dieses Geheimnis. Er verführte den blinden Höd dazu, mit diesem Mistelstrauch auf seinen Bruder zu schießen und ihn damit zu töten. Das ganze Land trauerte um Balder, und der mutige Hermod wurde ausgesandt, um mich versöhnlich zu stimmen und ihn aus meinem Totenreich in die Welt der Lebenden wieder zu entlassen. Ich habe die ehrliche Trauer um diesen besonderen Menschen gespürt und ließ mich auf einen Kompromiß ein: Balder sollte wieder auf die Erde zurückkehren dürfen, wenn alle Wesen der Erde um ihn weinen. Ich wollte wissen, ob es gelingen würde, wenigstens ein einziges Mal auf der Erde Harmonie und Einigkeit zu schaffen. Beinahe wäre dieses Experiment auch gelungen, doch auch diesmal war es mein Vater Loki, der dies vereitelte. Er versteckte sich als Riesin Thökk in einer Höhle und vergoß keine einzige Träne um Balder. Zur Strafe muß er nun gefesselt dort liegen; über ihm hängt eine Schlange, die ihr ätzendes Gift auf ihn tropfen läßt. Seine treue Frau Sigyn fängt das Gift in einer Schale auf, doch wenn sie diese entleert und Loki keinen Schutz vor dem Gift hat, krümmt er sich vor Schmerzen, und die Erde bebt.

In Deutschland bin ich auch noch in vielen Sagen und Erzählungen lebendig, vor allem in Hessen und Thüringen. Wenn es schneit, sagt man dort, daß Frau Holle ihre Federbetten ausschüttelt. Der Hohe Meißner ist ein Gebirge, auf dem auch heute noch einige Kultorte von mir zu finden sind, zum Beispiel die Kammerbacher Höhle in der Nähe von Hilgershausen und der in der Nähe gelegene Hexenteich.

Der Oktober kündigt nun endgültig das Ende des Sommers an und bereitet dich auf die kühlere Jahreszeit vor. Noch ein letztes Mal strahlt die Sonne mit ihrer ganzen Kraft, und du darfst dich an der Farbenpracht der herbstlichen Wälder und Sträucher erfreuen. Der morgendliche Nebel taucht die Natur in eine schemenhafte Landschaft, und die Verbindung zu der Welt der Verstorbenen ist in diesen Tagen besonders intensiv.

In der Nacht des 31. Oktobers wurde traditionell das keltische Fest Samhain gefeiert, das den Tod des Sommers und die Geburt des Winters verkörpert und an dem auch besonders die Verstorbenen verehrt werden. Auf die hektischen Aktivitäten des Sommers folgt nun eine Zeit der Besinnung und Ruhe. Zugleich ist dies auch eine Phase des Abschiednehmens und der Neuorientierung. Werde dir bewußt, welche Werte auch im Augenblick des Todes noch Bestand haben. Ich werde dich in diesem Monat begleiten und dir den Weg zu deiner eigenen Weisheit und Intuition zeigen.

Eine Reise in die Unterwelt

Wenn draußen herbstliche Stürme wehen und der Regen gegen die Fensterscheiben prasselt, kannst du es dir zu Hause gemütlich machen und dich auf eine kleine Reise begeben in das Reich der "Frau Holle". Lehn dich in deinem Lieblingssessel zurück, brau dir einen köstlichen Kräutertee und erinnere dich an das Märchen der "Frau Holle", das du bestimmt aus deiner Kindheit noch gut kennst.

Es war einmal eine Witwe, die hatte zwei Töchter, von denen die eine faul und launisch, die andere aber fleißig und freundlich war. Die Mutter behandelte das gute Mädchen sehr schlecht, denn es war ihre Stieftochter, und sie mußte alle unangenehmen Arbeiten verrichten, ohne jemals ein lobendes Wort zu hören. Als sie eines Tages neben einem Brunnen saß und sich die Finger blutig spann, fiel ihr die Spule in den Brunnen, und sie wurde von ihrer Stiefmutter dazu gezwungen, in den tiefen Brunnen hinabzusteigen und die Spule wiederzufinden. Das verzweifelte Mädchen faßte sich ein Herz , sprang in den Brunnen und war sehr erstaunt, als es sich unten auf einer wunderschönen Wiese wiederfand. Von weitem sah sie ein Haus, auf das sie zusteuerte. Unterwegs befreite sie einen Apfelbaum von seiner schweren Last und holte das knusprige Brot aus einem Backofen. Frau Holle begrüßte sie freundlich und bot ihr an, bei ihr zu wohnen und ihr zu Diensten zu sein. Obwohl es dem Mädchen bei der alten Frau sehr gut ging und sie fleißig jeden Morgen die Federbetten ausschüttete, damit es auf der Erde schneite, bekam sie doch irgendwann Heimweh und bat darum, zu ihrer Familie zurückkehren zu dürfen. Frau Holle begleitete sie zu einem goldenen Tor, und als das Mädchen sich verabschiedete, fiel ein Goldregen auf sie herab, und sie kam zu ihrer Mutter als reiche Frau zurück. Nun wollte natürlich auch die andere Schwester ebenso reich werden und versuchte ihr Glück bei Frau Holle. Doch da sie ihre Arbeiten nur widerwillig erfüllte, wurde sie bald wieder nach Hause geschickt, was ihr auch ganz recht war, da sie hoffte, nun auf schnellem Wege zu Reichtum zu gelangen. Als sie aber das goldene Tor durchschritt, wurde sie über und über mit Pech übergossen, das zur Strafe ihr ganzes Leben an ihr haften blieb.

✦ ✦ ✦ ✦ ✦

Schließe nun deine Augen und laß dich mit jedem Atemzug tiefer in die Entspannung gleiten.

Stell dir vor, wie du durch einen Brunnenschacht hinabgleitest und immer tiefer nach unten gelangst. Endlich hast du den Boden des Brunnens erreicht und findest dich in einer wunderschönen Landschaft wieder. Sieh dich um, beschreibe vor deinem inneren Augen, was du siehst, laß dich leiten von deiner Phantasie und deiner eigenen Vorstellung. Laß dich mit all deinen Sinnen auf diese neue Umgebung ein, fühle den Boden unter deinen Füßen, lausche den Vögeln, und nimm den Duft der Wiese wahr.

Nun siehst du in der Ferne ein kleines Haus und ein Pfad führt dich darauf zu, vorbei an Apfelbäumen und einem großen Backofen.

Eine alte Frau tritt aus dem Haus und begrüßt dich freundlich. Stell sie dir genau vor: Welche Kleidung trägt sie? Hat sie ein Tier an ihrer Seite? Und erinnert sie dich an jemanden, den du bereits kennst? Sie lädt dich ein, dich auszuruhen, und du läßt dich von ihr an einen Ort der Ruhe führen, - das kann eine gemütliche Stube im Inneren des

Hauses sein, ein lauschiger Platz im Garten oder ein anderer Ort, den du in dir wahrnimmst. Du fühlst dich bei dieser weisen Frau geborgen und behütet, und wenn du möchtest kannst du ihr etwas erzählen, was dir auf dem Herzen liegt, du darfst ihr eine Frage stellen, oder sie bei einem Problem, das du im Moment hast, um ihren Rat bitten. Nimm dir Zeit bei diesem Gespräch. Frau Holle ist eine gute Zuhörerin, und du darfst dich bei ihr fallen lassen und so sein, wie du dich im Moment fühlst. Wenn du auf deiner Reise weinen möchtest, so tu das; wenn du willst, daß Frau Holle dich in ihre Arme schließt, so sag es ihr, und wenn du einfach nur schweigen möchtest, dann ist auch das völlig in Ordnung. Es ist deine eigene Reise, die du so gestalten darfst, wie du das im Moment empfindest. Sei eine Zuschauerin deiner eigenen Phantasie und beobachte, wie sich diese Situation für dich anfühlt. Fällt es dir leicht, dich dieser verständnisvollen Frau zu öffnen? Wie reagierst du? Wie verhält sich Frau Holle: Ist sie ernst, lacht sie, berührt sie dich? Endlich stellt sie dir nun auch von sich aus noch eine Frage: "Wenn du auf dein bisheriges Leben zurückblickst, mein Kind, worauf bist du wirklich stolz? Was war bisher in deinem Leben von großer Bedeutung?" Nimm dir für die Beantwortung dieser Frage viel Zeit, sei ehrlich mit dir selbst und beobachte, welche Begebenheiten dir nun in Erinnerung kommen. Es müssen auch nicht unbedingt weltbewegende Ereignisse sein, die dir nun in den Sinn kommen, sondern meist sind es Kleinigkeiten, mit denen wir anderen einen Freude machen können und es ist die Summe dieser alltäglichen Dinge, die das Leben freundlicher macht.

Wenn du das Gefühl hast, daß du deine Reise beenden möchtest, laß dich von Frau Holle zu dem goldenen Tor geleiten, wo sie dir zum Abschied ein Geschenk überreicht, das für dich eine ganz persönliche Bedeutung hat. Nimm es mit dir, wenn du langsam wieder den Brunnenschacht nach oben hinaufgelangst und deinen Körper und den Raum um dich herum wieder wahrnimmst.

Du hast nun einen Ort der Geborgenheit kennengelernt, zu dem du immer wieder zurückkehren kannst.

Samhain
Eine Halloween Party

In der Nacht des 31. Oktober wurde nach keltischer Tradition das Samhain Fest gefeiert, was so viel wie "Ende des Sommers" bedeutet, und auch in vielen anderen Kulturen wurde in dieser Zeit in besonderer Weise der Toten gedacht. Die katholische Kirche versuchte dem heidnischen Brauch ein christliches Fest entgegenzusetzen, wodurch Allerheiligen (im englischen Halloween) und Allerseelen entstanden sind.

Ursprünglich wurden in dieser Nacht bei den Kelten große Feuer entzündet, Opferspeisen für die Verstorbenen angerichtet und verschiedene magische Rituale und Zukunftsdeutungen abgehalten. Sie gingen davon aus, daß der Schleier, der die Lebenden von den Toten trennte, in dieser Zeit besonders durchlässig sei und deshalb die Verstorbenen und andere geistige Wesen auf die Erde zurückkehren konnten, um ihre Familien zu besuchen oder ihr Unwesen zu treiben.

Aus diesem Grund verkleideten sich die Menschen auch selbst als Hexe oder Geist, um zwischen den "echten" Geistern nicht aufzufallen und deren Unmut zu erregen. In Irland wurden Rüben ausgehöhlt und als Laterne benutzt, um zu den nächtlichen Ritualen zu gelangen, aber auch als Schutz gegen böse Geister. Später wurde dann vor allem in Amerika die Rübe durch einen Kürbis ersetzt, dessen Symbolik wir auch heute noch mit Halloween verbinden.

Außerdem wurde an diesem Tag auch das dritte Erntefest gefeiert, die beiden anderen Jahresfeste waren Lughnasadh am 1. August und die Herbst-Tagundnachtgleiche um den 21. September.

Lade zu deiner Halloween Party alle deine Freunde ein, denen du dich verbunden fühlst, und bitte sie auch, ein Bild von einem verstorbenen Menschen mitzubringen, der ihnen nahe gestanden hat. Wenn ihr wollt, könnt ihr euch auch in dieser Nacht als Geist oder Hexe verkleiden, so wie es früher üblich war.

Freude und Trauer, Lachen und Ernsthaftigkeit dürfen sich in dieser Nacht miteinander abwechseln, und werde dir bewußt, daß dies letztendlich alles Ausdrucksformen deiner eigenen Lebendigkeit sind.

Dekoriere den Raum mit orangefarbenen Kerzen, witzigen Halloween Artikeln (wenn dir danach ist), und höhle einen Kürbis aus, den du in die Mitte des Zimmers stellst und um den ihr euch später gruppieren könnt. Laß von allen Gästen ihr Lieblingsgericht mitbringen, einige Anregungen findest du auch unter den Kochrezepten am Ende des Monats Oktober.

Wenn alle Gäste eingetroffen sind und das Büfett angerichtet ist, setzt euch im Kreis, schließt für einen Moment die Augen und kommt innerlich an in diesem Raum zu dieser Zeit.

Du kannst diese kurze Einstimmung selbst leiten oder jemanden aus der Gruppe darum bitten. Wenn ihr eure Augen wieder geöffnet habt, könnt ihr euch der Reihe nach kurz vorstellen und euch erzählen, wie es euch im Moment geht und welches Thema euch im Moment gerade beschäftigt. Anschließend kann jeder von euch das mitgebrachte Bild der oder des Toten hervorholen und berichten, wieso dieser Mensch ihm besonders nahe stand. Dies kann in Form einer kleinen Anekdote sein, es kann aber auch eine kurze Lebensbeschreibung des betreffenden Menschen sein, ein Gedicht oder Lied. Legt dann die Bilder in die Mitte, und wenn ihr alle gesprochen habt, faßt euch an den Händen, schließt wieder eure Augen, verharrt einen Augenblick in Stille und laßt das Gesagte in euch nachwirken. Einer von euch kann nun beginnen, einen Dank auszusprechen für einen bestimmten Verstorbene oder für alle Toten, die nun symbolisch in eurer Mitte versammelt sind. Ihr könnt euch ohne festgelegte Reihenfolge mitteilen und erspüren, wer als nächstes an die Reihe kommen soll. Unsere Vorfahren haben den Samen gelegt für unsere eigene Entwicklung, und alles, was wir in diesem Leben erleben, werden wir als Erfahrung an unsere nächste Generation weitergeben. Niemand steht nur für sich alleine, wir sind alle miteinander verwoben in einem kosmischen Netz. Werdet euch eurer Verbundenheit miteinander und mit allen Wesen des Universums bewußt, die sich heute in besonderer Weise mit euch vereint haben. Schickt den Verstorbenen Gedanken der Liebe, der Unterstützung und des Mitgefühls, und beendet dieses Ritual mit einem gemeinsamen Lied oder Gebet.

Ihr dürft euch nun auf die leckeren Köstlichkeiten stürzen, die ihr vorbereitet habt, und wenn ihr wollt, könnt ihr euch anschließend wieder im Kreis versammeln und einige alte Halloween Bräuche miteinander ausprobieren. Ihr könnt zum Beispiel mit Hilfe der Runen oder eines anderen Orakelsets eure Zukunft für die kommenden Monate bestimmen oder auch euer Liebesleben voraussehen. Besonders gerne wurden hierfür Äpfel verwendet, die man mit dem Tod in Verbindung brachte und die auch eine magische Bedeutung hatten. Füllt eine Schüssel mit Wasser und legt für jeden Anwesenden einen Apfel hinein, der ohne Zuhilfenahme der Hände mit den Zähnen herausgefischt werden muß. Anschließend wird der Apfel in einem Stück geschält und die Schale wieder ins Wasser geworfen. Die Apfelschale nimmt nun eine bestimmte Form an, die den Anfangsbuchstaben des nächsten Geliebten oder Ehemannes anzeigt.

Falls sich eine Frau nicht zwischen zwei Männer entscheiden kann, nimmt sie zwei Apfelkerne, gibt ihnen die Namen der beiden Männer und klebt sie sich auf die Wangen. Der Kern, der am längsten kleben bleibt, steht für den Mann, der für sie der beste ist. Zum Schluß nimmt jeder nacheinander eine Kerze und einen Spiegel in die Hand, blickt sich selbst in die Augen und darf sich etwas im Geheimen wünschen. Damit der Wunsch in Erfüllung geht, gebt ihr dem Spiegelbild einen Kuß.

Das Runen Orakel

Zu allen Zeiten haben die Menschen versucht, mit Hilfe von Orakeln Antworten auf ihre Fragen zu bekommen oder einen Einblick in künftige Ereignisse zu erhalten. Die Germanen nahmen für dieses Ritual Steine, in die sie Symbole oder Bilder eingravierten, und in der nordischen Mythologie sollen die Runen ein Geschenk des Gottes Odin an die Menschen gewesen sein, um sie mit den Göttern zu verbinden und sie in Lebenskrisen zu unterstützen.

Die Runen helfen dir, mit deiner Intuition in Verbindung zu treten und können ein weiser Ratgeber in allen Lebenslagen sein. Du kannst dir in einem esoterischen Buchladen ein vorgefertigtes Runenset besorgen. Besser jedoch ist es, wenn du dir die Zeit nimmst, ein individuelles Runenset zusammenzustellen. Hierfür benötigst du fünfundzwanzig ungefähr gleich große Kieselsteine, auf die du entweder Symbole aufmalst oder Worte schreibst. Du kannst dir entweder ein Runenbuch besorgen und die gängigen Symbole übernehmen, oder du erfindest völlig neue Begriffe und Seinszustände, die für dich von besonderer Bedeutung sind. Die Lebensthemen, die uns immer wieder beschäftigen, sind zum Beispiel: Liebe, Dankbarkeit, Vertrauen, Freiheit, Mut, Verständnis, Geduld, Ärger, Humor, Angst, Mitgefühl, Kreativität, Ehrlichkeit, Weisheit, Hoffnung, Loslassen, Annehmen, Frieden, Kommunikation und Einsamkeit. Wenn du erst einmal beginnst, nach geeigneten Begriffen zu suchen, wirst du eine Fülle von neuen Möglichkeiten finden. Bemale die Steine mit wisch- und wasserfester Farbe, und wenn du mit deinem Körper und deiner Sexualität offen umgehst, kannst du auch dein Menstruationsblut dafür verwenden und damit ein besonders kraftvolles Runenset erschaffen. Bitte die Göttin Holla, dich dabei zu inspirieren, und immer wenn du Klarheit in deinem Leben erhalten möchtest, darfst du sie mit Hilfe der Runen um eine Antwort bitten. Stimme dich dabei kurz auf deine Frage ein und ziehe aus deinem Runensäckchen eine Rune, die dich inspirieren wird.

Fragen und Anregungen zum Thema Intuition

1. Wie triffst du deine Entscheidungen? Spürst du in dich hinein, wägst du eher mit Hilfe deines Verstandes ab, oder läßt du dir gerne Entscheidungen von anderen Menschen abnehmen?

2. Erinnere dich an eine Situation, in der du dich von deinem inneren Wissen hast führen lassen. Mit welchen Sinnen hast du deine Intuition wahrgenommen, hast du das "Richtige" gefühlt, Bilder gesehen oder eine innere Stimme gehört?

3. Nimm dir am Abend vor, dich an deine Träume zu erinnern und schreib sie am Morgen in ein Traumtagebuch.

4. Schreibe dir selbst einen Brief oder male dir ein Bild, laß deiner Ausdruckskraft freien Lauf und erfreue dich an dem Ergebnis - egal wie es ausfällt!

Körperteil des Monats:
Die Stirn - Der Sitz des Dritten Auges
Naturheilmittel und Übungen

Das Dritte Auge ist ein energetisches Zentrum, das sich in der Stirnmitte befindet, etwas oberhalb der Augenbrauen und mit der Hypophyse (Hirnanhandrüse) und auch mit der Zirbeldrüse verbunden ist. In vielen Geheimlehren und auch im indischen Chakrasystem wird dieses Energiezentrum als der Sitz unserer Intuition betrachtet. Es unterstützt unsere Fähigkeit, mit unserem inneren Wissen Kontakt aufzunehmen. Früher wurde das Dritte Auge auch Odinsauge genannt, Goth, und verhalf den Menschen, und insbesondere den Frauen, zu seherischen Fähigkeiten, die im Laufe der menschlichen Entwicklung immer mehr verkümmerten und durch das Großhirn ersetzt wurden, das unseren Verstand steuert. Die fast ausgestorbene Tuatara Eidechse in Neuseeland hat auch heute noch ein sichtbares Drittes Auge auf der Stirn, das auf Lichteinflüsse reagiert, und vielleicht besaßen ja auch unsere Vorfahren ein ähnliches Sinnesorgan, das sich im Laufe der Jahrtausende allmählich zurückgebildet hat.

Wenn dieses Energiezentrum geöffnet ist, wird dein Handeln von einem inneren Wissen bestimmt. Du nimmst deine äußere Wirklichkeit von einer höheren Bewußtheitsebene wahr, und diese ganzheitliche Sichtweise hilft dir dabei, dein Leben in einem kosmischen Zusammenhang zu erkennen und zu integrieren. Wenn die Funktion des Dritten Auges gestört ist, neigst du zu "Kopflastigkeit", das heißt, du läßt dich einzig von deinem Intellekt leiten oder von wissenschaftlichen Theorien und vertraust zu wenig deiner inneren Stimme. Die körperlichen und emotionalen Symptome, die dabei auftreten können, sind: Kopfschmerzen, Migräneanfälle, innere Leere, das Gefühl materieller Übersättigung und Depression.

Wenn du das Dritte Auge aktivieren möchtest, ist es aber auch notwendig, gut "geerdet" zu sein, also auch mit den praktischen Dingen des alltäglichen Lebens gut zurechtzukommen, denn sonst kann es passieren, daß du dich zwar geistigem Wissen schnell öffnest, dieses aber nicht harmonisch in dein Leben integrieren kannst.

Aktivierung des Dritten Auges durch Töne

Da das Dritte Auge mit allen anderen Chakren (Energiezentren) deines Körpers eng verbunden ist, solltest du einen harmonischen Ausgleich schaffen und auch die anderen Zentren gleichzeitig aktivieren.

Setze dich entspannt auf einen Stuhl oder auf den Boden, achte darauf, daß du bequeme Kleidung trägst und deine Wirbelsäule aufgerichtet ist. Schließe deine Augen und intoniere eine Weile den Laut A, der deine beiden unteren Chakren aktiviert. Wandere dann zu deinen drei mittleren Chakren, die du durch den Laut U anregst. Die beiden oberen Energiezentren öffnen sich durch den Summton M.

Spüre die Töne in deinen verschiedenen Körperteilen. Zum Abschluß kannst du sie noch einmal zu einem getönten AUM zusam-

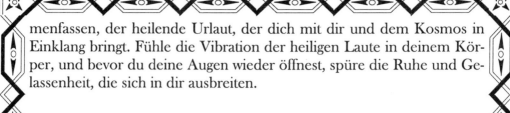

menfassen, der heilende Urlaut, der dich mit dir und dem Kosmos in Einklang bringt. Fühle die Vibration der heiligen Laute in deinem Körper, und bevor du deine Augen wieder öffnest, spüre die Ruhe und Gelassenheit, die sich in dir ausbreiten.

Kerzenritual - Erwecke deine Intuition

Das Dritte Auge wird durch Lichteinflüsse aktiviert, die unsere Zirbeldrüse anregen, Melatonin zu produzieren, das für die außersinnliche Wahrnehmung benötigt wird. Setze dich vor eine Kerze, laß deinen Blick weich werden und blicke in die Flamme der Kerze. Versuche nicht zu blinzeln, und erst wenn deine Augen tränen und zu brennen beginnen, kannst du sie wieder schließen. Stelle dir nun die Kerzenflamme zwischen deinen Augenbrauen vor und laß das Licht langsam deinen Kopf ausfüllen und dann über deinen Hals in dein Herz einfließen. Spüre, wie sich dein ganzer Körper mit Licht anfüllt, die Begrenzung deines Körpers sich auflöst und du mit dem Raum um dich herum verschmilzt. Genieße diesen Zustand so lange du möchtest und kehre dann mit einem tiefen Atemzug wieder in deinen physischen Körper zurück.

Farb- und Edelsteintherapie

Das Dritte Auge wird durch Indigoblau oder Lila aktiviert. Das Farbspiel eines Sonnenuntergangs oder die Betrachtung eines Sternenhimmels wirkt anregend auf dieses Energiezentrum, und für einen Augenblick kannst du dich in der Unendlichkeit des Universums verlieren, deine alltägliche Realität von einer anderen Perspektive aus empfinden und deine Sinne für eine andere Ebene der Wahrnehmung öffnen.

Die tiefblaue Farbe des Lapislazuli und ein indigoblauer Saphir harmonisieren das Dritte Auge und klären den Verstand.

Akupressur

Wenn dein Kopf sich schwer und müde anfühlt, kannst du jederzeit eine kurze Pause einlegen und das Dritte Auge mit einem deiner Finger leicht massieren. Du findest diesen Punkt, indem du die Mitte zwischen deinen Augenbrauen ertastest und dann ein wenig nach oben gleitest, bis du eine leichte Vertiefung findest.

Aromatherapie

Durch den blumigen Duft von **Jasmin** wird deine innere Wahrnehmung zu Bildern und Visionen angeregt. Du kannst einige Tropfen ätherisches Jasminöl in eine Duftlampe geben oder abends grünen Jasmintee trinken, der deine Träume in der Nacht besonders intensivieren wird. Da Jasmintee leicht anregend wirkt, sollte er nicht bei Schlafstörungen getrunken werden!

Tee gegen Kopfschmerzen

30 g Brennesselkraut
30 g Schlüsselblumenblüten
10 g Löwenzahnkraut
30 g Zinnkraut
20 g Schafgarbenblüten

Ein Eßlöffel pro Tasse, ca. fünf Minuten zugedeckt ziehen lassen

Heilpflanze des Monats: Der Holunder
Wellness- und Beauty Tips

Der Holunder ist eine der ältesten Heilpflanzen und wurde von den Germanen als Baum der Göttin Holla verehrt, unter dem sie ihr Opfer darbrachten. Man pflanzte diesen magischen Strauch als Schutz gegen böse Geister. Eine Nacht unter dem Holunderbaum soll Zugang zur Feen- und Geisterwelt verschaffen, und der Hexenbesen für Samhain wurde aus Holunderholz geschnitzt.

In der Naturmedizin wird die ganzheitliche Wirkung aller Teile des Holunders sehr geschätzt. Die luftigen weißen Blüten und Blätter werden getrocknet und helfen als Tee bei Fieber und Erkältungskrankheiten und zur Blutreinigung. Die schwarzen Beeren, die zu Herbstbeginn geerntet und zu Saft verarbeitet werden, stärken durch ihren hohen Mineralstoff- und Vitamin C-Gehalt das Immunsystem und werden in der Volksheilkunde wegen ihrer virushemmenden Eigenschaften auch als Gurgelwasser bei Mandel- und Rachenentzündungen genutzt.

Herbsttee zur Vorbeugung von Erkältungen

50 g getrocknete Holunderblüten
5 g Hopfenblüten
30 g Johanniskraut
5 g Lindenblüten
10 g Huflattich
Vermische alle Kräuter gut und nimm einen Eßlöffel auf eine Tasse Wasser.

Holundergelee mit Brombeeren zur Stärkung des Immunsystems

1,25 kg Holunderbeeren
250 g Brombeeren
500 g Gelierzucker

Beeren waschen, von den Stielen streifen, abtropfen lassen und mit 200 ccm Wasser aufkochen. Über Nacht in einem Küchentuch abtropfen lassen, den aufgefangenen Saft auf einen Liter mit Wasser auffüllen und mit dem Gelierzucker und den Brombeeren vier Minuten aufkochen. Sofort in heiß ausgespülte Gläser füllen und verschließen.

Gesichtsdampfbad - Klärung von Haut und Geist

4 Tropfen ätherisches Pfefferminzöl
4 Tropfen ätherisches Rosmarinöl

Koche ca. eineinhalb Liter Wasser auf und laß es kurz abkühlen bevor du das Öl hinzufügst. Hänge ein Tuch über den Kopf, laß die aromatischen Düfte in alle Poren dringen und deine Haut reinigen. Dieses Dampfbad hilft auch gut bei Kopfschmerzen!

Anregende Bademischung für kühle Herbsttage

1/4 zerkleinerte Ingwerwurzel zur Anregung des Kreislaufs
1/4 Tasse getrocknete Petersilie zur Hautpflege
1/2 Tasse Zitronenschale zur Reinigung und Aromatherapie
2 EL Haferflocken, um das Wasser weich zu machen

Vermische alle Zutaten und gib sie in dein Badewasser. Entspanne dich, laß all die schönen Ereignisse des Sommers noch einmal an dir vorüberziehen und freue dich auf eine Zeit der Ruhe und Besinnlichkeit.

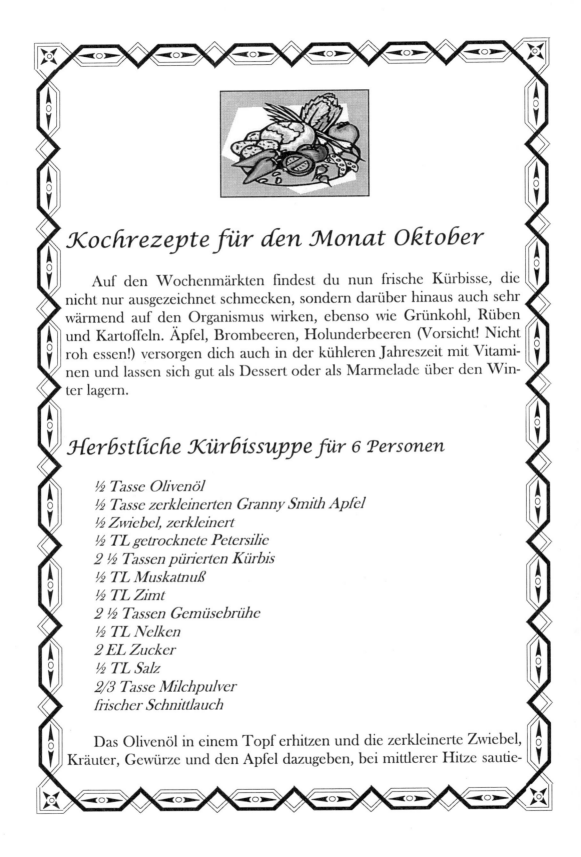

Kochrezepte für den Monat Oktober

Auf den Wochenmärkten findest du nun frische Kürbisse, die nicht nur ausgezeichnet schmecken, sondern darüber hinaus auch sehr wärmend auf den Organismus wirken, ebenso wie Grünkohl, Rüben und Kartoffeln. Äpfel, Brombeeren, Holunderbeeren (Vorsicht! Nicht roh essen!) versorgen dich auch in der kühleren Jahreszeit mit Vitaminen und lassen sich gut als Dessert oder als Marmelade über den Winter lagern.

Herbstliche Kürbissuppe *für 6 Personen*

½ Tasse Olivenöl
½ Tasse zerkleinerten Granny Smith Apfel
½ Zwiebel, zerkleinert
½ TL getrocknete Petersilie
2 ½ Tassen pürierten Kürbis
½ TL Muskatnuß
½ TL Zimt
2 ½ Tassen Gemüsebrühe
½ TL Nelken
2 EL Zucker
½ TL Salz
2/3 Tasse Milchpulver
frischer Schnittlauch

Das Olivenöl in einem Topf erhitzen und die zerkleinerte Zwiebel, Kräuter, Gewürze und den Apfel dazugeben, bei mittlerer Hitze sautieren, bis die Zwiebel glasig geworden sind. Anschließend den Topf vom Herd nehmen.

Den pürierten Kürbis, die Gemüsebrühe, Zucker und Milchpulver mit einem Schneebesen vermischen und die Zwiebelmischung dazugeben. Die Suppe kurz erwärmen, aber nicht mehr kochen lassen, vor dem Servieren den zerkleinerten Schnittlauch dazugeben.

Samhain Apfelpunsch - Erweckt alle Geister

2 L Apfelwein
1/2 Tasse Zucker
1/2 Tasse Aprikosen Brandy
je 1/2 TL Muskatnuß und Zimt
1/4 TL geriebenen Ingwer

Alle Zutaten außer dem Brandy in einem Topf vermischen und ca. fünfzehn Minuten auf kleiner Flamme köcheln lassen. Zum Schluß den Brandy dazugeben und den warmen Punsch servieren.

Irisches Halloween Kartoffelgericht

10 große Kartoffeln
1 Kohlkopf
1 Zwiebel
1 1/2 Tassen Milch
75 g Butter
2 TL Salz
1/2 TL Pfeffer

Die Kartoffeln waschen und schälen und in Salzwasser zum Kochen bringen. Den zerkleinerten Kohl und die Zwiebel dazugeben, bis die Kartoffeln gar sind. Das restliche Wasser abgießen und das Kartoffel-Kohl-Gemisch mit der Milch und den Gewürzen pürieren. Der leckere Gemüsebrei reicht für sechs Personen.

Holunderbeermousse auf Vanillecreme

3 Eigelb
50 g Puderzucker
3 EL heißes Wasser
1/8 l Holunderbeersaft
3 EL Zitronensaft
4 Blatt weiße Gelatine
200 g süße Sahne

Vanillecreme:
300 ml Milch
40g Puderzucker
2 Eigelb
1 Vanilleschote
3 Blatt weiße Gelatine
200 g süße Sahne

Eigelb mit Puderzucker und Wasser schaumig schlagen, Holunderbeersaft und Zitronensaft unterrühren. Gelatine auflösen, unterrühren und kalt stellen, bis Masse halb steif ist. Sahne steif schlagen und unterheben, Mousse kalt stellen.

Für die Vanillecreme Milch mit Puderzucker, Eigelb und Vanillemark unter Rühren abschlagen. Gelatine auflösen, unterrühren und kühl stellen, bis Masse halb steif ist, Eiweiß und Sahne getrennt steif schlagen und unterheben. Die Mousse auf der Vanillecreme anrichten und mit Zitronenmelisse und Holunderbeersaft dekorieren.

DURGA
DIE GÖTTIN DER TRANSFORMATION
IM MONAT NOVEMBER

Durga

Durga

Ich bin Durga, ein Aspekt der großen Muttergöttin des Hinduismus, der Shakti, Gefährtin des Gottes Shiva. Man nennt mich die Undurchdringliche, die Unbesiegbare, die Beschützerin des Guten und die Bezwingerin des Bösen. Rotgekleidet werde ich dargestellt, als Zeichen meiner schöpferischen Energie, auf meinem Tiger reitend. Der Tiger repräsentiert den animalischen Trieb im Menschen. Diese niederen Instinkte in dir gilt es zu kontrollieren, damit du nicht beherrscht wirst von ihnen, sondern du sie beherrschst. In meinen vielen Händen die Waffen, die die Götter mir gaben, als sie mich baten, den Dämon der Unwissenheit zu bezwingen, und die Muschel, um zum Kampf zu blasen. Als einst die Götter sich keinen Rat mehr wußten, wie sich von diesem Dämon, der die Menschheit beherrschte, zu befreien, baten sie die Götter Shiva, Vishnu und Brahma um Hilfe. Der Zorn über diesen Dämon schoß aus den Göttern als flammendes Licht und erhellte alle Welten. Dann formte es sich mit dem Antlitz von Shiva, mit den Armen von Vishnu und den Füßen von Brahma zu einer weiblichen, strahlenden Gestalt - zu Durga. So habe ich die göttliche Kraft, die *shakti*, aller Götter in mir vereint. "Jaya, sei siegreich"! riefen mir die Götter zu, und ich bezwang den Dämon, bezwang alle Feinde der Götter. Obwohl ich in meinen Taten schrecklich sein kann, verkörpere ich auch die Schönheit und Zärtlichkeit der Göttin, die ihre Kinder beschützt. Meine Tochter, mein Aspekt in dir gibt dir unendliche Kraft, um alle Begrenzungen zu sprengen, die dich hindern, dein volles Potential zu leben. Rufe mich, wenn du dich verletzt fühlst, dich in einer ausweglosen Lage wähnst. Rufe mich, wenn du den Mut hast, deinen Schatten anzuschauen, um ihn ins Licht zu holen. Ich stärke dich, ich helfe dir, die Fesseln zu sprengen. Es ist nicht mehr nötig, dich klein zu fühlen und gefangen. Brich aus deinem Gefängnis aus, sei mutig und sei, was du bist: eine starke Frau, die ihre Grenzen selbst setzt. Ich segne alle, die danach streben, die Göttin in sich zu erwecken und zu verwirklichen; die danach streben, in der Ganzheit zu leben.

Ich zerstöre den Dämon der Unwissenheit und der Ignoranz - auch in deinem Leben. Doch wenn du bereit bist, mich zu rufen, dann wisse, daß ich schonungslos handele, wenn es darum geht, dich aus deinem Gefängnis zu befreien. Ich lehre dich trotz allem äußeren Chaos, in deine Mitte zu kommen und zu bleiben, auch wenn die Welt um dich zu zerbrechen droht. Manchmal ist es notwendig, erst zu zerstören, damit das Neue entstehen kannst. Habe keine Angst davor, jedes Ende ist der Beginn eines neuen Anfangs, aber zuerst muß beendet werden, was dich schwächt und begrenzt. Wie mein Gatte Shiva zerstöre ich zuerst deine Illusionen und helfe dir, hinter die Schleier deiner Welt zu schauen, um zu erkennen, was dich davon abhält, den Tanz des Lebens mit voller Kraft und Lebensfreude zu tanzen. Sei bereit, deinem Schatten zu begegnen und loszulassen, was dich hindert, ein Leben ohne Begrenzungen zu leben. Ziehe deine eigenen Grenzen, wenn es darum geht, die Dämonen zu bannen und erkenne, was dich stärkt und erhebt und lebe es! Ich, Durga, schwinge mich auf meinen Tiger und bin an deiner Seite mit meiner Kraft der Unbezwingbaren, wann immer du mich rufst. Sei voller Mut!

Der November hat seinen ganz eigenen Zauber. Er ist der Monat des Windes und des Nebels. Der Monat der Einkehr, der Innenschau und des Rückzugs, der kurzen Tage und langen Nächte, der Transformation und des Vergänglichen. Noch leuchten die ausgehöhlten Kürbisse, die Kastanien liegen frisch gefallen unter den Bäumen, die Hagebutten hängen noch an ihren Sträuchern, hier und da schon in eine Eiskugel gehüllt. Die Bäume wirken mystisch in den Nebelschwaden, kaum noch singt ein Vogel, die Natur bereitet sich auf den Winterschlaf vor.

Auch die Menschen ziehen sich zurück, entzünden Kerzen und halten Innenschau, oder sollten es zumindest tun. Die Herbststürme toben durch das Land und nehmen mit, was nicht mehr gebraucht wird. Die Blätter fallen und erinnern an das Vergängliche, nichts bleibt, wie es ist. Es ist die Zeit des Abschiedes, und so ist der November auch der Monat des Gedenkens an die Verstorbenen. Er bereitet uns auf die dunkle Jahreszeit vor und fordert auf, loszulassen, was nur noch Ballast ist. Er ruft uns auch auf, uns mit unserer eigenen Vergänglichkeit auseinanderzusetzen und den dunklen Seiten in uns, die, ans Licht gebracht, uns Wachstum und Stärke bringen. Der Novembernebel hüllt uns ein; die Welt um uns herum scheint zu versinken, und gleichzeitig öffnen sich verstärkt die Pforten zur inneren Welt. Frau Holle beginnt ihre Federbetten auszuschütteln; die ersten Schneeflöckchen rieseln zur Erde herab und legen sich wie Puderzucker über die Landschaft. Jede Schneeflocke kommt mit einer himmlischen Botschaft. Gehe nach draußen, wenn der erste Schnee fällt, halte dein Gesicht nach oben und lasse die Schneeflocken auf deinem Gesicht schmelzen. Begrüße diese Jahreszeit voller Freude und sieh die Schönheit, die auch in der Vergänglichkeit, im Wandel liegt.

Öffne dich in diesem Monat deinen Ängsten, deinen Befürch-
tungen, deinen Zweifeln und deinen Selbstbegrenzungen, umarme
deinen Schatten und akzeptiere, daß dein Licht und dein Schatten
eins sind.

Die Transformation
Ein Ritual mit Durga

Dies ist ein sehr kraftvolles Transformationsritual, das dir hilft,
Klarheit zu bekommen und loszulassen, was dich hindert zu wachsen. Räuchere deinen Raum, mit Salbei oder Sandelholz und lege dir
etwas zu schreiben bereit. Entzünde eine violette Kerze, denn das ist
die Farbe der Transformation. Setze dich aufrecht vor deinen Altar
oder an deinen Lieblingsplatz, schließe die Augen und zentriere dich.
Bitte die Göttin Durga, dich zu führen und dir zu helfen zu erkennen, was dich bindet. Visualisiere sie, stell sie dir auf ihrem Tiger reitend vor, mit ihren vielen Armen die Waffen schüttelnd. Kampfbe-
reit, bereit zu trennen, was zu trennen ist; bereit zu lösen, was nur

noch als Kette empfunden wird. Habe keine Angst, vertraue der Kraft in dir. Verbinde dich mit der Energie der Göttin, atme tief ein und aus und lasse mit jedem Ausatmen los, was dich belastet. Öffne dich noch mehr der Energie von Durga, der Kraft der Unbezwingbaren. Stelle dir nun vor, daß du am Fuße eines hohen Berges stehst. Du bist hier, um diesen Berg zu erklimmen, auch wenn das Ziel noch ganz in Wolken eingepackt ist. Du hast einen großen Rucksack auf deinem Rücken, gefüllt mit allem, was du glaubst zu brauchen. Die Last ruht schwer auf deinen Schultern, aber du beginnst nun mutig mit dem Aufstieg. Rufe Durga, die auch, Parvati genannt, die Herrin über das Gebirge, ist. Sie erhellt dir mit ihrem Licht den Weg, und du siehst ihn klar vor dir. Langsam steigst du nach oben, der Weg wird beschwerlicher, und du spürst das Gewicht deines Gepäcks, es wird nahezu unerträglich. Halte an. Was kannst du loslassen, was belastet dich nur? Übergib es der Göttin und gehe nun mit leichterem Gepäck weiter. Was kannst du noch loslassen, wirf ab alte Gedankenmuster und Vorstellungen, sieh wie sie den Berg herabkullern, und du wirst noch ein wenig leichter.

Nun erreichst du einen magischen Platz. Es lodert ein mächtiges Feuer, das Feuer der Transformation. Nun ist die Zeit für dich gekommen, alles diesem Feuer zu übergeben, was dich bindet. Rufe die Göttin der Transformation, rufe Durga. Inmitten der Flammen formt sich ihre Gestalt, kraftvoll, rotgewandet, sie lächelt dich an, wild und unbezwingbar. Sie ruft dir zu, ihr zu übergeben, was dich belastet. Sie schwingt ein großes Schwert, und es durchtrennt, was dir Fesseln anlegt. Wovon willst du dich noch befreien? Habe Mut. Vielleicht ein Liebhaber, der nur noch klammert und dich nicht wachsen lassen will? Das Schwert der Göttin löst diese Verbindung in Liebe. Krankheit, Disharmonie, Furcht, Armut, Begrenzung? Meine Tochter, übergib mir alles, ich trenne, ich befreie, ich helfe dir zu wachsen ... höre den Ruf der Göttin ... Nutze die Gelegenheit, und erst wenn du das Gefühl hast, alles übergeben zu haben, was alt und belastend war, bedanke dich bei Durga. Wenn du magst, opfere ihr etwas von dir, vielleicht ein Haar oder etwas, was du bei dir trägst. Dann beginne deinen Abstieg, spüre, wie leicht du nun den Berg hinunterläufst. Dein Rucksack ist federleicht, du spürst ihn kaum. Wie schnell du nun laufen kannst. Laufe dem Neuen entgegen, du hast nun Platz dafür geschaffen. Genieße die Leichtigkeit und die neue Freiheit.

Die Verwandlung - Ein Ritual

Die Göttin Durga ist eine mutige Kriegerin, die auch vor den größten Herausforderungen nicht zurückschreckt. Sie weiß, wie sie sich am besten verteidigen kann, und versteht es, ihre Grenzen selbstbewußt abzustecken. Der Tiger ist ihr Verbündeter und unterstützt sie dabei, sich durchzusetzen und sich auch gegen mächtige Gegner zu behaupten. Die Energie des Tigers wird auch dir helfen, deinen Standpunkt energisch zu vertreten und dich abzugrenzen. Vielen Frauen fällt es schwer, "nein" zu sagen. Stattdessen lassen sie sich von allen Seiten neue Verantwortung und Arbeit aufbürden. Natürlich ist es schön, wenn du hilfsbereit bist, aber sei aufmerksam, wenn du das Gefühl hast, ausgenutzt zu werden und du dir deine Energie von anderen Menschen nehmen läßt. Stärke und Aggression sind wichtige Eigenschaften, die du erlernen solltest, damit sie dir zu Verfügung stehen, wenn du sie gezielt einsetzen möchtest. Nimm dir für dieses Ritual drei bis vier Stunden Zeit und laß dich auf ein spannendes Abenteuer ein. Schließe dich für dreißig Minuten in deinem Zimmer ein und laß dich bei deiner Verwandlung auf keinen Fall stören. Entzünde eine rote Kerze, denn die Farbe Rot steht für Vitalität und Lebenskraft, und leg eine anregende Trommelmusik auf, zum Beispiel von Gabriele Roth. Bitte die Göttin Durga, sich mit dir zu verbinden und die Kraft des Tigers durch dich fließen zu lassen. Schließe deine Augen und versuche die geschmeidigen und gleichzeitig kraftvollen Bewegungen des Tigers in deinem Körper nachzuempfinden, öffne deinen Mund und imitiere das wilde Brüllen und Fauchen eines Raubtieres. Vergiß die Umgebung deines Zimmers du mitten im Dschungel auf Beutesuche bist, ...interherläufst oder mit einem anderen Tiger ...mtollst und dich an deiner wilden Kraft er... ...h keine Hindernisse, du bist stark und erreichst ...st. Alle anderen Tiere fürchten deine Gegen... ...agt es, sich dir in den Weg zu stellen.

...ngsam wieder zu dir, behalte aber noch die Kraft ... Göttin Durga in dir. Kehre wieder in deinen Alltag zurück und nimm dir vor, dich die nächsten drei Stunden wie Durga und ihr Tiger zu verhalten und all deine Ziele durchzusetzen. Dies ist ein heiliges Ritual, und du kannst darauf vertrauen, daß alles, was in den nächsten Stunden geschieht, eine wichtige Lernaufgabe für dich ist. Es wird kein Zufall sein, wer dich in diesem Zustand antrifft, dich anruft oder dir begegnet, und fühle, wie deine Kraft auf andere wirkt und welche Konsequenzen das mit sich bringt. Du kannst dieses Ritual auch ganz gezielt einsetzen, wenn du ein unangenehmes Gespräch mit deinem Chef vor dir hast, dich endlich von deinem nervenden Freund trennen willst oder eine Konfrontation mit einem anderen Menschen planst. Die Energie von Durga und ihrem Tiger ist kraftvoll und auch nicht immer angenehm, denn du wirst in dieser Stimmung sehr ehrlich sein und Dinge tun oder sagen, die du dich sonst vielleicht nicht trauen würdest.

Dieses Ritual erfordert all deinen Mut, aber es ist sehr wirkungsvoll, und du wirst dadurch lernen, dich besser gegen andere zu behaupten. Nach ungefähr drei Stunden kannst du dich wieder zurückverwandeln. Schließe dich wieder in deinem Zimmer ein und danke deinem Krafttier und der Göttin, daß sie dich in deinem Leben unterstützt haben. Lege eine sanfte Musik auf und fühle, wie du langsam wieder in dir ruhst. Schreibe anschließend alles auf, was dir zu diesem Ritual in den Sinn kommt und was du in den letzten Stunden erlebt hast. Falls in den nächsten Monaten noch irgendjemand sich traut, dich schlecht zu behandeln, darfst du dieses Ritual gerne wiederholen, und du kannst auch lernen, dich innerhalb weniger Sekunden in Durga und ihren Tiger zu verwandeln damit dir diese Kraft jederzeit zur Verfügung steht, wenn du sie benötigst.

Fragen und Anregungen zum Thema Transformation

1. Was ist nur noch Ballast in deinem Leben?

2. Was könntest du verändern, um freier, glücklicher und erfüllter zu leben?

3. Welche Seiten an dir magst du nicht oder ängstigen dich sogar?

4. Welche Situationen oder Auseinandersetzungen in deinem Leben vermeidest du aus Angst vor Veränderung?

5. Was möchtest du gerne loslassen, von wem würdest du dich gerne in Liebe trennen, traust dich aber noch nicht?

6. Was siehst du als deine Lebensaufgabe an und was hindert dich daran, sie zu erfüllen und glücklich durchs Leben zu gehen?

Körperteil des Monats: Die Blase
Naturheilmittel und Übungen

Der Monat November steht unter dem Zeichen der Transformation und des Loslassens. Eine gute Zeit, sich mit der Blase zu beschäftigen, denn sie ist der Sammelbehälter für alles Ausgeschiedene und beginnt zu schmerzen, wenn das Loslassen zum Problem wird. Wenn du unter Druck stehst, wenn du ängstlich bist oder auch stocksauer, dann kann die Blase reagieren. Der physisch erlebte Druck wird nach unten geschoben, und nun drückt die Blase und du mußt sie oft entleeren, oder sie entzündet sich sogar und das Loslassen des Urins bereitet dir Schmerzen. Alles, was du festhältst, von dem du dich unter Druck setzen läßt, kann dir Schmerzen bereiten, um auf diese Weise auf sich aufmerksam zu machen. Auch ungeweinte Tränen können sich als Blasenprobleme zeigen. Denke daran: In jedem Moment des Loslassens vollzieht sich Heilung.

Die Blase steht in Verbindung zum zweiten Chakra. Auch Existenzängste, wie zum Beispiel finanzielle Probleme, können sie unter Druck setzen. Schuldgefühle bzw. Schuldzuweisungen, Sexualität und Kontrolle in Beziehungen, uneingestandene Wut, Verlassenheitsängste ebenso wie die vermeintliche Unfähigkeit, eigene Werke und Leistungen selbstbewußt darzustellen – das alles sind Themen für das zweite Chakra (das energetische Zentrum, das sich ca. eine Hand breit unterhalb des Nabels befindet).

Die Funktion der Blase ist eng mit der Niere verbunden und steht auch in engem Zusammenhang mit allen anderen Unterleibsorganen. Speziell Blasenprobleme sind sehr mit Emotionen verbunden, und wenn sie sich entzündet hat, bist du sehr gefühlsbetont und auch oft traurig. Nimm dir dann Zeit für dich, höre hin, was dein Körper dir sagen will, und fasse den Mut, Belastendes loszulassen. Frage dich, wo oder was du festhältst, obwohl du schon längst hättest loslassen sollen, da es nur noch Ballast und längst bereit ist, ausgeschieden zu werden.

Affirmation:

Leicht und mühelos lasse ich das Alte los und begrüße freudvoll das Neue.

Stärkende Blasenmeditation mit einer Rizinusölpackung

Nimm dir mindestens eine Stunde Zeit und mache dir eine Rizinusölpackung mit möglichst kaltgepreßtem Rizinusöl.

Rizinusöl, *palma Christi*, Christpalme, genannt, ist seit Hunderten von Jahren als Heilmittel bekannt und wurde schon von dem Traumpropheten Edgar Cayce empfohlen - nicht nur bei Blasenproblemen, sondern generell zur Entspannung und Stärkung des Immunsystems bei Unterleibskrämpfen.

Tränke ein viermal gefaltetes Tuch aus saugfähigem Flanell mit dem Öl, lege es dann direkt auf deinen Unterleib, bedecke ihn mit einem Stück Plastik und lege eine heiße Wärmflasche oder ein elektrisches Heizkissen drauf. Decke dich zu, lege eine Kassette oder CD mit entspannender Musik auf, wenn du magst, schließe die Augen und achte auf deine Gedanken und Gefühle. Höre in dich hinein und frage deine Blase, warum sie drückt und schmerzt.

Frage dich, wo du dich nicht geborgen, nicht angenommen fühlst, was dich belastet. Was kannst du loslassen, damit du nicht so unter Druck bist? Was würde dir gut tun? Laß die Wärme wirken und achte auf das, was auftaucht, auch wenn es unangenehm ist. Vielleicht sind es ganz alte verschüttete Erinnerungen, vielleicht auch Angst vor der Zukunft. Schaffe dir eine positive Affirmation, zum Beispiel: Ich lasse das Muster in mir los, das zu diesen Beschwerden führt. Ich bin bereit zu verändern. Ich liebe mich, ich akzeptiere mich, ich bin sicher" usw. Kreiere eine kraftvolle, positive Affirmation und sprich sie laut aus, du kannst sogar deinen Namen einsetzen, ich, ... liebe und akzeptiere mich ...

Genieße diese Zeit für dich. Vielleicht legst du auch deine Hände auf den Bauch, vergiß nie, letztendlich heilst du dich immer selbst. Wenn wenigstens eine Stunde vergangen ist und du die Packung entfernt hast, schreibe auf, was du erfahren hast, auch die Affirmation, und sprich sie die nächsten Tage immer wieder. Hänge sie dir am besten an deinen Badezimmerspiegel. Ziehe dich dann warm an, mache dir einen Blasentee oder trinke einen Preiselbeersaft und kehre sehr langsam in deinen Alltag zurück. Noch besser ist es, du gehst gleich schlafen und gleitest in das Reich der Träume.

Yogaübung die Zange oder Vorwärtsbeuge, Streckung des Blasenmeridians

Sitze aufrecht, die Beine vor dir ausgestreckt, drücke deine Sitzknochen in den Boden und richte die Wirbelsäule gerade auf. Dann lasse seitlich beide Arme nach oben gehen, die Handflächen schauen sich an. Atme tief ein, und mit dem Ausatmen neige dich nach vorne, bis deine Hände die Fußgelenke oder Waden umfassen. Verharre in dieser Haltung, atme immer wieder tief ein und entspanne dich mit dem Ausatmen noch tiefer in die Übung. Spüre die Dehnung des Blasenmeridians in der Rückseite deiner Beine.

Diese Übung streckt die ganze Rückseite des Körpers, entfacht deine Lebensenergie, regt das Verdauungsfeuer an und beruhigt den Geist. Es ist eine segensreiche Übung, die du immer dann machen solltest, wenn du dich ohne Energie fühlst.

Natürliche Behandlung für die schwache Blase

Wärme, viel trinken und entspannen - das ist das Wichtigste, was du für deine Blase tun kannst.

Preiselbeersaft: Enthält einen Wirkstoff, der verhindert, daß sich Bakterien an der Blasenwand festsetzen und ist daher ein ausgezeichnetes Mittel gegen Blasenentzündungen.

Vitamin C: Vor allem, wenn die Entzündung durch Geschlechtsverkehr entsteht. Bei Anfälligkeit möglichst gleich danach 1 Gramm einnehmen.

Kürbiskerne bei Reizblase: Es gibt Fertigpräparate, aber auch frische Kürbiskerne sind hilfreich, dreimal täglich einen Eßlöffel essen.

Bärentraube: Enthält die Substanz Arbutin, ein natürliches Antiseptikum. Gibt es als Tee und als Kapseln.

Blasentee

30 g Schachtelhalm
30 g Bärentraube
30 g Eibisch
30 g Salbei

Auf ¼ Liter Wasser einen Eßlöffel. Dreimal täglich eine Tasse trinken.

Heilpflanze des Monats: Die Kastanie Wellness- und Beauty Tips

Ist es nicht ein besonderer Augenblick jedes Jahr, die erste Kastanie in den Händen zu halten, glatt und glänzend, gerade erst wie ein Ei frisch der stachligen Umhausung entschlüpft und zu Boden gefallen?

Die Edelkastanie gehört zu den Buchengewächsen und kann bis zu 5oo Jahre alt werden, sie gilt als der heilige Baum des Jupiter und wurde im christlichen Glauben auch mit Jesus in Verbindung gebracht. Jeder kennt das Sprichwort, "die heißen Kastanien aus dem Feuer holen", was bedeutet, mutig zu sein, sich der Feuerkraft zu stellen. Diese Interpretation ist vergleichbar mit der Energie, die die Japaner mit der Kastanie verbinden. Dort wird sie in der traditionellen Neujahrsspeise "Kachiguri" verwendet, was so viel bedeutet wie "Sieg im Kampf". In stacheligen Fruchthüllen wächst die Eßkastanie, auch Maroni genannt, bis sie im Herbst vom Baume fällt, als ein wunderschönes Symbol der Transformation: Aus einer stachligen, wenig anziehenden Hülle entsteht eine schöne glatte Frucht mit den vielfältigsten Heilkräften. Schon in der Volksheilkunde wurden Tees und Elixiere aus Rinde, Samenschalen und Blättern gemacht und bei Entzündungen und Darmerkrankungen eingesetzt. Besonders die Blätter wirken zusammenziehend durch den Gehalt an Tannin und sind daher hustenstillend und desinfizierend. In der Bachblütentherapie wird die Edelkastanie *Sweet Chestnut* als sehr hilfreich in Phasen, in denen die Seelenqual nahezu unerträglich ist und man nichts als Zerstörung befürchtet, beschrieben. Sie stabilisiert und hilft, die intuitiven Botschaften aus seinem höheren Selbst zu hören und auch zu erkennen, daß manchmal nur ein (vermeintlicher) Zusammenbruch zu Vertrauen in die Göttin und zur Gelassenheit führt. „Das einzig sichere im Leben ist die Wandlung", das zu akzeptieren fällt uns oft schwer. Die Kastanie zeigt uns, daß der Wandel, die Transformation, durchaus positiv ist, und wenn wir unsere äußere rauhe Schale ablegen, etwas Wunderschönes hervorkommt.

Ein Kastanienbaum sieht viele Menschenleben kommen und gehen und erinnert immer wieder daran, auch den Herbst des Lebens anzunehmen und die Schönheit darin zu sehen, die sich oft versteckt in einer stachligen Hülle.

Die Roßkastanie, (*Aesculus hippocastanum*) die weiße Kastanie, wurde auch Gichtbaum genannt; ein Hinweis auf ihre Heilkraft. Ihre Blüten werden gegen Rheuma und Gicht eingesetzt. Der Wirkstoff Aescin aus der Rinde absorbiert ultraviolette Strahlen und findet in Sonnenschutzmitteln Verwendung. Durch die zusammenziehende, venentonisierende Wirkung ist die Roßkastanie eines der wirksamsten Mittel bei Venenproblemen.

Auch bei den Baumessenzen finden wir den Kastanienbaum. Hier repräsentiert er das Prinzip der Freude, passend zum Planeten Jupiter. Nach der Theorie der Baumessenzen lehrt uns der Kastanienbaum, daß die Freude das schönste Zeichen der Dankbarkeit für das Leben ist, und es auch mal in Ordnung ist, nichts zu tun, sich unter einen Kastanienbaum im Herbst zu setzen und das Geschenk einer herunterfallenden Kastanie zu empfangen, oder über die nun beginnenden Weihnachtsmärkte zu schlendern und sich eine Portion der köstlichen heißen Maronen zu gönnen ...

Kastanienspülung für strahlend blondes Haar

Kastanienschalen kochen und die Haare mit dem Sud spülen. Bringt goldenen Glanz in blondes Haar.

Rezepte nach Hildegard von Bingen

Drei bis fünf Maronen täglich helfen gegen Milz- und Herzschmerzen und stärken vor allem das Nervensystem.

Edelkastanienmehl hilft generell bei Herzbeschwerden, auch rheumatischer Art: Das Kastanienmehl mehrmals täglich gut einspeicheln und herunterschlucken. Das Mehl stabilisiert die Innenhaut des Herzens.

Kastanientinktur zur Einreibung bei Rheuma

Die Blüten der Kastanie in eine Flasche füllen. 90 % Spiritus dazugeben und die Flasche sechs Wochen an einen dunklen Ort stellen.

Hautglättende Gesichtsmaske "Novembernebel"

Wenn es draußen richtig ungemütlich ist, dann gönne dir diese entspannende Maske:

10 - 15 Tabletten Silicea D 12 (biochemisches Salz) oder Kieselerdenpulver
1 Eigelb, natürlich ein biologisch-dynamisches
½ TL Bienenhonig
1 TL Quark

Die Tabletten zu Pulver zerdrücken, alles miteinander vermischen, bis es eine schöne Paste gibt. Messerrückendick auf die Haut auftragen und entspannt hinlegen. Ca. zwanzig Minuten einwirken lassen und dann kalt abwaschen. Bei Bedarf noch ein Öl oder eine Creme auftragen.

Pflegeöl "Faltenschreck"

50 ml Jojobaöl
5 Tropfen Immortelle (Strohblume)
5 Tropfen Rosenöl
3 Tropfen Pfefferminz

Die Öle mischen und sie in einem 50 ml-Fläschchen aufbewahren. Wann immer du deiner Haut etwas Gutes gönnen willst, trage das Öl auf.

Der November ist auch die Zeit der Depressionen. Das Sterben der Natur, die langen Nächte, die trübe Stimmung und das fehlende Licht – all das läßt uns leicht in Trübsinn und Gefühle der Sinnlosigkeit versinken. Deshalb nun einige Mittel gegen die Winterdepression.

Johanniskraut Hypericum

Bereits in der Antike war das Johanniskraut ein Heil- und Wundermittel und stimmte schon damals Götter und Göttinnen milde. Es heißt, die Pflanze sei aus dem Blut von Johannes, dem Täufer, entstanden - deshalb der Name. Auch Jageteufel wurde es einst genannt, weil es die bösen Geister der Schwermut vertreibt. So ist es ein Lichtbringer in der dunklen Jahreszeit. Vor allem der Hauptwirkstoff des Johanniskrauts, das Hypericin, hat eine stimmungsaufhellende Wirkung. Die beruhigende, angstlösende und streßreduzierende Wirkung macht das Johanniskraut zu einer sehr hilfreichen Pflanze.

Johanniskrauttee zur Harmonisierung

Einen halben Liter Wasser zum Kochen bringen und dann sechs Teelöffel getrocknetes Johanniskraut dazugeben. Den Tee acht Minuten ziehen lassen. Wenn du magst, guten Waldhonig dazugeben.

Johanniskrautblütenöl

Verreibe einige Tropfen reinen Öles auf deinem Sonnengeflecht zur Entspannung und erinnere dich daran, daß du dir auch die dunkle Jahreszeit gemütlich und angenehm gestalten kannst. Falls dir Sonne fehlt, so tröste dich, denn "der nächste Sommer kommt bestimmt". Aber du kannst dich auch auf dem schnellsten Weg in das nächste Reisebüro begeben und den nächsten Flug nach Goa buchen und dort eine Durga Puja live erleben oder dich zu anderen exotischen Abenteuern verführen lassen ...

Fußmassage mit Johanneskrautblütenöl

Vermische für die Massage das Öl im Verhältnis 1:1 mit Avocadoöl. Bade deine Füße und trockne sie gut ab, dann setze dich bequem hin und nimm deinen linken Fuß in die linke Hand. Verteile etwas Öl und massiere mit dem rechten Daumen die gesamte Fußsohle, laß dich von deiner Intuition leiten: Wo immer es dir gut tut, massiere!!! Nach ca. fünf Minuten wechsle die Füße. Gönne dir anschließend noch etwas Ruhe, vielleicht genießt du dabei einen Johanniskrauttee.

Duftmischung "Novemberlicht"

Gibt neuen Mut und Lebensfreude.

1 Tropfen Zeder
1 Tropfen Ylang Ylang
5 Tropfen Limette
1 Tropfen Douglasie (Douglasfichte) oder ein anderes Tannen-
    holzöl

Wenn es ganz schnell gehen soll: einfach einige Tropfen Angelika, Bergamotte oder Rosenöl ins Taschentuch geben und immer mal wieder daran schnuppern.

Salzkristall-Lampe

Steinkristall-Lampen sind eine wunderschöne Beleuchtung für trübe Tage und lange Abende. Sie bestehen aus den Kristallen des Steinsalzes und werden entweder von innen mit einer Glühbirne beleuchtet oder mit einem Teelicht.

Durch die Wärme und die Strahlung des Lichtes werden die Ionen aus dem Salzkristall freigesetzt und verwandeln die Atmosphäre in ein Meeresklima. Sie harmonisieren, indem sie die Luftfeuchtigkeit regulieren, die Luft vom Staub reinigen und Elektrosmog neutralisieren. Salz fördert eine optimistische Lebenseinstellung und wirkt aufmunternd. Das sanfte rosa- bis orangefarbene Licht verzaubert dein Zimmer und erwärmt dein Herz.

Durgas erwärmendes Ingwerbad

2 - 3 EL geriebenen frischen Ingwer
1/4 Tasse getrocknete Petersilie
1/2 Tasse geriebene Zitronenschale (aus biologischem Anbau)

Gib alle Zutaten in ein heißes Bad und laß die Kräutermischung in deinen Körper einziehen. Dieses Bad wirkt anregend auf den Kreislauf und befreit den Körper von Giften und Schlacken. Die Zitrone erhellt das Gemüt und verbreitet den Duft von Frische und Leichtigkeit.

Kochrezepte für den Monat November

In dieser kühlen Jahreszeit solltest du wärmende Gewürze verwenden, und natürlich passen Kastaniengerichte hervorragend in die Novemberküche.

Selbstgemachtes Kastanienpüree

1 kg Kastanien, ungeschält
Salz
200 ml Milch
1 Vanillestengel
2 EL Kirschwasser; kannst du auch weglassen

Die Kastanien mit einem scharfen Messer auf der rund gewölbten Seite einritzen, und in Salzwasser zugedeckt zwanzig Minuten kochen lassen. Abschütten und, so heiß wie möglich, die Schale sowie die braunen Häutchen entfernen. Inzwischen die Milch mit dem aufgeschlitzten Vanillestengel und dem herausgekratzten Mark aufkochen. Neben der Herdplatte mindestens zehn Minuten ziehen lassen. Nochmals aufkochen, und den Vanillestengel entfernen. Die gekochten Kastanien beifügen und alles auf kleinem Feuer noch zwei bis drei Minuten kochen lassen. Dann fein pürieren und auskühlen lassen. Nach Belieben mit dem Kirschwasser parfümieren und bis zur Verwendung kühl stellen. Das Kastanienpüree durch ein Sieb treiben.

Kastanien mit Fenchel

500 g frische Kastanien
Salz
2 kleine Fenchelknollen und frische Butter

Die Kastanien schälen und vom Häutchen befreien. Zusammen mit dem in Streifen geschnittenen Fenchel mit Salzwasser bedeckt weichkochen. Die Kochzeit des Fenchels ist zwanzig Minuten kürzer, das heißt entsprechend später beifügen.

Sobald das Gemüse weich und die gesamte Flüssigkeit aufgesogen ist, reichlich Butter beifügen und servieren.

Exotische Ingwer-Creme *für zwei Personen*

4 frische Eigelb
3 EL Puderzucker
225 g Kastanienpüree (siehe Rezept)
50 g frisch geriebene Ingwerwurzel
4 EL Cointreau
1 EL Zitronensaft
3 TL Schlagsahne

Diese köstliche Creme wirkt erotisierend und hat einen hohen Energiegehalt. Geniesse sie zu zweit an einem kuschligen Abend. Schlage Eigelb und Zucker schaumig und ziehe alles mit dem Ingwer unter das Kastanienpüree, aromatisiere mit Cointreau, oder was immer du magst, und Zitronensaft.

Schlage dann die Sahne steif und hebe sie unter das Püree.

Der Yogi Tee
Ein Geschenk der Göttin für kalte Tage

2 TL frisch geriebenen Ingwer
8 Nelken
1 Zimtstange
Etwas Kardamom
1/4 Tasse Milch
8 Tassen Wasser

Gib alle Zutaten bis auf die Milch in das Wasser und koche die Flüssigkeit bis auf die Hälfte ein. Seihe den Tee ab und füge die Milch hinzu. Du kannst den Tee mit Honig süßen und es dir vor dem Kamin gemütlich machen, zur Not geht natürlich auch eine Kerze. Schließe die Augen und fühle, wie dieser indische Gewürztee dich von innen erwärmt und dir das Feuer der Göttin Durga schenkt. Ihre Vitalität und Lebensenergie werden dich stärken und dir helfen, die langen Wintermonate mit Freude zu erleben.

TANIT
DIE GÖTTIN DER EKSTASE
IM MONAT DEZEMBER

Tanit

    Ich bin TANIT, die Göttin der Geburt, der Ekstase und der Fruchtbarkeit. Ich werde als Sternengöttin verehrt, denn ich kann mich in der höchsten Ekstase verlieren und bin doch auch tief verwurzelt mit der Erde.

    In diesem Monat komme ich zu euch als Göttin der ekstatischen Geburt, denn es ist nun an der Zeit, dein noch verborgenes Potential zur Entfaltung zu bringen. Die Macht des Gebärens ist die Grundlage aller Schöpfung und ist die kreative weibliche Macht. Die Phönizier verehrten mich, und auch bei den Kelten war ich bekannt, einst wurden mir in Cornwall als Tanat Opfer dargebracht.

Meine Tempel standen sowohl im alten Memphis wie in Karthago, und ich empfing in diesen Tempeln das Opfer der Jungfräulichkeit. Dieses Opfer der Jungfrauen sollte mein Wohlwollen wecken, denn die Ausschließlichkeit der Hingabe an einen Mann in der Ehe war nicht im Sinne der Göttin. Meine Tempel waren Orte der Ekstase, getrieben von dem Wunsch nach Verschmelzung mit dem Göttlichen und der Wiedergeburt. Bei der heiligen Hochzeit gaben sich die Tempeldienerinnen den Männern hin, um ihnen die ekstatische Vereinigung mit der Liebesgöttin zu ermöglichen. Einst wurden mir und meinem Gefährten Baal auch Kinder geopfert. Blutopfer sind immer ein tiefes Bedürfnis, sich mit der Erde zu vereinigen und das Liebste, was man hat, hinzugeben, um die Göttin gnädig zu stimmen. Doch das Bewußtsein der heutigen Zeit hat sich verändert, und du sollst dich nicht mehr opfern, weder der Göttin noch dem Partner, um die Liebe zu erhalten, die du verdienst. Finde zu deiner eigenen Kraft, beginne dich selbst zu würdigen, sei wahrhaftig und stehe zu dem, was in dir ist. Keine Göttin, kein Gott, kein Meister, kein Guru kann von dir fordern, was nicht in deinem Herzen ist. Das Dreieck mit dem Halbmond ist mein Symbol, noch heute findest du es, im Besonderen auf der mystischen Insel Ibiza. Mit dieser Insel bin ich auch heute noch verbunden, an vielen magischen Orten und Höhlen findest du noch meine Spuren und alte Ritualplätze.

Schon für die Phönizier war Ibiza eine magische, von der Göttin gesegnete Insel, und auf ihrer heiligen, roten Erde lebt nichts, was dem Menschen schaden könnte. Hier sind ekstatische Rituale mir und meinem Gefährten Baal zu Ehren abgehalten worden. Viele kamen auf die Insel, um zu sterben und in meiner Energie die Transformation zu erfahren. Einst nannte man Ibiza auch die Insel Afroditas, der aus dem Schaum geborenen Göttin Aphrodite zu Ehren. Das zeigt, daß diese Insel schon immer ein besonderer Ort war, um Transformation, Lebensfreude und Sinnlichkeit zu erleben.

Ich bin auch eine Mondengöttin, und besonders auf Ibiza werden jeden Monat ekstatische Feste zu Ehren des Mondes gefeiert. Ohne um die wahre Bedeutung zu wissen, ist es eine Zeit der Ausgelassenheit, die noch immer getragen ist von meiner Energie.

Ich beende den Jahresreigen der Göttinnen, und du darfst erkennen, daß du selbst die Attribute der Göttin verkörperst. Entwickele deine eigenen Rituale, sei selbstverantwortlich. Du trägst die Kraft der Schöpfung, den Zyklus von Geburt und Tod, in dir. Alle zwölf Göttinnen haben dir Anteile von dir gezeigt, und du vereinst sie alle in dir. Ich bin eine ekstatische Göttin und fordere dich zum Tanz mit dem Universum auf. Jetzt sind die Energien günstig, um dich zu verwirklichen, dieser Monat ist die Zeit des Geborenwerdens. Du bist Teil von allem. Indem du dich heilst, deine Göttlichkeit anerkennst, heilst du die Erde und hilfst anderen, sich selbst zu heilen. Beginne Oasen zu schaffen, wo du und deine Freundinnen sich wohl fühlen und sich unterstützen. Schafft Netzwerke mit anderen Göttinnen überall auf der Welt. Werdet die Göttinnen der Neuen Zeit!

Der Dezember ist der Monat der Erwartung, der Besinnung und der Monat der Feste. Es ist der Weihnachtsmonat, auch Heilagmanoth genannt, der heilige Monat.

In diesem Monat verschlingt die Dunkelheit das Licht, bis es dann an der Wintersonnwende am 21. Dezember wieder neu geboren wird. Die Adventszeit ist eine mystische Zeit der Erwartung und Erneuerung. Seit 1833 gehört der Adventskranz zu diesem Monat, die grünen Zweige stehen für die Hoffnung, die roten Kerzen für die Liebe und violette Bänder für die Wandlung. Das Weihnachtsfest, aus dem Mittelhochdeutschen: „ze den wihen nahten", zu den heiligen Nächten, wird in der gesamten christlichen Welt am 25. Dezember gefeiert. Es ist das Fest der Geburt des Christus. Darauf folgen die zwölf heiligen Nächte, in denen die Göttin besonders nahe ist. Eine sehr kraftvolle Zeit, um in sich zu gehen und seine Visionen zu stärken. Der »Hundertjährige Kalender« empfiehlt, sich mit Kleidung, Speise und Trank warm zu halten, denn der Mensch ist in diesem Monat besonders infektanfällig. Tannenduft, Kerzenschein, der Mistelzweig, Lebkuchen und die allgegenwärtigen Engel erhellen die äußere Dunkelheit. Wir stellen Schalen auf mit Früchten, Plätzchen und Nüssen, ursprünglich als Opfer für die Göttinnen gedacht. Wenn die Göttin Holla gnädig ist, verwandelt sie die Landschaft in eine Zauberwelt und legt eine weiße Decke über die Natur. Konzentriere dich in diesem Monat auf die Geburt des Lichtes in dir, bringe deine Göttlichkeit zur Welt.

Ritual in der Höhle der Göttin Tanit
Eine ekstatische Einweihungsreise

Schaffe dir eine angenehme Atmosphäre, zünde eine Kerze an, spiele sanfte Musik, laß dich in die Entspannung gleiten und begib dich auf eine Phantasiereise in die Höhle der Göttin Tanit. Stell dir vor, wie du ein Bild von dir in der Hand hältst und den Berg erklimmst, in dem die Höhle der Göttin Tanit ist. Genieße die prachtvolle Aussicht auf das Meer und bewundere den aufgehenden Vollmond. Du stehst jetzt direkt vor Tanits Höhle. Nur diejenigen, die diese Höhle finden sollen, erkennen sie auch. Ihr Eingang ist versteckt , du siehst den schmalen Eingang im Fels und kletterst hinunter. Du kommst erst in eine kleinere Höhle, bleibe hier einen Moment sitzen und komme innerlich an. Wie fühlt es sich an, in der Erde zu sein? Es ist still hier, die Geräusche der Welt hast du hinter dir gelassen. Nun steige weiter herab, ein weiterer enger Felsspalt bildet den Eingang in das innerste Heiligtum von Tanits Höhle. Schau dich um, ein Lichtermeer von Kerzen heißt dich willkommen. Die Höhle ist groß und geformt wie eine Gebärmutter, inmitten steht ein großer Steinaltar, geschmückt mit Blumen und Kerzen. Du bist an einem alten geheiligten Ort, an dem schon seit Jahrhunderten Rituale zu Ehren der Göttin stattgefunden haben. Setze dich vor den Altar, schau dich um, die Kerzen erleuchten die Höhle, viele vertraute Symbole sind an die Wände gemalt. Nun schau, was hinter dir liegt, ein wunderschönes Gewand mit leuchtenden Fäden durchwirkt; ziehe es über. Spüre in deine Wirbelsäule und stell dir vor, wie Wurzeln aus deinem Steißbein kommen und dich tief in der Erde verankern, du bist fest verwurzelt mit Mutter Erde. Spüre, wie die Erdenergie durch deinen Rückenmarkskanal zu deinem Scheitelchakra fließt und dich mit der himmlischen Kraft verbindet. Nun breite deine Arme aus, strecke sie nach oben zum Himmel und fühle die göttliche Kraft in dir fließen. Du bist Teil von allem, die Göttin ist in dir, alles Wissen ist in dir. Du bist die Jungfrau, die Mutter und die alte Weise. Laß Bewegungen in deinen Körper kommen, ekstatische Trommelmusik ertönt, laß alle Kontrolle los, tanze den Tanz des Lebens in dieser Gebärmutter tief in der Erde, tanze voller Freude, losgelöst und in reiner Ekstase.

Vor deinem inneren Auge erscheinen nun alle Göttinnen, die dir bereits in diesem Buch begegnet sind.

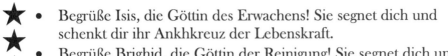

- Begrüße Isis, die Göttin des Erwachens! Sie segnet dich und schenkt dir ihr Ankhkreuz der Lebenskraft.
- Begrüße Brighid, die Göttin der Reinigung! Sie segnet dich und schenkt dir eine Schale mit geweihtem Wasser.
- Begrüße Ostara, die Göttin des Wachstums! Sie segnet dich und schenkt dir das Weltenei.
- Begrüße Aphrodite, die Göttin der Liebe! Sie segnet dich und schenkt dir ein Herz aus roten Rosen.
- Begrüße Artemis, die Göttin der Freiheit! Sie segnet dich und schenkt dir ihren silbernen Pfeil.
- Begrüße Amaterasu, die Göttin der Schönheit! Sie segnet dich und schenkt dir ihren goldenen Spiegel.
- Begrüße Lakshmi, die Göttin der Fülle! Sie segnet dich und schenkt dir ein Füllhorn.
- Begrüße Laka, die Göttin der Lebensfreude! Sie segnet dich und schenkt dir einen Blumenkranz aus Lachen.
- Begrüße Holla, die Göttin der Intuition! Sie segnet dich und schenkt dir ein geöffnetes Drittes Auge.
- Begrüße Durga, die Göttin der Transformation! Sie segnet dich und schenkt dir die Kraft des Tigers.
- Begrüße mich, TANIT, die Göttin der Ekstase! Ich schenke dir den Tanz mit der Existenz.

Alle Göttinnen stehen nun im Halbkreis hinter dir, ihre Kraft ist deine Kraft. Nimm die Energien der Göttinnen in dich auf. Nichts und niemand wird dich jemals wieder daran hindern, deine Göttlichkeit zu leben. Die Göttinnen bilden nun einen Kreis um dich, es ertönt Musik, und sie tanzen gemeinsam mit dir den Göttinnenreigen, den Tanz der Existenz, denn du bist nun eine von ihnen.

Nimm dein Bild, das du mitgebracht hast, und stelle es auf den Altar, zünde eine Kerze an und verneige dich vor der Göttin in dir. Verweile noch ein wenig in dieser Energie, bis du bereit bist, zurückzukehren. Dann verabschiede dich von der Höhle, dein Bild bleibt auf dem Altar, und kehre zum Ausgang zurück. Ein strahlender Vollmond begrüßt die neugeborene Göttin. Wenn du zurück bist in deinem Heim, stelle auch hier ein Bild von dir auf deinen Altar und behandele dich wie eine Göttin, stelle eine Kerze vor dir auf und schenke dir Blumen. Umarme die Göttin in dir!

Wintersonnenwende am 21. Dezember

Die keltische Julnacht ist die längste Nacht des Jahres. Das Julfest ist ein Wendepunkt, ein Neubeginn. An diesem Tag feiern wir die Rückkehr von Licht und Leben. Jul ist der Geburtstag der Sonne, der Tag des Triumphes des Lichts über die Dunkelheit. Selbst die Christen haben dies beibehalten und aus diesem Fest ihr Weihnachten gemacht, den Tag, an dem ihr "Sonnengott", Jesus, geboren wird, und da finden wir die heidnischen Attribute wie den Weihnachtsbaum, den Mistelzweig und die Geschenke wieder. Es ist ein Fest der Freude, die Wiedergeburt der Natur und so auch unsere eigene. Es ist eine gute Zeit, um Pläne zu verwirklichen, neue Ideen zu entwickeln und das Licht in uns zu gebären.

Trefft euch an diesem Tag vor Aufgang der Sonne. Findet einen Platz, wo ihr sie aufgehen sehen könnt. Habt rote und weiße Kerzen dabei und dekoriert den Platz mit Tannen- und Mistelzweigen. Zündet die Kerzen an, oder wenn möglich, macht ein richtiges Feuer. Stellt euch in einen Kreis. Nachdem ihr euch gereinigt und begrüßt habt, beginnt zu summen, laßt eine Vibration im Körper entstehen, laßt das Summen noch kraftvoller und lauter werden, hört das Summen der anderen und spürt die Energie, die ihr zusammen kreiert. Summt mindestens fünfzehn Minuten lang, öffnet dann wieder die Augen und schaut auf die aufgehende Sonne. Laßt nun laute Töne aus euch herauskommen, singt, schreit, jubiliert, begrüßt die Geburt der Sonne, verneigt euch, tanzt, hüpft voller Freude herum, tut was immer ihr mögt, gebt eurer Freude über die Sonne, über die Geburt des Lichtes, Ausdruck.

Laßt ein ekstatisches Fest entstehen, verschmelzt mit der Energie der Sonne. Laßt die Stimmen noch lauter werden, das Tanzen noch wilder, umarmt Bäume, tanzt mit den Sonnenstrahlen ...

Wenn ihr euch richtig ausgetobt habt, kommt wieder im Kreis zusammen und löscht die Kerzen bzw. das Feuer.

Jede Frau nimmt nun eine Kerze in die Hand.

Spüre in dich, nimm die Kraft wahr, die in dir ist, hab keine Angst vor dieser starken Kraft. Was möchtest du gebären, welche neuen Projekte, welche neuen Ziele hast du??? Du weißt, wie machtvoll die Kraft der Worte ist, deshalb sprich laut aus, was du neu zur Welt bringen willst.

Die erste Frau geht jetzt in den Kreis und entzündet die Kerzen oder das Feuer neu als Symbol für die Wiedergeburt des Lichtes. Sie stellt sich dann in die Mitte des Kreises, entzündet ihre eigene Kerze am Feuer und spricht laut ihren Wunsch, ihr Ziel, aus. Dann kehrt sie in den Kreis zurück und zündet mit ihrer Kerze das Licht ihrer Nachbarin an, die dann in den Kreis tritt und ihren Wunsch ausspricht. Wenn ihr alle im Kreis wart, beschenkt euch gegenseitig. Dreht euch zu der Frau neben euch, schaut ihr in die Augen und sagt: „Du bist die Göttin, ich wünsche dir aus vollem Herzen...", und dann sprecht aus, was euch spontan einfällt.

Wenn alle sich beschenkt haben, löscht das Feuer, jede nimmt ihre Kerze und geht nach drinnen, wo ihr ein köstliches Mahl vorbereitet habt. Tauscht euch weiter aus und versichert euch eure gegenseitigen Unterstützung bei euren Vorhaben.

Die Tradition des Schmückens des immergrünen Tannenbaumes entspringt dem Wissen, daß auch Bäume eine Seele haben, die in dieser dunklen Zeit schläft. Um sie wissen zu lassen, daß das Licht neugeboren wird, gehen die Menschen hinaus und klopfen sanft auf die Stämme der Bäume, befreien sie vom Schnee und sprechen Segenssprüche. Kleine Säckchen mit Gebäck werden an die Zweige gehängt, um die Baumgeister zu erfreuen. Wenn ihr wollt, tut das auch, schmückt einen Baum und heftet kleine Zettel mit Wünschen an den Baum und macht ihn zu eurem Wunschbaum.

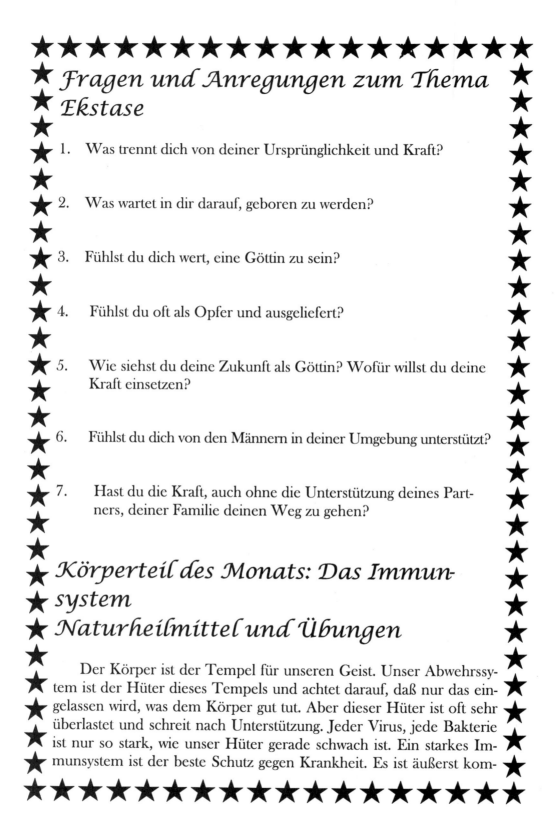

Fragen und Anregungen zum Thema Ekstase

1. Was trennt dich von deiner Ursprünglichkeit und Kraft?

2. Was wartet in dir darauf, geboren zu werden?

3. Fühlst du dich wert, eine Göttin zu sein?

4. Fühlst du oft als Opfer und ausgeliefert?

5. Wie siehst du deine Zukunft als Göttin? Wofür willst du deine Kraft einsetzen?

6. Fühlst du dich von den Männern in deiner Umgebung unterstützt?

7. Hast du die Kraft, auch ohne die Unterstützung deines Partners, deiner Familie deinen Weg zu gehen?

Körperteil des Monats: Das Immunsystem
Naturheilmittel und Übungen

Der Körper ist der Tempel für unseren Geist. Unser Abwehrssytem ist der Hüter dieses Tempels und achtet darauf, daß nur das eingelassen wird, was dem Körper gut tut. Aber dieser Hüter ist oft sehr überlastet und schreit nach Unterstützung. Jeder Virus, jede Bakterie ist nur so stark, wie unser Hüter gerade schwach ist. Ein starkes Immunsystem ist der beste Schutz gegen Krankheit. Es ist äußerst komplex aufgebaut. Viele verschiedene Organe und Gewebe, wie die Milz, die Thymusdrüse und das Lymphsystem, erfüllen sowohl allgemeine als auch spezielle Aufgaben. Alle Organe greifen und beeinflussen sich gegenseitig. Das Gehirn steht in ständigem Kontakt mit dem Immunsystem, und so können auch Visualisierungen die Körperpolizei aktivieren. Jegliche Form von Streß schwächt das Immunsystem. Zeichen dafür sind häufige Erkältungen, Mangel an Lebensfreude, Schwindelanfälle, Nervosität, Anfälligkeit für Erkrankungen etc., um nur einige zu nennen.

Hilf dir selbst, dann hilft dir die Göttin! Du bist deine beste Heilerin, und du hast die Verantwortung für dich selbst. Dein Körper hat alles Wissen, deine Selbstheilungskräfte sind grenzenlos, und die Natur stellt uns alles zur Verfügung, was wir von außen zur Heilung brauchen. Das Beste für das Immunsystem ist natürlich die Liebe ... Verliebe dich, jeden Tag neu in deinen Partner, in dich und ins Leben. Ein freudiges , sinnliches Leben im Einklang mit der Natur, mit liebevollen Beziehungen, einer erfüllten Arbeit, ausreichender Bewegung in frischer Luft, und möglichst ausgewogener, naturbelassener Nahrung - da hat keine Krankheit eine Chance! Wenn du dann doch einmal krank werden solltest, dann sieh die Erkrankung als Wachstumsmöglichkeit und höre nach innen, was dir die Krankheit sagen will und was du verändern kannst, um wieder heil und ganz zu sein.

Yogamudra: eine Übung, die die Abwehr stärkt

Ein wichtiger Punkt zur Stärkung der Abwehr sitzt zwischen den Schulterblättern, Blase 36, wo „Wind und Kälte in die Poren dringen". Setze dich in den Fersensitz. Strecke deine Arme nach vorne und führe sie dann langsam nach hinten, wo sich die Hände falten. Atme ein, und mit dem Ausatmen lasse deine Stirn zu Boden sinken und nimm deine Arme so hoch wie möglich, verweile einige Minuten in dieser Haltung und spüre den Punkt zwischen deinen Schulterblättern. Diese Übung ist auch sehr gut gegen Schulter- und Nackenverspannungen, durchblutet den Kopf und ist eine Übung der Hingabe an das Göttliche. Während du in der Übung bist, sage dir: Ich verneige mich vor der Göttin in mir!

Eine mystische Drehmeditation

Stehe aufrecht, die Füße parallel und hüftbreit, die Knie leicht gebeugt, lenke deine Aufmerksamkeit auf einen Punkt drei Fingerbreit unter deinem Nabel. Mit der Einatmung breite die Arme seitlich wie zwei Flügel aus und beginne nun, dich langsam um die eigene Körperachse zu drehen, bestimme deine eigene Geschwindigkeit und habe den Blick auf einer Stelle. Bringe dich dann wieder ins Gleichgewicht, lege die Handfläche in Brusthöhe aneinander und spüre wieder in den Punkt unterm Nabel. Die Linksdrehung bewirkt eine Loslösung und ein Insichgehen, wie zum Beispiel bei den Sufitänzern. Die Drehung nach rechts reinigt von negativen Energien, erdet und hilft, im Hier und Jetzt zu sein. Die Drehübung hilft auch, die beiden Gehirnhälften auszugleichen und dich in dein Gleichgewicht zu bringen.

Dynamische ekstatische Meditation aus Indien

Diese Meditation dauert eine Stunde und hat fünf Phasen, mache sie am besten morgens, nüchtern, und verbinde dir die Augen.

1. Phase: Atme chaotisch durch die Nase und konzentriere dich dabei auf das Ausatmen. Atme so schnell und hektisch, wie du kannst, nutze die Bewegung deines Körpers dazu, noch mehr Energie aufzubauen, ohne sie explodieren zu lassen. Atme ekstatisch für zehn Minuten.

2. Phase: Explodiere, lasse alles heraus, was raus will. Schreie, hüpfe, tobe, tanze, lache, weine ... werde zur reinen Ekstase ... für zehn Minuten.

3. Phase: Hüpfe mit erhobenen Armen auf und ab und rufe dabei laut Huh Huh Huh tief aus deinem Bauchraum, komme immer mit der ganzen Fußfläche auf und lasse die Energie in dein Sexualzentrum fließen ... Gib alles in diese Bewegung ... für zehn Minuten.

4. Phase: Erstarre!!!! wo immer du gerade stehst, ohne dich zu bewegen ... und beobachte die Energie ... für fünfzehn Minuten.

5. Phase: Tanze und laß dich tragen von deiner nun wieder explodierenden Energie, drücke durch deine Bewegungen den Dank an das Leben aus, nimm das ekstatische Glücksgefühl „lebendig zu sein" mit in den Tag!

Es gibt passende Musik dazu, zum Beispiel die „Dynamische Meditation" von Osho.

Mittel zur Immunstärkung: Spirulina

Diese Alge wirkt antioxidativ durch den sehr hohen Carotingehalt, wertvolle Mineralien und Spurenelemente. Das heißt: Dadurch kann die Zelle mehr Sauerstoff aufnehmen. Sie ist außerdem schwermetallausleitend und wirkt Übersäuerung entgegen. Laut Untersuchungen wirkt Spirulina auch gegen Anämie, schützt gegen radioaktive Strahlen, entgiftet Leber und Nieren. Sechs Tabletten am Tag, bei erhöhtem Streß auch mehr.

Grapefruchtkernextrakt

Dieses natürliche Breitbandtherapeutikum wirkt gegen Hunderte von Bakterien- und Virenstämme, wie auch gegen Pilze. Dieser Extrakt untersützt das Immunsystem und die Entgiftungsorgane. Es kann bei Gebrauch Entgiftungserscheinungen geben, wie Unwohlsein und Müdigkeit.

Verwende ca. fünf Tropfen in Wasser bei undefinierbaren Beschwerden. Sehr hilfreich auf Reisen; einige Tropfen in die Wasserflasche schützen vor Viren etc.

Sanddornöl

ist das natürliche Erkältungsmittel der Tibeter und Mongolen. Man gewinnt es aus den wilden Beeren des Sanddorn. Zu Dschingis Khans Zeiten nannte man es Herzblut des Kaisers. Aber nicht der bekannte

Sanddornsaft findet dabei Verwendung, sondern das seltene rote Öl, das ebenfalls im Fruchtfleisch der Beeren steckt. Es stärkt das Immunsystem und macht durch seinen hohen Anteil an Carotinoiden und Tocopherolen die gefährlichen freien Radikalen unschädlich. Du kannst es äußerlich anwenden, einnehmen und auch zur Hautpflege nutzen, dann schützt es vor eindringenden Keimen.

Frage im Reformhaus nach Sandornfruchtfleischöl!

Erste Hilfe Mixture bei beginnender Erkältung

1 g Vitamin C
3 mg Zink
50 Tropfen Echinacea

Wenn du die ersten Anzeichen feststellst, nimm diesen Cocktail alle zwei Stunden ein. Eine der am besten untersuchten Pflanzen mit immunsteigender Wirkung ist der Purpursonnenhut oder *Echinacea purpureae.*

Vitamin C ist eines der wichtigsten Vitamine zur Unterstützung des Immunsystems. Streß und starke Gefühlsausbrüche verbrauchen große Mengen an Vitamin C.

Stärkungsbad

10 g Kamillenblüten
10 g Quendel
10 g Thymian
10 g Lavendelblüten
10 g Rosmarin

Überbrühe diese Mischung mit drei Litern kochendem Wasser und gebe es in dein Badewasser.

Heilpflanze des Monats: Die Mistel
Wellness- und Beauty Tips

Schon seit dem 5. Jahrhundert v. Chr. ist die Mistel bekannt. Die Mistel, *Viscum album*, oft auch Hexenkraut genannt, ist ein kleiner kugeliger Busch, ein Parasit, der auf Obst und Eichenbäumen wächst. Immergrün, kann er bis zu siebzig Jahren alt werden, seine hellen Beeren reifen im Dezember. Die Mistel, und das ist ungewöhnlich, unterliegt nicht der Photosynthese, kann also auch im Dunkeln grünen. Für die Druiden, Hohenpriester in Britannien, war die Mistel die heiligste aller Pflanzen. Sie schnitten sie nur im Rahmen eines Gottesdienstes mit einer goldenen Sichel und brauten so manchen „Zaubertrank" mit ihr. Erinnerst du dich an den magischen Misteltrank von Asterix und Obelix? Es heißt, die Mistel sei der Baum gewesen, aus dessen Holz das Kreuz von Christus gefertigt wurde. Aus Schande darüber soll sich der Baum zu einer Pflanze gewandelt haben, die allen Gutes bringt, die unter ihr hindurchgehen. Deshalb der aufgehängte Mistelzweig!

Die Mistel bringt das Immunsystem in Schwung, wirkt stimulierend auf die Thymusdrüse und wird sogar erfolgreich bei Tumoren eingesetzt. Ihre Wirkung ist angstlösend und beruhigend, daher hilfreich bei Nerven und Herzerkrankungen. Der Misteltrank ist blutreinigend, löst Arterienverkalkung und reguliert den Blutdruck. Meist in homöopathischer Form eingesetzt, hilft die Mistel auch bei Gelenkbeschwerden.

Wenn du die Mistel selbst zu Heilzwecken ernten willst, nimm die Zweigspitzen mit Blättern und trockne sie. Bereite einen kalten Auszug, da Hitze die Wirkstoffe der Pflanze zerstört. Gebe drei Löffel Mistelblätter zu drei Tassen kaltem Wasser und lasse die Mischung über Nacht stehen. Am nächsten Tag seihe ab und trinke schluckweise.

Die Mistelzweige sind ein beliebter Weihnachtsschmuck, und wer unter einer Mistel steht, darf geküßt werden!!!

Kreislaufstärkender Tee „Mistel und Rose"

Zwei Teelöffel Mistelkraut mit zwei Tassen Wasser über Nacht ziehen lassen. Am morgen abfiltern und mit Rosenherzhonig süßen. Siehe das Rezept bei Aphrodite. Über den Tag verteilt trinken.

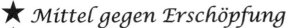

Mittel gegen Erschöpfung

Meist ist der Dezember auch ein stressiger Monat, da es kaum jemandem gelingt, dem Weihnachtstrubel zu entgehen. Deshalb hier ein paar Tips:

Power Cocktail

Verrühre in einem Glas biologischen Rotwein ein Eigelb mit Traubenzucker oder Honig.
Das regt die Abwehrzellen und die Blutbildung an.

Kombucha Getränk

Der Kombuchapilz kommt ursprünglich aus China, reinigt und erfrischt Körper und Seele. Der Kombuchadrink wird aus einer Kräuterteemischung, Saccharose und einer Kultur aus Hefe und Milchsäurebakterien hergestellt. Während des Fermentierungsprozesses entstehen wertvolle Stoffwechselprodukte wie organische Säuren und Enzyme. Er unterstützt die Abwehrkräfte, hält die Darmflora im Gleichgewicht, harmonisiert den Stoffwechsel und belebt und verschönt deine Haut.
Wenn du keinen Alkohol trinkst, ist er eine wunderbare „Sektalternative" bei Festen, er prickelt und schmeckt köstlich.

Handbad - Zarte Hände auch in der Kälte

¼ l Vollmilch
3 EL Rosenwasser
3 EL Hagebuttenkernöl
2 Tropfen Kamillenöl

Erwärme die Milch und rühre alles ein, bade deine Hände fünfzehn Minuten und bewege sie dabei, anschließend nicht abspülen, nur trocknen.

Rose – Weihrauch-Kopfmassage

100 ml Mandelöl
2 Tropfen Rosenöl
2 Tropfen Weihrauch

Gut mischen und in eine Pipettenflasche füllen. Einige Tropfen auf die Kopfhaut geben und einmassieren. Der Weihrauch klärt deinen Geist und erweckt die Sinne.
Diese Massage ist eine sehr gute Vorbereitung für eine Meditation.

Sauna für zu Hause - Gesichtsdampfbad

Ein Gesichtsdampfbad füllt die Zellen mit Feuchtigkeit und macht sie im Nu weich. Feuchte Wärme läßt zudem die oberste Hornschicht aufquellen, Poren öffnen sich, und die Haut wird aufnahmebereit für Pflegestoffe. Eine Handvoll trockener Kräuter (Salbei, Rosmarin oder Lindenblüten) mit einem Liter kochendem Wasser in einer Schüssel ü-berbrühen. Du kannst auch ätherische Öle hinzufügen, zwei Tropfen genügen. Den Kopf mit einem Handtuch abdecken und das Gesicht et-wa fünf Minuten in den aufsteigenden Dampf halten. Danach die Haut gut eincremen oder folgende Maske auftragen:

Milchbad „Ecstasy"

3 EL Vollmilch oder flüssige Sahne
5 Tropfen Sandelholz
4 Tropfen Ylang-Ylang
3 Tropfen Zimtöl
2 Tropfen Ingweröl

Dieses Bad verwöhnt die Haut und weckt die Sinne!

Weihnachtsduft für die Aromalampe

1 Tropfen Zimtrinde
1 Tropfen Mandarine
1 Tropfen Zitrone
1 Tropfen Tonka

Sinnlicher Raumduft

Bohre mit einer dicken Nadel einige Löcher in eine Orange, stecke in die Löcher ganze Gewürznelken, binde die Orange an ein Band und hänge sie im Zimmer auf. Sie verbreitet einen himmlisch weihnachtlichen Duft.

Kochrezepte für den Monat Dezember

Der Dezember ist der Monat des Feierns und der Festmahle. Überall wollen dich gefüllte Teller mit Gebäck verführen. Genieße diese kleinen Köstlichkeiten und sage dir bei jedem Bissen: „Das tut meinem Körper gut, er nimmt sich, was er braucht und, alles andere scheidet er wieder aus."

Wenn dein Immunsystem fit ist und du dich sonst vitaminreich ernährst, schaden dir auch diese Leckereien nicht.

Göttinnenkugeln

100 g Marzipanrohmasse
2 Eiweiß
65 g Puderzucker
20 g Speisestärke
65 g geschälte und halbierte Mandeln

Verknete das Marzipan mit einem Eiweiß, dem Zucker und der Stärke und stelle die Mischung eine Stunde kühl. Forme dann aus dem Teig kleine Göttinnenfiguren, laß deiner Kreativität Flügel wachsen. Bestreiche die Figuren mit dem Eiweiß, dekoriere mit den Mandeln, setze sie auf ein Backblech und backe die Göttinnen fünfzehn Minuten bei 160 Grad goldgelb.

Weihnachtliche Schokopralinen

1 Tafel dunkle biologische Schokolade (Bioladen)
1 EL Rosenwasser
100 g gehackte Mandeln
20 g getrocknete Hagebutten
½ TL Lebkuchengewürz

Laß die Hagebutten eine halbe Stunde im Rosenwasser ziehen, schmelze die Schokolade in einem Glastopf mit dem Gewürz ab. Röste die Mandeln in einer Pfanne leicht an und gebe sie zur Schokolade, füge die Hagebutten dazu, vermenge alles, fülle in schöne Pralinenförmchen und laß sie erstarren.

Feuerzangenbowle "Ekstase" für kalte Nächte

2 l roter biologischer herber Wein
5 in Scheiben geschnittene Orangen
3 in Scheiben geschnitten Zitronen
Ein paar Nelken

1 Stange Zimt
1 Zuckerhut
Ca. 1/2 Flasche Rum (54%)

Zutaten zusammengeben und in einem Topf erhitzen. Wenn die Mischung heiß ist, in den Feuerzangenbowlentopf geben und den Brenner darunterstellen. Den Zuckerhut auf die Zuckerhutzange legen und mit dem Rum übergießen. Jetzt den Zuckerhut anzünden. Mit einem langen Schöpflöffel immer etwas Rum nachgießen, so daß die Flamme nicht ausgeht. Hierbei löst sich der Zucker auf und fällt mit dem Rum in die Bowle. Vorsicht – diese Bowle ist wirklich sehr ekstatisch.

Weihnachtsbratapfel mit Marzipanfüllung

4 große, säuerliche Äpfel
50 g Marzipanrohmasse
50 g gemahlener Mohn
1 Eiklar
1 EL Sanddorn-Vollfrucht
1 EL Honig
1 EL Weinbeere
2 EL Mandelstifte

Die Äpfel ausstechen und das Gehäuse entfernen. Das Marzipan erwärmen und mit Mohn, Eiklar, Sanddorn, Honig und Weinbeere vermischen. Einige Minuten ziehen lassen und die Äpfel mit der Masse füllen. Mit den Mandeln garnieren und in einer flachen Form bei 220 Grad ca. zwanzig Minuten garen.

Das köstliche Aioli der Lichtinsel Ibiza

4 Knoblauchzehen
¼ TL Salz
3 Eigelb
¼ l Olivenöl
Saft einer Zitrone

Den Knoblauch schälen und mit Salz pürieren. Die Eigelbe einzeln hinzufügen und abwechselnd Olivenöl und Zitronensaft dazugeben. Mit etwas Wasser verrühren und kalt stellen. Ein köstlicher Dip!

Grüner Vitamincocktail

3 Grünkohlbätter
1 Bund Petersilie
5 Karotten
½ entkernter Apfel

Gib die die ir einen Vitaminschub!

kalte Nächte.

nd zwar auf 1 Liter
Schale für dreißig Mi-
latte ausdampfen las-

und Koriander und Petersilie
2 grüne Paprika
2 grüne scharfe Peperoni
1 Knoblauchknolle mit großen Zehen
2 TL Kreuzkümmelöl
2 TL Salz
½ Tasse Obstessig
2 Tassen kaltgepresstes Olivenöl
2 geröstete Toast - oder Weißbrotscheiben

Paprika, Peperoni und Kräuter säubern und grob zerkleinern. Das Brot in kleine Würfel schneiden und die Knoblauchzehen pellen. Alles zusammen pürieren, bis eine homogene Soße entsteht. Über die Kartoffeln geben und dazu einen herben Rotwein genießen.

Sylvesterglückskraut für zwei Personen

1 Zwiebel
1 kleine Kartoffel
200 g helle Trauben
2 Gläser Weißwein
1 Dose biologisches Sauerkraut
2 EL pflanzliches Schmalz

Die Zwiebel schälen, in Würfel schneiden und die Kartoffel schälen. Die Trauben waschen, halbieren und die Kerne entfernen. Das Sauerkraut im Topf mit dem Schmalz und der Zwiebel dünsten. Die Kartoffel und den Wein dazugeben und für zwanzig Minuten dünsten. Nach zehn Minuten die Trauben dazugeben. In der Sylvesternacht gegessen, bringt es Glück und Reichtum für das neue Jahr.

ERWECKE DIE GÖTTIN IN DIR
IM 13. MONAT

Ein Bild
Von dir

Erzähle deine Geschichte

Dein Lieblingsritual

Deine Geheimrezepte

Deine Leibspeise

Biographie der Autorinnen

Die beiden Autorinnen Sylvia Leela Isani und Christine Janson sind seit langem als freiberufliche Seminarleiterinnen in den Bereichen Streßmanagement Training und Wellness tätig. Sie arbeiten mit Wellness Ritualen der Göttinnen, Yoga, Qi Gong, Meditation, Visualisierungen und Gruppen Sharing (Kommunikationsmodell aus den USA).

Ausserdem leiten sie internationale Seminarreisen (z.B. "Streßmanagement Training" in Spanien mit Lotus Travel oder "Göttinnen Rituale auf Ibiza"). Beide Autorinnen haben Erfahrung mit Medien (z.B. in einer Gesundheitssendung über Reiki im Hessenstudio Frankfurt).

Sylvia Leela Isani

geboren am 10.10.1954 in Frankfurt

Ausbildungen: Fremdsprachenkorrespondentin, Dolmetscherin, Heilprakti-kerin, Yoga -, Qi Gong und Reikilehrerin, Trainierin für Streßmanagement.

Berufserfahrung: Sylvia Leela Isani arbeitet seit ca. 13 Jahren als freibe-rufliche Seminarleiterin in den Bereichen Streßmanagement Training und Wellness.
Davor arbeitete sie als Fotomodell, Moderatorin, Stewardess und Event Mana-gerin für Kongresse und Messen. Sie lebt in Frankfurt und arbeitet in Deutsch-land und im Ausland

Christine Janson

Geboren am 10.11.1960 in Frankfurt

Ausbildungen: MA Germanistik, Kreativer Tanz-, Qi Gong - und Reiki-lehrerin, Körpertherapeutin, Trainerin für Streßmanagement

Berufserfahrung: Christine Janson arbeitet seit ca. 10 Jahren als freibe-rufliche Seminarleiterin in den Bereichen Streßmanagement Training und Wellness.
Davor arbeitete sie als Fotomodell, Chefsekretärin und Event Managerin für Kongresse und Messen. Sie lebt in Santa Barbara, Kalifornien und arbeitet in Deutschland und USA.

Anschrift in Deutschland:
Sylvia Leela Isani, Hainkopfstr. 38, 65779 Eppenhain,
Tel. 06198 - 573 665, Mobil Tel: 0171 - 63 63 389

Bibliographie

Bardey, Catherine: Secrets of the Spas,
New York, N.Y.: Black Dog & Leventhal Publishers 1999

Berger, Judith: Das Magische Heilkräuterjahr,
München: Droemer Knaur Verlag 2000

Cabot, Laurie: Celebrate the Earth,
New York, N.Y.: Dell Publishing 1994

Crowley, Vivianne: Celtic Wisdom,
New York, N.Y.: Godsfield Press1998

Dahlke, Rüdiger: Krankheit als Sprache der Seele,
München: Bertelsmann Verlag 1992

Fischer-Rizzi, Susanne: Medizin der Erde,
München: Wilhelm Heyne Taschenbuch Verlag 1999

Folkerts, Helge: Frauenkreise,
Engerda: Arun-Verlag 1999

Gach, Michael Reed: Heilende Punkte,
München: Droemer Knaur Taschenbuch Verlag 1992

Galenorn, Yasmine: Dancing with the sun,
St. Paul,Minnesota: Llewellyn Publications 1999

Husain, Shahrukh: Die Göttin,
München: Dromer Knaur Verlag 1998

Kneidel-Joura, Christine: Vom Charakter der Heilpflanzen,
München: Delphi bei Droemer Knaur Verlag 1997

Rüttner-Cova, Sonja: Frau Holle,
München: Sphinx bei Hugendubel 1998

Sharamon, Shalila und Baginski, Bodo: Das Chakra Handbuch,
Aitrang: Windpferd Verlag 1988

Stewart, Iris J.: Sacred Woman, Sacred Dance,
Rochester, Vermont: Inner Traditions Int. 2000

Vegetarian Times (from the editor of Vegetarian Times),
New York, N.Y.: William Morrow and Company, Inc 1999

Waldherr, Kris: Umarme die Göttin in dir,
Freiburg im Breisgau: Bauer Verlag 1998

Walker, Barbara G.: Die Geheimen Symbole der Frauen,
München: Wilhelm Heyne Verlag 2000

Walker, Barbara G.: Die Spirituellen Rituale der Frauen,
München: Wilhelm Heyne Verlag 2000

Gina Hellmann
Mein magisches Rosenbuch
240 Seiten, geb. mit zahlr. vierfarb. Abb. ISBN 3-934254-33-0

Gina Hellmann hat sich auf Spurensuche gemacht und Rosen in ihrer Vielfalt entdeckt, die bisher einmalig ist: Wußten Sie, daß auch die Rosenliebe durch den Magen geht? Oder sich mit einer Rose wunderschön meditieren läßt? Oder die Rose inzwischen auch ihren Platz in Feng Shui gefunden hat? Oder ein Rosenritual die Liebe neu erblühen läßt?

Ratschläge, wie man Rosen züchtet, finden Sie in diesem Buch nicht – dafür eine Fülle magischer Tips rund um die Rose - und natürlich dürfen literarische Rosenblüten nicht fehlen.

Also: Lassen Sie sich überraschen und fangen Sie den Sommer und den Zauber der Rose ein – mit der Lektüre dieses Buches, einem köstlichen Rosendessert, einer romantischen Liebesnacht im Duft von Rosen, und, und, und ...

Mit vielen Rezepten und Ritualen rund um die Magie der Rose und einer Reihe wunderschöner Bilder und Fotos.

Patricia Monaghan
Mein magischer Garten
Aus dem Amerikanischen übertragen und bearbeitet von Gina Hellmann
240 S. , Großformat . geb. ISBN 3-934254-15-2

Patricia Monaghan ist Pionierin der spirituellen Frauenbewegung und Autorin einer Reihe Bücher zu diesem Thema, u.a. dem *Lexikon der Göttinnen.*

Mein magischer Garten zeigt Ihnen, wie Sie einen kleinen unscheinbaren Acker in einen magischen Garten verwandeln können und macht Sie nicht nur mit den praktischen Aspekten, sondern auch mit dem Mythos des Gärtnerns vertraut; verrät Ihnen Tips zur Pflege des Bodens; bringt Gartenrituale und Zeremonien; Meditationen für die Jahreszeiten und die "alten Wege"; hilft Ihnen, Ihren Garten zu weihen; veranschaulicht Pflanzen-Archetypen und –devas; läßt sie den spirituellen Gewinn der Gartenarbeit entdecken; und enthüllt Ihnen schließlich sechzehn phantasievolle Gartenpläne, mit denen Sie den Garten Ihrer Träume schaffen können: Die Einhornwiese, Bastets Katzengarten, zwei Drachengärten, einen Feengarten, einen Hexengarten und viele andere.

Ein wichtiger Beitrag zu der Art und Weise, wie wir mit unserer Mutter Erde umgehen können.

Mit zahlreichen Abbildungen.

Barbara Ardinger
Meditieren mit der Göttin

Aus dem Amerikanischen von Momo Edel
256 S., Großformat, gebunden, ISBN 3-926374-88-8

Frieden Mitgefühl und Weisheit finden – das ist die Essenz dieser wunderschönen Einweihung in das Herz der Göttin.

Mehr als siebzig geführte Meditationen und Rituale mit der Großen Göttin – u.a. die kraftvolle Säulen-Meditation aus der Kabbala; mit Aphrodite die Herzensliebe wecken; mit Wonder Woman Mut und Stärke gewinnen; mit Hestia den Segen des Hauses sichern; mit Shakti die Weisheit des Körpers erfahren; mit der Weißen Büffelfrau Fehler bearbeiten.

Schließen Sie die Augen ... und laden Sie die Große Göttin ein, Sie mit ihren Meditationen durch den Alltag zu begleiten.

Melissa Bónya
Die schlanke Hexenküche
128 S., brosch. ISBN 3-934254-21-7

Pfunde einfach wegzaubern, wer wünscht sich das nicht. Wohlfühlgewicht ohne Jojo-Effekt – im Einklang mit der Natur, so wie es die Kräuterfrauen in früherer Zeit praktiziert haben. Altes Wissen, die schlanke Hexenküche, von Melissa Bonya wiederentdeckt, mit Kräutern, Wurzeln, Steinen, Ritualen, Visualisierungen und Meditationen – und mit der Hilfe des Mondes.
Ein Buch, das ganz besonders Frauen anspricht, sind sie es doch, die dieses uralte Wissen seit Jahrhunderten in sich tragen.

Melissa Bónya
Schönheit aus der Hexenküche
124 S., brosch., ISBN 3-934254-25-X

„Be-zaubernd schön von Kopf bis Fuß!" – welches weibliche Wesen hört solch ein Kompliment nicht gern?!
Träumen auch Sie davon, sich wieder im eigenen Körper wohlzufühlen, im Einklang mit der Natur zu sein, und eine magische Ausstrahlung zu gewinnen?
Nur zu! Lassen Sie sich von Melissa Bónyas magischen Schönheitstips inspirieren – einer Mischung aus dem alten Wissen der Kräuterfrauen und den heutigen Erkenntnissen über Schönheit, Haut und alles, was damit zusammenhängt - und Ihr Traum wird Wirklichkeit werden!
Mit zahlreichen Rezepten und den „Sieben magischen Tips gegen Zellulitis".

Melissa Bónya
Amulette und magische Rituale
176 Seiten, brosch. ISBN 3-934254-35-7

Melissa Bónya vermittelt den LeserInnen das nötige Basiswissen „rund ums Amulett". Dazu gehören u.a. die Bedeutung von Farben, Zahlen, Wochentagen, der einzelnen Planeten und Mondphasen, sowie Pflanzen und ihre Zauberkraft. Viele praktisch anwendbare Ratschläge und altüberlieferte sowie neu gechannelte, magische Rituale - Hilfe gegen Hexen- und Voodoo-Zauber, Schutzrituale und –amulette, magische Liebessteine, das Sternzeichen-Amulett, ein Schutzamulett für Ihr neues Zuhause, u.v.m. machen dieses Buch zu einem Grundlagenwerk für alle, die tiefer in die Magie einsteigen möchten.
Mit zahlreichen magischen Ritualen, Zaubersprüchen und Zeichnungen.
Schließlich soll ein Glücksbringer auch halten, was er verspricht ...

Bertram Wallrath
Das keltische Baumhoroskop (Originalfassung)
Magie und Heilkunde der alten Druiden
160 S., mit zahlr. Abb., brosch., ISBN 3-926374-45-4

Das keltische Baumhoroskop zeichnet menschliche Eigenschaften in ihrer Zuordnung zu unseren Bäumen als faszinierende Alternative zu den uns vertrauten Tierkreiszeichen. Diese Umsetzung kannten bereits die Duiden im alten gallischen Frankreich, denen, wie uns heute erneut, die Bäume näher waren als die Sterne.

Darüber hinaus werden das druidisch-magische Heilwissen und seine Anwendung für den Alltag wiederentdeckt. „Der Apfelbaum – die Liebe" (23. Dezember bis 1. Januar und 25. Juni bis 4. Juli) oder „Die Haselnuß – das Außergewöhnliche" (22. bis 31. März und 24. September bis 3. Oktober).

Mit zahlreichen mittelalterlichen Rezepten und Abbildungen.

Keltische Jahreskreisfeste
Aufgespürt und gefeiert von Varuna Holzapfel
64 S., geb., ISBN 3-934254-24-1

Varuna Holzapfel stellt die acht alten keltischen Jahreskreisfeste vor - Samhain, Jul, Imbolc, Ostara, Beltaine, Litha, Lughasad und Mabon – und gibt viele praktische Tips, wie diese in der heutigen Zeit gefeiert werden können.

Orientalische Frauenmärchen
Gehört und neu erzählt von Elke Wegener
64 Seiten geb. ISBN 3-934254-29-

Es war einmal – so beginnen Märchen auf der ganzen Welt – auch im Orient, der Wiege des Märchens schlechthin, ermöglichten diese es doch vor allem den Frauen des Orients, sich über die gesellschaftlichen Barrieren hinwegzusetzen und die ihnen eigenen Fähigkeiten
– Witz, Verstand und Klarsicht – darzustellen in Märchen wie: *Die Quelle; der Schleier;* oder *Allah ist gnädig.*

Weisheiten der Liebe
Gesammelt und zusammengestellt von Stella Maris
52 Karten + Begleitheft in einer Box ISBN 3-934254-22-5

Worte der Liebe für den Alltag und ein liebevolles Miteinander, von Heine, Goethe, Coco Chanel, Novalis, Hesse, u.v.a.: Als Liebeserklärung, als Botschaft des Lächelns, als Gedanken der Ruhe in der Hektik des Tages, als Zeichen der Versöhnung nach einem Streit ... Für Liebende und alle, die mehr Liebe in ihr Leben bringen möchten:

"Und könnte ich reden mit Menschen und Engelszungen und hätte der Liebe nicht, so wäre ich ein tönernes Glas und eine hölzerne Schelle." Die Bibel
"Die Liebe ist ein Stoff, den die Natur gewerbt und die Phantasie bestickt hat." Voltaire
"Liebe ist der Endzweck der Weltgeschichte, das Amen des Universums." Novalis